世俗時代的意義探詢

五四啟蒙思想中的
新道德觀研究

段
煉
著

目　次

導論

第一，問題的緣起

1895 年至 1920 年初，是中國思想文化從傳統過渡到現代、承先啟後的「轉型時代」[1]。其中，五四時期又是轉型時代的高潮。從思想內容的變化上看，轉型時代是一個超越價值世界瓦解的「世俗化」的時代[2]。隨著晚清以來「公理」世界觀對「天理」世界觀的衝擊，構成思想文化核心的基本宇宙觀和價值觀發生動搖，並由此導致這一時代的道德價值取向發生了失落與迷亂。繼晚清以來儒家規範倫理（三綱五常）解體之後，到了五四時期，原本具有超越內涵的儒家德性倫理（仁學宇宙觀）也面臨著前所未有的挑戰，中國社會的道德觀念較之晚清有了更加顯著的變化：一方面，現世的「快樂」與「功利」的主張，取代了傳統儒家倫理中「善」的超越地位。另一方面，強調意志自主的個人主義，在五四時期也得到極大發展。隨著個人從傳統中獲得解放，自由意志逐步恢復活力。人們相信，依據多元的自由個性和價值選擇，每個人都在「功利」與「快樂」的引領下，對自己的人生「自作主宰」。可以看到，在現

---

[1]　張灝：〈中國近代思想史上的轉型時代〉，香港：《二十一世紀》，1999 年 4 月號。

[2]　所謂世俗化（secularization），是指人們的價值、信念和制度規範的正當性，不再來自超越世界，而是人們依據自由的意志和理性自我立法、自我決斷，自由地選擇自己的命運，設計理想的未來。許紀霖：〈世俗化與超越世界的解體〉以及相關主題筆談，見許紀霖主編：《世俗時代與超越精神》，南京：江蘇人民出版社，2008 年。

代中國世俗化的過程中，道德價值觀念的正當性不再來自於超越世界，而是由人們自我決斷，人成為了道德價值的立法者。

世俗時代意味著道德背後超越世界的解體，五四的道德觀念建立在了個人的幸福與快樂的世俗層面上。然而，在一個道德祛魅的世俗時代裡，人生價值與生活意義還有追尋的必要嗎？現代社會是否需要共同德性和超越精神來維繫和延續？在一個缺乏公共德性和文化認同的社會裡，價值的普遍性可以僅僅依靠程序公正實現自我證成嗎？知識分子關於意義問題的思考，不僅貫穿於儒家道德超越價值逐漸瓦解的近代中國，而且在中古以來基督教文化衰落的西方世界，同樣具有一定的普遍性[3]。現代社會中的個人是具有「內在深度」、可以自作主宰的個體。每個人都擁有了滿足功利與快樂的權利，每一種生活都來源於對於人生意義的自我理解。然而，當個人疏離了德性、社會無視公共的價值認同，共同體果真如當代政治哲學家羅爾斯（John Rawls, 1921-2002）所言，僅僅依靠一套具備政治正義的秩序就能實現價值證成嗎？查爾斯·泰勒（Charles Taylor）、桑德爾（Michael J. Sandel）等社群主義者對這一說法提出了質疑。他們認為，當人們置身於一個缺乏超越精神的現代社會，個人除開失去了更大的社會和宇宙視野之外，還失去更高的目標感，終日沉溺於尋找一種「渺小和粗鄙的快樂」[4]。人們因為熱中於私人生活的滿足，從而失去了更為寬闊的道德和情感的視野。目標感的喪失

---

[3] 西方社會的世俗化歷程以及現代價值觀的形成，見布林頓（Crane Brinton）：《西方近代思想史》第四章〈第十八世紀：新宇宙觀〉，上海：華東師範大學出版社，2005 年；理查德·塔納斯（Richard Tarnas）：《西方思想史》第五篇〈現代世界觀〉，上海：上海社會科學院出版社，2007 年。

[4] 查爾斯·泰勒：《現代性的隱憂》，北京：中央編譯出版社，2001 年，第17 頁。

與人生狹隘化相連，缺乏德性規約的個體，往往表現為一種「無公德的個人」[5]。以自我為中心的唯我主義的盛行，使得人們的生活中缺少對他人及社會的關心，也導致了對更大的、自我之外的問題和事務的封閉和冷漠，其後果是個人生活的狹隘化和平庸化：一方面，個人成為物慾橫流的時代裡瘋狂逐利的個體，因此，他們的集合也只能形成在物質私欲面前俯首聽命的庸俗大眾。另一方面，隨著德性和超越價值從公共領域的退卻，個人熱中於一己私利，對他人和社會事務漠不關心。即使生活在一個共同體中的個體，也不再願意從公共文化的共同價值出發，將參與公共事務作為人生重要的意義所在。人們樂於封閉在私人領域中享受生活，而不願主動地擔負起對於公共領域的責任。因此，對德性的漠視必然導致個體政治自由的喪失。這一消極行為的災難性後果便是，個體必須獨自去面對強大的國家機器，而這正是孵化威權主義的理想溫床。

世俗時代裡的意義探詢，是現代社會中具有普遍性的複雜議題，也是每一個現代人必須面對和思考的問題。本書無意在規範層面，全面回應這一因世俗化帶來的意義難題，而是試圖將這一思考，引入清末民初中國轉型時代的思想史脈絡之中，對五四時期啟蒙思想中的新道德觀加以研究[6]。其原因一方面在於，以《新青年》

---

[5] 關於「無公德的個人」在當代中國的興起及其後果，閻雲翔作了精彩細緻的刻畫與分析。見氏著：《私人生活的變革──一個中國村莊的愛情、家庭與親密關係 1949-1999》，上海：上海書店出版社，2006 年。

[6] 寬泛地看，「道德」（morality）與「倫理」（ethics）常常被視為同義詞或近義詞，兩者在原始語義上都與品格（character）、習慣（habit）相關，也都以「善」為追求目標。本文在對道德問題作概論性敘述時，通常對兩者不加區分。同時，就兩者的差異而言，一般來說，道德更多地表現為一種與超越價值相連的、追求「善」的理想；倫理則大體表現為道德的行為規則尺度。見亨利・西季威克（Henry Sidgwick）：《倫理學方法》，北京：中國社會科學出版社，1993 年，第 33-34 頁。就本文涉及較多的儒家道德而言，

和《新潮》為核心的啟蒙知識分子陣營,既在五四時期開道德變革的風氣之先,也對個人主義和功利主義、對人生觀和德性問題,有著細緻思考和廣泛實踐,在當時的知識階層中具有典範意義。另一方面,就倫理本位的傳統中國社會而言,儒學具有「以道德代宗教」和「以倫理組織社會」的泛文化整合功能[7]。然而,隨著清末民初普世王權的瓦解和意義世界的衰微,五四的知識分子面臨著宇宙觀和人生意義的危機。在這樣的歷史情境之下,他們將以怎樣的思想觀念和價值規範,更新儒家道德的精神超越資源,進而重塑人生和世界的意義秩序,成為轉型時代心靈秩序重建的重大問題。

因此,本書立足於近代中國世俗化轉型的歷史背景,通過對五四時期新道德觀的研究,試圖回應如下具體問題:當功利與快樂成為這一時期新道德觀的基礎,五四時期是否提供了現代道德的價值標準;還是因為失去了價值超越性,導致了中國社會的道德相對主義?從另一個角度來看,新教改革以來的西方現代社會,通過分離德性倫理與規範倫理,來應對世俗時代的價值多元化挑戰,那麼,在五四時期的新道德觀裡,德性與倫理之間又形成了怎樣一種關係?在五四過去將近一個世紀的今天,通過對近代中國思想史脈絡的「重新問題化」和對五四新道德觀的自我理解,或許有助於我們更深刻地把握世俗時代的價值命題,為多元現代性賦予更加豐富的內涵。

其中的「仁」,是指的人的內在之善涵養與發展的最高層次,屬於儒家道德體系中「德性倫理」的部分;而其中的「禮」,包含著在「善」的指導下的人際關係和行為準則,屬於儒家道德體系中「規範倫理」的部分。本書第一章第二節對於「仁」與「禮」及其的關係進行了闡釋。

[7] 梁漱溟:《中國文化要義》,上海:學林出版社,1987 年,第 95 頁。

第二，研究綜述

　　關於五四啟蒙思想中的新道德觀及其在中國近現代思想史上的意義，在過去將近一個世紀的時間裡，已經有了相當豐富的論述[8]。特別是近 30 年來，國內外思想學術界對於這一歷久彌新的話題，有了更加多元而深入的理解與闡釋。這些研究，有的從文化思想或歷史哲學的角度出發，對於五四道德觀念進行宏觀闡釋；有的從參與者本人的回憶或活動入手，描繪出轉型時代中國社會變動不居的道德狀況；有的一方面檢討五四時期道德革命與道德重建在中國近代史上的相互消長，一方面在新舊道德的衝突之間，探索推進中國歷史演進的力量與途徑。而新一代的思想史研究者，則試圖將轉型時代道德觀念的失序與重建等問題，與諸如「世俗化與超越價值」、「個人價值與公共認同」、「政治正當性」等一系列更具有普遍性的歷史、哲學和文化的議題聯繫起來，將其「重新問題化」。在新的問題意識的引領之下，研究者力圖開啟對於中國現代思想史脈絡和多元現代性的理解，以期更加深刻地反思五四時期的道德觀念[9]。

---

[8]　1979 年，臺灣學者周陽山在紀念五四運動 60 周年的文章中即已指出：「六十年來，有關五四的篇章，在字數上恐怕早已過千萬大關。」見周陽山：〈五四與中國──論有關五四的研究趨向〉，轉引自蕭延中、朱藝編：《啟蒙的價值與局限──台港學者論五四》，太原：山西人民出版社，1989 年，第 18 頁。

[9]　限於篇幅，「研究綜述」部分只能選取近 30 年來，在五四時期道德觀念研究方面較有代表性的著述，大致以時間為序，梳理其中學術理念演變的脈絡，並簡要評述其學術價值。此前的重要研究成果，如郭湛波著《近五十年中國思想史》、常乃惪著《中國思想小史》等，將在正文相關章節以註腳

（一）20世紀70到80年代：關注「個人覺醒」與「反傳統」的道德啓蒙

20世紀70年代末期到80年代以來，隨著「文革」的結束和新時期思想解放的開始，學術界對於五四時期道德觀念的研究，大體上在「弘揚民主與科學」、「反傳統」、反「封建（專制）主義」等頗具現實關懷的理論主題之下展開，描繪出一幅五四時期新道德與舊道德交鋒的歷史圖景。1979年，在中國社會科學院召開的紀念五四運動六十周年學術討論會上，周揚在報告中把五四運動視為20世紀「三次偉大的思想解放運動」之一，並高度評價「有史以來，還不曾有過這樣一個敢於向舊勢力挑戰的思想運動，來打破已經存在了幾千年的舊傳統，推動社會的進步」。他說，陳獨秀主編的《青年雜誌》「從內容來說，也只能說是對資產階級民主思想有了初步的認識，但是對孔學和維繫封建社會的舊禮教三綱五常、舊道德忠孝節義的尖銳批評，不能不使人為之震動」[10]。周揚對於五四時期的道德觀念的理解，也成為了文革結束後主流意識形態和學術界闡釋這一話題的基調。

在這一時期的論著中，彭明將五四運動比作衝破「中世紀黑暗局面」的西方文藝復興與啓蒙運動，「在民主和科學的旗幟下，向孔教、禮法、貞節、舊倫理、舊政治、舊藝術、舊宗教、國粹、舊

形式出現。

[10] 周揚：〈三次偉大的思想解放運動──在中國社會科學院召開的紀念五四運動六十周年學術討論會上的報告〉，見中國社會科學院近代史研究所編：《紀念五四運動六十周年學術討論會論文集（一）》，北京：中國社會科學出版社，1980年，第8頁。

文學等各個方面展開了猛烈的進攻，做出了很大貢獻」[11]。侯外廬在同時期的文章中也持相似的看法，他說：「五四時期思想解放運動的特點，就是揭櫫民主與科學，批判與它不相容的舊思想、舊道德和舊文化，提倡新思想、新道德和新文化」。在他看來，五四時期新思潮的最大特點，就是提出了「打倒孔家店」的口號，「對以孔學為代表的封建思想文化展開了全面的空前猛烈的批判」[12]。王正萍、蔣國田在〈五四運動與思想解放〉，金沖及、胡繩武在〈從辛亥革命到五四運動〉，徐宗勉、朱成甲在〈論五四時期的反封建思想革命〉，蔡尚思在〈五四時期「打倒孔家店」的實踐意義〉，劉啟林、陳瑛在〈反對舊道德 提倡新道德──回顧五四時期道德領域上的一場鬥爭〉，張岱年、樓宇烈在〈五四時期批判封建舊道德的歷史意義〉，孫思白、韓凌軒在〈「五四」以來反封建文化運動之史的考察〉等論著中，大都將論述的焦點集中在新舊道德的衝突之上。他們對於五四時期道德變革的判斷與理解大體趨同，即在五四之前，「以孔學為代表的封建專制主義嚴重禁錮了人們的思想」，新文化運動的倡導者從另一個角度提出了自己的分析，即「共和制度的存廢，決定於人們的思想覺悟。只有人們普遍有了民主的覺悟，才能實現民主政治」[13]。因此，他們把「開展批判和清除封建主義思想文化的鬥爭，喚起人們的覺醒看作是頭等大事和當務之急」，所以五四是「以反對封建文化為中心的思想解放運動」[14]。

---

[11] 彭明：〈民主、科學和社會主義〉，同上，第 198 頁，以及氏著：《五四運動史》，北京：人民出版社，1984 年（1999 年修訂再版）。

[12] 侯外廬：〈五四時期的民主與科學思潮〉，同上，第 321、326 頁。

[13] 徐宗勉、朱成甲：〈論五四時期的反封建思想革命〉，同上，第 449 頁。

[14] 王正萍、蔣國田：〈五四運動和思想解放〉，同上，第 364-365 頁。

　　黎澍在〈關於五四運動的幾個問題〉的探討中，則以相當多的篇幅談到五四的道德革命中崛起的現代「個人」。他認為「五四的反封建思想革命」，使得「長期匍匐在專制統治下的奴隸們第一次有了作為人的自我覺醒，認識到了自己是獨立的人，有做人的權利」──雖然在作者那裡，這種「自我覺醒」仍被視為「資產階級民主思想啟發的」[15]結果。金沖及、胡繩武在文章裡，也特別強調五四的知識分子用來反對封建舊文化、舊禮教的思想武器，主要也是「資產階級的以個人為中心的『獨立人格』和『平等人權』的學說」，「他們激烈地反對封建禮教提倡的奴隸道德，著眼點也在於它妨礙了個人的獨立和自由」[16]。孫思白、韓凌軒的文章強調五四的道德革命，無論在深度、廣度還是決裂的精神上，都達到了前所未有的高度[17]。胡繩則敏銳地注意到五四和戊戌維新在反對「舊思想、舊道德、舊文化」上的思想關聯。他指出，五四掀起的道德革命之所以較之戊戌維新的變革更加徹底，其根源就在於五四的知識分子已經大膽質疑一個更根本的問題：「『孔子之道』，即封建的倫理道德在現代的國家和社會生活中是否還應當保存」。他特別強調進化理論在形成五四道德觀念中的巨大理論助推力，也精確地指出五四的知識分子試圖「以思想的力量為新的社會和國家奠定基礎」。在這篇題為「論五四新文化運動中的民主與科學」一文中，胡繩明確地指出「個人主義」是五四新信仰、新思想的核心。而打破「綱常名教」的封建枷鎖，爭取個性的發展和個人獨立自主

---

[15] 黎澍：〈關於五四運動的幾個問題〉，同上，第 274 頁。
[16] 金沖及、胡繩武：〈從辛亥革命到五四運動〉，同上，第 413 頁。
[17] 孫思白、韓凌軒：〈「五四」以來反封建文化運動之史的考察〉，同上，第 525-526 頁。

權利，就在於「一切要從自己的內心出發，要順從個人的意志和願望」[18]。

　　深受「文革」結束後新一輪思想解放運動的影響，這一時期對於五四道德觀念的研究，本身包含著研究者強烈的道德激情與歷史反思意識。當時的學術界已經較為普遍地注意到五四時期新舊道德衝突的歷史情境。圍繞著以《新青年》知識分子為代表的五四啟蒙思想家對於新道德的相關論述，研究者對於一度諱莫如深的個人主義、功利主義等五四道德觀念中的新內涵，初步給予了歷史性的評價與肯定。不過，從整體上看，這一時期的研究成果尚未超越「提倡新道德，反對舊道德」的單向度解釋模式。在學術理念和理論話語上，對於五四時期道德觀念的研究，也普遍存在著不同程度的簡單化約和政治圖解的傾向。

（二）80 到 90 年代：發掘「態度同一性」背後的道德「兩歧性」

　　進入 20 世紀 80 年代以來，隨著學術界開放與交流的不斷深入，隨著「文化熱」在 80 年代思想學術界的彌漫，理論教條與意識形態的束縛得到極大的擺脫，五四時期道德觀念研究打開了新的視野。如果說，前一時期的研究者依靠「反帝反封建」、「新民主主義革命」、「資產階級的不徹底性」等理念，構築出一幅五四道德觀念的基本圖景，那麼，到了這一時期，研究者開始逐步深入道德背後的社會和文化層面，意識到「必須正視五四意蘊的複雜性，多層面地探討五四的實質，如此，才可能發現五四當代圖像及

---

[18]　胡繩：〈論五四新文化運動中的民主和科學〉，同上，第 299、304-307、311 頁。

其世界性意義」[19]。對於「態度同一性」背後道德觀念多元化及其內在張力的分析，對於現代價值與傳統理念之間複雜關聯的闡釋，成為 20 世紀 80、90 年代乃至之後一段時間中五四道德觀念研究的深度所在。

　　海外研究者早期或同期相關論著的引入，極大地拓展了這一時期大陸學者五四研究的新思維，也有力地推進了五四研究學術範式的轉型。周策縱在寫於 1960 年的《五四運動：現代中國的思想革命》一書的第 12 章中，巨細靡遺地分析了新思想和對傳統的重估，非常明確地談到新思想中現實主義、功利主義、自由主義、個人主義、社會主義與達爾文主義的成分以及新方法中實用論、懷疑論的因素，還包括它們在打破中國傳統倫理和思想中的重大意義。在該書的結語部分，作者敏銳地覺察到，五四時期新道德觀中強調的個人解放，「與西方所宣揚的個人主義並不是一回事，與西方所倡導的自由主義意義也不盡相同」。「五四時期對於個人和獨立判斷的價值確實比以往任何時候都重視，但同時也強調了對社會和國家的責任」[20]。舒衡哲（Vera Schwarcz）的《中國啟蒙運動——知識分子與五四遺產》，則將論述的焦點聚集在五四帶來的道德觀念變革與知識分子對於現代性的探求之上。在該書第二章〈新知識分子的出現：世代合作與論爭〉以及第三章〈五四「啟蒙運動」〉中，作者注意到，世界觀的改變對於五四道德觀形成的決定性作用。「中國的啟蒙先驅畢生獻身於那些超越獨特傳統文化的崇高理想。

---

[19] 余英時等：〈五四新論——既非文藝復興，也非啟蒙運動「五四」八十周年紀念論文集・前言〉，臺北：聯經出版事業公司，1999 年。

[20] 周策縱：《五四運動：現代中國的思想革命》（新版），南京：江蘇人民出版社，1996 年，第 400-433 頁、第 492 頁。

這些先行者們在致力於改造國家認同的基礎，同時也承認此種超越性理想的迫切性。在民族革命的範圍內，他們堅持進行艱辛而又必要的價值觀革命。當人們普遍認為中國最需要的是一個新的世界秩序（world order）時，他們卻堅持追求新的世界觀（worldview）」[21]。在道德觀念上，對於五四的知識分子而言，改造自身與改造世界相結合是他們最鮮明的精神特徵。

作為 80 年代在大陸出版的《五四與現代中國》叢書之一，《五四：文化的闡釋與評價——西方學者論五四》收錄了部分美國學者研究五四的早期成果。在〈《五四運動的反省》導言〉中，本傑明·史華慈（Benjamin I. Schwartz, 1916-1999）以宏闊的視野，溝通了「傳統」價值與「現代」理念之間的看似遙不可及的鴻溝。他指出，與那種「中國傳統」與「現代西方」的截然兩分的看法相反，五四的知識分子在中國思潮和西方思潮之間尋找各種了類似性和相融性。「他們在某種超文化界限的關係中看待問題和論證的傾向」[22]。而在對章炳麟、王國維和《學衡》派的深度關切中，夏洛特·弗斯（Charlotte Furth）分享了與史華慈一致的觀點[23]。實際上，這些看法也滲透到了由史華慈本人撰寫的《劍橋中華民國史》上卷第 8 章〈思想史方面的論題：五四及其以後〉的部分內容之中[24]。而當時國內學術界將五四視為一種「個人主義運動、徹底反傳統文化運動

---

[21] 舒衡哲：《中國啟蒙運動——知識分子與五四遺產》（新版），北京：新星出版社，2007 年，第 14 頁。

[22] 本傑明·史華慈：〈《五四運動的反省》導言〉以及〈論五四前後的文化保守主義〉，見王躍、高力克編：《五四：文化的闡釋與評價——西方學者論五四》，太原：山西人民出版社，1989 年，第 6 頁以及第 149-163 頁。

[23] 夏洛特·弗斯：〈五四與近代思想文化〉，同上，第 90-100 頁。

[24] 費正清編：《劍橋中華民國史 1912-1949》上卷，北京：中國社會科學出版社，1994 年，第 456-504 頁。

的看法，則在阿理夫‧德利克（Arif Dirlik）對於五四時期知識分子
「社會」觀的強調中得到平衡。德利克注意到，在五四知識分子的
道德世界之中，「社會的改革必須超越個性解放的範疇，而擴展到社
會和經濟平等的問題，以及社會和政治進程中的大眾參與問題」[25]。

　　林毓生在這一時期的論著中，特別指出五四時期的特徵之一是
對中國傳統社會與文化「全面而整體」的反抗[26]。在《中國意識的
危機》一書中，他通過對陳獨秀、胡適、魯迅三個個案的細緻研究，
試圖表明五四之所以要求打倒整個傳統文化，其原因就在於當時的
知識分子未能從儒家的「借思想文化以解決問題」的有機式一元論
思想模式中解放出來[27]。林毓生的這些看法，照亮了過往五四思想
史研究的許多暗角，也在當時思想文化陣地上引發了持久的紛紜聚
訟[28]。不過，他通過普世王權的崩潰引發的政治秩序瓦解和心靈秩

25 阿理夫‧德利克：〈五四運動中的意識與組織：五四思想史新探〉，見《五四：文化的闡釋與評價——西方學者論五四》，第 61-62 頁。
26 這一看法也在一定程度上得到本傑明‧史華慈與莫里斯‧梅斯納（Maurice J. Meisner）的支援。兩人均認為，1911 年以來令人絕望的政治和社會現實所導致的憤怒情緒，對於啟蒙思想家全盤性的反對傳統起了推波助瀾的作用，並使得他們相信，中國的傳統文化遺產是「中國在近代世界上處於困境的根源和中華民族復興的障礙」。見本傑明‧史華慈：《〈五四運動的反省〉導言》，見《五四：文化的闡釋與評價——西方學者論五四》，第 7 頁以及莫里斯‧梅斯納：〈對五四運動中的馬克思主義以及文化反傳統主義的反思〉，見中國社會科學院科研局、《中國社會科學》雜誌社編：《五四運動與中國文化建設——五四運動七十周年學術研討會論文選》，北京：社會科學文獻出版社，1989 年，第 223 頁。
27 林毓生：〈五四式反傳統思想與中國意識的危機——兼論五四精神、五四目標與五四思想〉、〈五四時代的激烈反傳統思想與中國自由主義的前途〉，見氏著：《中國傳統的創造性轉化》，北京：三聯書店，1988 年以及《中國意識的危機》，貴陽：貴州人民出版社，1986 年。
28 當時學界受「文化熱」影響，對林毓生這一看法的反思，多從五四知識分子從事的是「自我批判」而非否定民族傳統的角度立論，如耿雲志：〈中西結合，創造新文化——五四新文化運動再認識〉，見《五四運動與中國文化

序破滅，反思傳統文化和道德架構的解體，無疑深刻揭示了近代中國道德觀念轉型的本質特徵。林毓生還著力研究了五四時期道德觀念中的「個人主義」。在他看來，五四時期的個人主義不僅僅是一種功利主義或者是個人主義，更是一種心靈的渴求──一種個人從一切社會關係的羈絆中解放出來的衝動。不過，林毓生也承認，這種「個人主義」最終並沒有形成他所認為的「把個人本身當做目的」的個人價值信仰。從這一點上看，所謂「全盤反傳統」與「借思想文化解決問題」的模式之間存在著內在的不和諧。實際上，五四的知識分子仍在儒家主張的「修齊治平」的框架下重建五四的新道德，對於「公德」與「私德」有著彼此溝通的看法。這一思路仍應視為「有機的一元論模式」下的「借思想文化解決（道德）問題」的做法。所以，林毓生關於「全盤反傳統」的說法，或許只在關於五四某些特定的歷史敘述當中起作用。

張灝則開創性地將 1895-1920 年初前後大約 25 年時間視為中國近代思想史的「轉型時代」。「轉型」意味著一連串危機的爆發，而對於道德觀念而言，最根本的轉型就是以「禮」為基礎的規範倫理在晚清的解體和以「仁」為基礎的德性倫理在五四的解紐。「就整個轉型時代而言，儒家德性倫理的核心思想的基本模式的影響尚在，但這模式的實質內容已經模糊而淡化。因為前者，這一時代的知識分子仍在追求一個完美的社會與人格；因為後者，他們的思想常呈現不同的色彩而缺乏定向」[29]。他關於轉型時代道德倫理瓦

建設──五四運動七十周年學術研討會論文選》，第 91-117 頁，以及張天行：〈五四啟蒙思想家的化約傾向與突破〉，見郝斌、歐陽哲生主編：《五四運動與二十世紀的中國──北京大學紀念五四運動八十周年國際學術研討會論文集》，北京：社會科學文獻出版社，2001 年 5 月，第 345-359 頁。
[29] 張灝：〈中國近代思想史上的轉型時代〉，香港：《二十一世紀》，1999 年 4

解的深刻概括，為進一步研究五四時期道德觀念奠定了理論的基調[30]。張灝對於五四思想史研究所作的另一關鍵性貢獻，在於他精確揭示了五四思想觀念的內在矛盾：「表面上它是一個強調科學、推崇理性的時代，而實際上它確實一個熱血沸騰、情緒激盪的時代；表面上五四是以西方啟蒙運動重知主義為楷模，而骨子裡它卻有強烈的浪漫主義色彩。一方面五四知識分子詛咒宗教，反對偶像，另一方面，他們卻極需偶像和信念來滿足他們內心的饑渴」[31]。這種內在的緊張，在之後的一篇文章中，被他更明確地敘述為五四思想「兩歧性」：理性主義與浪漫主義、懷疑精神與「新宗教」、個人主義與群體意識、民族主義與世界主義的並存[32]。他通過對胡適「易卜生主義」和「不朽」論的研究，強調五四知識分子的道德觀念之中，既有基於西方近世人本主義思想中個人主義立場上的人生意義追求，又包含著儒家以人類關懷為價值取向的博大氣象。同時，基於對西方現代化過程中「唯我式個人主義」反省，使得他對那種只承認自己情緒和物質上的需要，而不承認任何客觀共同價值的「個人」抱有警覺，認為「社會的道德基礎勢必因此而受到侵蝕，而社會的凝合力也勢必日趨鬆散，這是現代化的一個隱憂」[33]。從

月號。

[30] 陳方正則從東西文化比較的角度，對於價值取向危機給予了清晰中肯的描述。見陳方正：〈五四是獨特的嗎？──試論近代中國與歐洲思想轉型的比較〉，見《五四運動與二十世紀的中國──北京大學紀念五四運動八十周年國際學術研討會論文集》，第 1336 頁。

[31] 張灝：〈五四運動的批判與肯定〉，見《啟蒙的價值與局限──台港學者論五四》，第 54 頁。

[32] 張灝：〈重訪五四：論五四思想的兩歧性〉，見《五四新論》，第 33-65 頁。

[33] 張灝：〈五四運動的批判與肯定〉，見《啟蒙的價值與局限──台港學者論五四》，第 67 頁。

這一獨特的視角出發，張灝對於五四道德觀念重要內涵之一——個人主義的深度闡釋，對於理解轉型時代中國知識分子的道德觀念，全面把握五四時期的精神特徵，建立起了豐富多元的思想脈絡和參照體系。

隨著80年代的「文化熱」的升溫與90年代以後對於現代性理解的深入，學術界關於五四時期道德觀念的研究，也在學理層面不斷深入。借用余英時的話來說，就是意識到了五四的思想世界由許多變動的「心靈社群」（community of mind）所構成，不僅有許多不斷變動又彼此衝突的五四方案，而且每一方案也有不同版本[34]。余英時本人對於中國晚清到五四的道德價值觀、個人觀的改變，也有著非常細緻周全的論述。他特別注意到中國的個人主義與西方個人主義，相似之處在於都肯定個人自由和解放的價值，不同點則在於西方以個人為本位，而中國卻在群體與個體的界限上考慮自由問題，接近於今天西方的社群主義[35]。李澤厚在〈啟蒙與救亡的雙重變奏〉中，提出五四的道德變革對於中國人文化心理結構的改變。他通過對陳獨秀、胡適、魯迅以及青年毛澤東的研究，初步展示了五四啟蒙知識分子相似卻又各有差異的心靈世界[36]。汪暉的〈預言與危機——中國現代歷史中的五四啟蒙運動〉一文，應當是這一時期國內對於五四啟蒙思想及其內在緊張闡釋得較為深刻的著述之

---

[34] 余英時：〈文藝復興乎？啟蒙運動乎？——一個史學家對五四運動的反思〉，見《五四新論》，第26頁。

[35] 余英時：〈中國近代的個人觀的改變〉、〈中國現代價值觀念的變遷〉、〈群己之間——中國現代思想史上的兩個循環〉、〈五四運動與中國傳統〉，見氏著：《中國思想傳統及其現代變遷》，桂林：廣西師範大學出版社，2004年。

[36] 李澤厚：〈啟蒙與救亡的雙重變奏〉、〈胡適　陳獨秀　魯迅〉、〈青年毛澤東〉，見氏著：《中國現代思想史論》（新版），合肥：安徽文藝出版社，1999年。

一[37]。他將「重估一切價值」視為五四啓蒙思想家「態度的同一性」，並且將這一態度視為一種「道德律令」。同時，恰恰又是因為「態度同一性」原則缺乏統一的方法論基礎，它的背後包含著啓蒙的內在分裂。王富仁在論著中分析了五四啓蒙知識分子將「進化」與「科學」作為衡量精神學說的基本尺度，對儒家倫理道德進行價值重估的思想依據，並由此提出中國精神文化也必須全部現代化的命題[38]。高力克在〈五四啓蒙與中國傳統——知識分子世界觀透視〉一文中，注意到五四啓蒙學者重建世界觀和人生觀、重新闡釋生命意義的重要努力。而正是在「生命意義」這一關涉德性的重大問題上，知識分子的價值取向表現出猶疑和困惑。「他們一方面認為西方人本主義個體本位的價值觀是現代文明的基本精神，一方面又仍然傾心於中國傳統理想的社群本位的無我境界」[39]。郭齊勇則將五四時期理解為一個多元主義的時代，除主流思潮以外，尚有不少非主流思潮作為補充。「五四不是只有一個傳統，不是只有一種思潮，而是有著交叉互動的不同思潮和傳統」[40]。歐陽哲生在論著中注意到，新文化陣營內部對於儒家倫理道德持有的矛盾態度，以及「三綱」作為儒家規範倫理所包含的超時代、超階級的內容[41]。正如孫

---

[37] 汪暉：〈預言與危機——中國現代歷史中的五四啓蒙運動〉，見氏著：《汪暉自選集》，桂林：廣西師範大學出版社，1997 年，第 306-340 頁。

[38] 王富仁：〈對全部中國文化的現代化追求——論五四新文化運動的意義〉，見《五四運動與中國文化建設——五四運動七十周年學術研討會論文選》，第 269 頁。

[39] 高力克：〈五四啓蒙與中國傳統——知識分子世界觀透視〉，見丁曉強、徐梓編：《五四與現代中國——五四新論》，太原：山西人民出版社，1989 年，第 46 頁。

[40] 郭齊勇：〈「五四」的反省與超越——以現代性與傳統為中心的思考〉，見《五四運動與二十世紀的中國——北京大學紀念五四運動八十周年國際學術研討會論文集》，第 301 頁。

[41] 歐陽哲生：〈在傳統與現代性之間——以「五四」新文化運動與儒學關係為

玉石在《反傳統與文化心理惰性》看到的,「新與舊兩種倫理道德觀念以二重或多重的形式存在於他們的文化心理中」[42]。

這一時期,國內學術界對於五四時期道德觀念中個人主義的理解,也較此前的研究更加豐富多元了。徐宗勉在〈論五四新文化運動中的形式主義〉、楊義在〈五四思潮與中國文化〉、林崗在〈民族主義、個人主義與五四運動〉、葉子銘在〈人本主義思潮與五四新文學〉等論著中,更加深入系統地闡釋了個人意志自主性崛起,在五四時期個人主義道德觀、價值觀的形成中所扮演的角色[43]。正如黃克劍在關於五四時期個人主義的研究中強調,「確立個人的價值主體地位,以是否利於(或在多大程度上利於)個人的發展來判定某種家、國形態的價值,這是五四試圖從人們心底喚起的一種富有時代感的文化意識」。因此,五四道德觀念之中的個人主義,就意味著對意志自由的發現、自我意識的自覺。「這種自覺所必致的,是個人相對於集體的更值得看重的價值主體的確認」[44]。

同時,研究者也對個人主義中所包含的「小我」與「大我」的「兩歧性」,進行了深入探討。蕭延中借助當時在學界頗為流行的心理學研究模式,以青年毛澤東為對象,通過「本我」、「自我」與「超我」分析其「人學觀念」。他認為,在五四時期的毛澤東那裡,將宇宙本體理解為人,又將人的發展歸結為自我的實現。毛澤東對

中心〉,見《五四新論》,第 167-168 頁以及氏著:《新文化的源流與趨向》,長沙:湖南出版社,1994 年。

[42] 孫玉石:〈反傳統與文化心理惰性〉,見北京大學社會科學處編:《北京大學紀念五四運動七十周年論文集》,北京:北京大學出版社,1990 年,第 52-53 頁。

[43] 見《五四運動與中國文化建設──五四運動七十周年學術研討會論文選》,第 344、599、422、808 頁。

[44] 黃克劍:〈「五四」文化價值取向論略〉,同上,第 135 頁。

於「大本大源」和「實現自我」的探究，無非是在尋找自我在社會中的位置，選擇個體在群體中的生存空間，國家、社會、宇宙是一個個凝聚了個體「小我」的「大我」[45]。耿雲志則強調，五四的個人主義並非「在中國歷史上完全找不到一點依據，必須全部從西方移植」。他注意到，在楊朱、魏晉士人、晚明的李贄以及清朝的戴震的思想言行之中，都包含著對舊倫理挑戰的思想因素，並得到五四時期啓蒙思想家和學者的發掘[46]。劉一皋則把《新青年》對於「社會」和「社會改造」的描述，放在五四時期道德觀念導致的理想與現實的衝突關係中予以關注，從社會改造的脈絡中加強了對於五四個人主義的理解[47]。

進入 90 年代以來，隨著市場化程度的深化，物慾主義、唯我式的個人主義對於中國社會道德狀況的負面影響，也逐漸進入學者的視野。關於「人文精神」以及中國人精神生活的討論，啓動了學術界對於五四時期道德觀念中另一主題──功利主義的反思。許紀霖、陳達凱在《中國現代化史 1800-1949（第一卷）》的總論中就指出，晚清以來，隨著憂患的深重，人們開始不再以陳義高下的道德標準，而是以是否能夠富強救國的功利尺度來考慮問題。「這種從理向勢，從義向利從價值理性向工具理性轉移的趨勢，使儒家的精神開始功利化」[48]。到了五四時期，功利主義更是一舉取

---

[45] 蕭延中：〈「自我」與社會：五四時期毛澤東的人學觀〉，同上，第 245 頁。

[46] 耿雲志：〈中西結合，創造新文化──五四新文化運動再認識〉，見《五四運動與中國文化建設──五四運動七十周年學術研討會論文選》，第 111 頁。

[47] 劉一皋：〈理想與現實的衝突──《新青年》對中國社會的認識和描述〉，見《五四運動與二十世紀的中國──北京大學紀念五四運動八十周年國際學術研討會論文集》，第 1173-1174 頁。

[48] 許紀霖、陳達凱：《中國現代化史 1800-19499（第一卷）》（新版），上海：

代傳統的「仁」,成為道德觀念中的新德性。陳來在對五四時期東西文化論爭的反思中,通過研究陳獨秀和文化保守主義者的文化立場,對五四時期廣義與狹義的功利主義作出了精細分析。他認為,陳獨秀在對法、德文化的描述中,揭示了知識分子的兩種態度,一是以法國為代表的、以自由、平等的價值為理想,一種是以德國為代表的、將富國強兵作為功利目的。陳來援引當時尚不為學術界普遍關注的杜亞泉、錢智修等人的論述,指出在一個受功利原則支配的制度下,如果缺乏價值理性引導的規範,那麼,一切與富強無關的人文價值都會遭到排斥。「包括道德、宗教、審美等等變為一錢不值,人類永恆的和平、正義、和諧的理想也全無意義,以這些價值為核心的文化傳統自然都在摒棄之列」[49]。王元化在〈對於五四的再認識答客問〉和〈杜亞泉與東西文化論戰〉中,對於晚清以來庸俗化的進化論和功利主義同樣予以批評。他說,由於中國人缺少精神超越的傳統,一旦受到功利的侵襲,整個人生都陷於不能超拔的境地,只剩下了一種工具理性[50]。

另一方面,唐寶林在對陳獨秀的思想研究中,則比較早地注意到,受到傳統儒家道德義利觀的影響,在五四啟蒙知識分子所推崇的功利主義之中,其精神的意義要高於物質的享受。他指出,陳獨秀的民主主義人權說,是與功利主義結合在一起的。「這是以個人主義為中心的人生觀,但其又強調尊重社會,留給後人享受,又與

學林出版社,2006年,第23頁。

[49] 陳來:〈「五四」東西文化論證的反思〉,見《北京大學紀念五四運動七十周年論文集》,第160-169頁。

[50] 王元化:〈對於五四的再認識答客問〉,見《五四新論》,第82-83頁,以及〈杜亞泉與東西文化論戰〉,見許紀霖、田建業編:《一溪集──杜亞泉的生平與思想》,北京:三聯書店,1999年,第62頁。

自私自利、損人利己的極端個人主義有區別」[51]。張春麗在解析高一涵的人生價值時，也特別強調高一涵對於「苦樂」與人生關係的理解，那就是「真正的人不僅要有自求幸福的能力，也要具備與最大多數人共用幸福的精神」[52]。可以說，這一時期對於功利主義的研究，已經初步觸及到功利主義中精神愉悅與物慾滿足、個人趨樂避苦與「最大多數人的最大幸福」的雙重內涵，為本文進一步探究功利主義在五四道德觀念中的歷史意義打開了空間。

（三）20 世紀 90 年代至今：反思多元現代性支配下的道德轉型

近些年來，對於五四時期道德觀念的關切，學術界延續了 90 年代以來觀念史與社會史相結合的研究傳統，在多元現代性的視角之下，對於五四時期啟蒙思想與道德狀況予以更加細緻深入的反思[53]。王汎森在其論述中注意到思潮與社會條件之間的互動關係，一方面，尊孔復古與愛國兩股看似截然不同的精神動力，都可能開出反傳統的結局。而在新文化運動產生的道德「破」與「立」之間，社會政治條件起到了「轉轍器」的作用[54]。歐陽軍喜也在文

---

[51] 唐寶林：〈陳獨秀民主思想的發展〉，見《五四運動與中國文化建設──五四運動七十周年學術研討會論文選》，第 968-969 頁。

[52] 張春麗：〈五四新文化運動中高一涵啟蒙思想初探〉，見《五四運動與二十世紀的中國──北京大學紀念五四運動八十周年國際學術研討會論文集》，第 914 頁。

[53] 最新的研究成果可見鄭師渠、史革新、劉勇主編：《文化視野下的近代中國》第一編，北京：中國傳媒大學出版社，2009 年，以及耿雲志等：《開放的文化觀念及其他──紀念新文化運動九十周年》，北京：國家圖書館出版社，2009 年。

[54] 王汎森：〈從傳統到反傳統──兩個思想脈絡的分析〉、〈中國近代思想中的傳統因素──兼論思想的本質與思想的功能〉、〈思潮與社會條件──新文

章中指出，「五四新文化運動不反儒，但是反對封建禮教」[55]。而羅志田則不認同上述說法，他通過許傑先生的歷史回憶，強調在五四後期，除開歡迎德賽二先生以外，還提出過歡迎「莫拉爾小姐」的口號。因此，「莫小姐」在時人記憶中的出現與淡出，意味著五四的道德倫理革命可能包含著更多的內容[56]。

在對於五四時期個人主義道德的研究上，周昌龍和黃克武的研究，都深入闡釋了個人主義進入中國語境後，與老莊、楊朱、儒、墨思想的會通，從而產生的不同類型「現代個人」[57]。王汎森在另一篇文章裡，將清末民初的「自我」的形成過程，看成是從「新民」到「新人」的轉化。其中，五四時期形成的「新人」對於自我完善的追求，帶有「向上的」、「有意識的」、「人為的」鮮明色彩，直接影響到這一時期的道德觀和人生觀的建構[58]。許紀霖通過對個性主義與功利主義的研究，指出五四時期的個人主義受傳統「大我小我」論的影響，形成與西方權利個人不同的自我觀，豐富了對多元

化運動中的兩個例子〉，見氏著：《中國近代思想與學術的系譜》，石家莊：河北教育出版社，2001 年。

[55] 歐陽軍喜：〈五四新文化運動與儒學：誤解及其他〉，《歷史研究》1999 年第 3 期。

[56] 羅志田：〈歷史記憶與五四新文化運動〉，《四川大學學報》2000 年第 5 期，〈從科學與人生觀之爭看後五四時期對五四基本理念的反思〉，《歷史研究》1999 年第 3 期以及〈走向「政治解決」的「中國文藝復興」：五四前後思想運動與政治運動的關係〉，《近代史研究》1996 年第 4 期。關於新文化運動時期道德革命的走向問題，見魯萍：〈「德先生」和「賽先生」之外的關懷〉，《歷史研究》2006 年第 1 期。

[57] 周昌龍：〈五四時期知識分子對個人主義的詮釋〉，見氏著：《新思潮與傳統》，南昌：百花洲文藝出版社，2004 年，第 1-26 頁以及黃克武：〈「個人主義」的翻譯問題——從嚴復談起〉，香港：《二十一世紀》，2004 年 8 月。

[58] 王汎森：〈從新民到新人——近代思想中的「自我」與「政治」〉，見王汎森等：《中國近代思想史的轉型時代》，臺北：聯經出版事業股份有限公司，2007 年，第 171-200 頁。

現代性的理解[59]。高瑞泉注意到，隨著以功利為價值目標的現代化
運動，在實現前所未有的社會動員的時候，其價值承擔重心也在下
移。他通過對梁啟超及其《新民說》的分析，強調從晚清到五四的
中國近代人格理想，存在著從「聖人」到「平民」的走向[60]。高力
克在《五四的思想世界》一書的〈導論〉中，從邊緣中國的啟蒙與
現代性以及危機中的中國啟蒙運動出發，通過分析五四時期爆發
的倫理革命，較為深入地探究了五四時期個人主義道德的多種形
式、胡適「三不朽」信念昭示的啟蒙知識分子與人文宗教類型，從
而以更多元的視角展示了啟蒙思想中的道德圖景[61]。顧紅亮與劉曉
紅在中國個人觀的現代轉型的研究中，則更加具體地分梳了五四時
期個性主義話語中的個人觀，如人文化的個人、理智化的個人、意
志化的個人、唯情式的個人等等，極大地豐富了對於五四時期道德
觀的理解[62]。

　　另外，學術界還試圖通過對於當代世界所面臨的一系列普遍性
政治、倫理、文化等問題，將清末民初中國道德變革與轉型「重新
問題化」。汪暉在其四卷本的《現代中國思想的興起》中，通過對
「天理」世界觀被「公理」世界觀所取代這一思想史進程的細緻描
述，對於清末民初的道德超越性的喪失，作出了一個基於宇宙論
的理性解釋。在這部論著中，汪暉極大地深化了他在上世紀 80 年
代對於五四新文化運動「態度同一性」的理解，轉而將道德問題納

---

[59] 許紀霖：〈個人主義的起源——「五四」時期的自我觀研究〉，《天津社會科
　　學》，2008 年第 6 期。
[60] 高瑞泉：《中國現代精神傳統》，上海：東方出版中心，1999 年，第 328 頁。
[61] 高力克：《五四的思想世界》，上海：學林出版社，2003 年，導論、第一章
　　以及第六章。
[62] 顧紅亮、劉曉紅：《想像個人：中國現代個人觀的轉型》，上海：上海古籍
　　出版社，2006 年，第 81-160 頁。

入一個「科學話語共同體」的框架之下觀察，從而溝通了價值領域、人文領域、科學領域之間的關聯，也分梳了五四時期東西文化論戰與知識╱道德二元論的起源。同時，他通過對五四時期知識分子如梁啟超、魯迅、章太炎等人的研究，借助「認同」這一新的問題意識，理解他們在道德實踐上的內在緊張[63]。汪暉的研究對於重建新的問題意識，深入理解轉型時代思想史，具有重要的啟示意義。

另一方面，隨著全球化的深入和國內外經濟、社會、政治形勢的變化，近年來，政治自由主義與公共倫理、民族國家的價值認同、世俗化與超越價值、「正當」與「善」的優先性等問題，在中外學術界引發了普遍性的思考與討論。而這一系列引發東西方思想界共同關注的問題，也被學者們放在中國現代思想史的脈絡中加以比較研究。2008 年，復旦大學思想史研究中心主辦的《思想史研究》第 7 輯，以「五四運動與現代中國」為主題，雖然未直接討論五四時期的道德問題，但就專輯中對自由主義與權威主義、五四時期的民粹主義、民族與個人之自由與獨立等與道德直接或間接相關的論述而言，學者們對於五四的觀察有了更新的維度[64]。近兩年來，華東師範大學中國現代思想文化研究所主辦的《知識分子論叢》，以連續三輯的篇幅，圍繞自由主義的自我反思、世俗時代與超越精神、啟蒙的遺產與反思的主題，進行了積極而深入的討論[65]。

[63] 汪暉：《現代中國思想的興起》上卷第一部《理與物》第一章，以及下卷第一部《公理與反公理》、第二部《科學話語共同體》，北京：三聯書店，2004 年。
[64] 丁耘主編：《五四運動與現代中國》，上海：上海人民出版社，2009 年。
[65] 許紀霖主編：《現代性的多元反思》（2008 年 6 月）、《世俗時代與超越精神》（2008 年 12 月）、《啟蒙的遺產與反思》（2010 年 1 月），南京：江蘇人民出版社。

許紀霖、錢永祥、江宜樺、童世駿、高全喜、劉擎等兩岸三地學者的論述，涉及對於「整全性自由主義」的積極思考，現代自由主義如何應對「美德」問題，自由主義的道德秩序觀如何應對社會想像，以及在超越價值衰落的世俗時代裡如何重新理解「啟蒙」。這些討論為本文思考從中國社會晚清到五四的世俗化道德轉型，提供了一個更加寬廣的理論視野。

第三，研究框架

本書的研究框架大體分為導論、正文以及結語三個部分。導論部分主要介紹本書選題的緣起、相關研究概況、本書結構和研究方法等內容。

正文部分一共分為四章。第一章圍繞道德觀念背後宇宙觀的變化而展開，著重闡述了傳統中國道德價值的超越之源——「天」的不同內涵與形態及其超越性在晚清的瓦解。中國傳統的宇宙觀將人類的秩序納入「天命」、「天道」或是「天理」之中。在「天」的統攝之下，自我、社會與宇宙共同構建了一個統一的、有意義的德性世界。依照這些思想框架和觀念形態，中國人鍛造出一種作為宇宙認知圖式的世界觀。毫無疑問，這一認知圖式充當了中國古代社會的價值基礎，也構建起一個與天相通的、內在超越的心靈秩序。

然而，到了 19 世紀中後期，一連串深層次的政治、社會與思想危機，伴隨著世界格局的轉變開始在晚清中國集中爆發。從根本上看，其原因在於傳統的目的論宇宙觀（天理），在這一時期逐步被現代自然科學觀和進化論所瓦解，代之而起的是一個由因果關係支配的、機械論的宇宙觀（公理）。從此，世間萬物的價值與

意義，不再像以前一樣具有道德（或宗教）的超越性，而必須借助一套可以為人們所認知和掌握的邏輯規範，通過屬人的理性實踐來予以證明。這一歷史過程，正是馬克斯・韋伯（Max Weber, 1864-1920）所說的價值「祛魅」，也是前現代社會走向世俗化的重要標誌。

來源於「天」的超越價值世界從此動搖，焦慮的中國知識分子必須尋找一條重構心靈秩序與政治秩序的道路。以「禮」為基礎的儒家規範倫理，受到「西潮」的衝擊和激進思想家們的嚴厲抨擊。康有為、梁啟超等人對於「君統」的攻擊與譚嗣同在《仁學》中「沖決網羅」的吶喊，標誌著「三綱之說」及其代表的儒家規範倫理的逐漸解體。在這個歷史變革的重大時刻，傳統的儒家道德價值觀再也難以保持自身認同的方式，開始出現失落與迷亂。

第二章從晚清轉入民初，集中考察五四時期道德觀念的新內涵。1905 年科舉制度的廢除和 1911 年帝制的崩潰，使儒學喪失了制度性基礎而陷入淪落的困境。20 世紀之初，儒學的危機從教育、政治層面，逐步深入到道德倫理和心靈秩序。這一時期，中國人的道德觀念發生了更加全面的現代轉型：一方面，現世的「快樂」與「功利」主張取代了「仁」，成為五四時期道德觀念中的新德性。儒家德性倫理解紐，傳統道德價值「祛魅」，道德世俗化的程度大大加深了。另一方面，個人的意志自主性在五四時期也得到極大發展。個人從傳統道德秩序中獲得了更為徹底的解放，成為具有意志自主性的主體。人們相信，依據多元的自由個性和價值選擇，現代個人可以在「功利」與「快樂」的引領下，對自己的人生「自作主宰」。因此，個人主義與功利主義成為五四時期道德觀念中的兩個核心理念。

　　隨著功利主義與個人主義的強勁崛起，中國社會道德觀念世俗化的程度大大加深。現代個人似乎從傳統倫理道德的牢籠之中得到了徹底解放。然而，在民初政治與社會的亂局之中，由於傳統中國缺乏靈魂救贖的宗教傳統，一旦儒家道德傳統解紐，功利主義與個性主義必然失去約束。因此，在五四時期的知識精英那裡，道德問題不但沒有因為傳統道德的崩潰而徹底消解，世界觀和人生觀如何重建，反而成為五四以來思想界關切與探索的重心。這是本文第三章著重探討的內容。五四時期所面對的價值危機和文化認同的困境，促使知識分子從不同的角度出發，深入探詢世俗時代的意義所在：一方面，接受功利主義的道德觀，但是拒斥純粹的物質主義和感官享受，成為五四一代大多數知識分子共同的人生理念；另一方面，通過五四時期廣泛的社會運動，知識分子在「小我」與「大我」的「社會不朽觀」的影響下，將自我的人生價值，與實現一個美好社會的強烈責任感緊密聯繫，體現了更為深廣的人類意識和世界情懷。

　　第四章涉及世俗時代公共倫理的證成問題。世俗化是一個現代性事件。隨著現代性的發生，具有意志自主性的個人，對自己的行為和信仰方向有了選擇和追求的自由，「共同的德性」分解成了「多元的德性」。那麼，在這樣一個道德和文化價值多元化的世俗時代中，公共道德價值的普遍性，又將建立在何種基礎之上呢？可以看到，對於德性與倫理之間良性互動的探討，仍是五四時期知識分子關注的焦點。規範倫理與德性倫理之間無法脫離彼此而獨立存在。只有在具有德性的個人之間，才可能形成共同體的公共倫理。因此，對於多元化的現代社會整合而言，傳統儒家的綱常倫理具有抽象的繼承性。另一方面，雖然國家憲政民主的制度建構，成為塑造

現代共同體認同的重心，但在五四的知識分子那裡，社會與國家並不僅僅是一個由制度作為紐帶的「政治共同體」，而是一個有著共同倫理的「道德共同體」。五四的知識分子仍在一個「修齊治平」式的道德框架之中，論證共同體的「倫理公共善」所在。因此，五四的思想家對於現代社會中「善」與「正當」的關係，有著中國式的思考。

通過對於五四時期啟蒙思想中新道德觀的研究，結語部分試圖對本書導論設定的問題作如下回答。首先，雖然清末民初中國人的精神世界面臨超越價值的衰微，五四時期知識分子對於道德的理解也各有差異，但他們的道德觀念並未陷入相對主義的泥淖，仍被放置在德性與倫理合一的道德框架之中。因此，在五四的知識精英那裡，依然有著獨立的道德價值標準。高昂的自由意志、豐富的個人情感和強烈的社會責任感，仍在他們的宇宙觀和人生觀當中佔據著核心位置，並以此抗衡工具理性和物慾主義對於個人德性的侵蝕。一己「小我」之上仍有一個社會的「大我」，作為世俗時代平衡物慾主義和唯我主義的精神砝碼。人生意義的追求與探詢，依然構成了五四時期個人德性的價值目標。

其次，在五四的知識分子看來，個人私德對於社會公德而言不可缺少，「公德」仍有賴於「私德」的培養與凝聚。社會政治秩序的正當性，也無法在一個缺少共同道德文化的背景下得以證成。可以看到，作為傳統儒家「修齊治平」思想脈絡在現代社會的歷史延續，五四的啟蒙知識分子對於道德問題的思考，並未割裂規範倫理與德性倫理、「公德」與「私德」的內在關聯，而是力圖在一個彼此貫通的框架下實現創造性的轉化。因此，追求德性之善，在五四知識分子的道德價值序列中，仍然具有最高的位置。如果說，西方

自由主義以德性與規範分離為最後的分化，以解決現代社會的多元價值困境，那麼，五四時期的中國知識分子卻在堅持個人自由價值的同時，注重個人德性與倫理規範的互動，以及公共倫理對於社會政治秩序的積極意義。可以說，在現代中國世俗化的歷史進程裡，通過對中國思想脈絡的自我理解，五四時期的道德觀念形成了獨特的現代性。五四的「新德性」、新「群己觀」及其道德實踐，既呈現了清末民初思想轉型的複雜性與連續性，又極大地豐富了對於「多元現代性」的理解。

第四，研究方法

本書試圖在一種「問題式」思想史的路徑之下，展開對五四時期啟蒙思想中的新道德觀研究。「問題式」思想史的研究路徑，在研究理念以及方法論上，都與過去主流的「文獻式」思想史研究有較大區別。簡單地說，後者在中國的思想史研究中有相當漫長的傳統，研究者通過對於歷史文獻的梳理與重述，解釋思想家的思考內容是怎樣的（what），並由此建立起思想史的脈絡。過去為我們熟知的大多數思想史家的研究成果，從乾嘉學派的著述到 20 世紀 80 年代前的大部分思想通史，基本屬於這一類型。而問題式思想史研究所要做的，不在於重述思想家思考的內容，而是試圖借助思想家的文獻，解釋研究者預設的問題。或者說，研究者力求通過新的問題意識，重讀歷史文獻，積極回應「思想為什麼會如此」的疑問（why）。這一研究理念，在當代思想史研究領域，則比較明顯地體現在史華慈、墨子刻（Thomas Metzger）、張灝、林毓生等人的著述之中。

　　進入 20 世紀 90 年代以來，「反帝反封建」、「從傳統到現代」等目的論色彩一度非常強烈的問題意識，由於基本已經窮盡其解釋力，逐漸從研究者的視野中淡出。「問題式」思想史研究面臨著新的學術發展態勢。從研究實踐來看，「問題式」思想史圍繞著「重新問題化」的努力有了新的發展。首先，「問題式」思想史的研究超越了「現代化」這一目的論的思考模式，轉而在多元現代性的視角之下，將思想放入歷史本身發展的脈絡之中，予以更加細緻深入的反思。學術界逐漸突破了對「傳統／現代」、「衝擊／回應」等分析模式的簡單套用，開始積極地「從中國自身尋找歷史」。研究者力求在中西會通的基礎上，從中國的傳統及其內在緊張之中，探尋中國近代以來思想轉型與社會發展的歷史依據。其次，「問題式」思想史開始與觀念史、社會史、文化史、文獻學等不同的學科領域相互交織，形成了多元的思想史研究視野。第三，隨著全球化的深入和世界格局的變化，近年來，自由主義與公共倫理、民族國家的價值認同、世俗化與超越價值等問題，在中外學術界引發了普遍性思考。這一系列東西方思想界共同關注的問題，由於與近代中國轉型時代涉及的議題，諸如個人與國家、民族主義、道德倫理等同構，從而被學者們放置在中國現代思想史的脈絡中，通過「重新問題化」，加以相互比較與研究。

　　本書的研究理念立足於問題取向的思想史研究，試圖通過對近代中國相關議題的重新問題化，探索五四時期道德觀念的演變脈絡及其內在價值。具體就本書所採用的研究方法而言，第一是以問題取向為軸心的文本解讀。清末民初的中國社會處於一個超越價值衰微的歷史時刻，政治秩序與心靈秩序的危機同時爆發。這樣特殊的情境，與西方近代以來基督教世俗化的歷史具有同構性，

因此，本書借助「世俗化」這一辭彙予以描述，並將其作為貫穿全文的背景問題。五四時期的道德觀念是一個多元混雜的整體，那麼，面臨超越價值的解體，五四的知識分子如何重建人生與世界的整體性意義秩序？這是本書需要集中回應的核心問題。因此，本書圍繞時人關於倫理道德的論爭焦點，借此瞭解五四時期思想論域的整體結構與內在理路，試圖多角度地把握五四時期道德觀念與傳統之間的連續性與非連續性，從而呈現五四啓蒙思想中的道德圖景。

第二，觀念史與社會史的互動思考。在道德觀念領域，本書特別注意文本中的關鍵字，比如「功利主義」、「個人主義」、「公德」、「私德」等等及其在思想史脈絡中的具體含義及其歷史演變。顯然，觀念本身並不是一成不變的，而是一個在不同的歷史情境與生存情境之中不斷建構的過程，因此，需要將這些觀念與五四時期的社會史結合起來考察。另一方面，由於本書的研究對象——「道德」一詞內涵的特殊性，研究者無法僅僅把它視為一種抽象的哲學觀念和文人論辯的言辭，而必須將其與道德主體的道德實踐結合起來考察。因此，本書嘗試採用理論闡釋與歷史實證、文本解讀與社會分析相結合的方法，深入周詳地關注五四時期道德觀念的整體性以及觀念與行為之間的互動。由於思想史研究自身的特徵、問題意識及論述重心所繫，本書對於晚清及五四時期紛繁複雜的社會歷史狀況，無法描摹備至，只能執簡馭繁，儘量選擇性地「旁採史實與人情，以為參證」。

第一章

世俗時代的開啟：超越世界及其瓦解

　　古典形式的道德觀念，常常和一種目的論的有機宇宙觀緊密相連。按照列奧·斯特勞斯（Leo Strauss, 1899-1973）的說法，一切自然的存在物都有其自然的目的與命運，這就決定了什麼樣的運作方式對於它們而言是適宜的[1]。在不同的歷史時期，中國傳統的宇宙觀將人類的秩序納入「天命」、「天道」或是「天理」之中。在「天」的統攝之下，自我、社會與宇宙共同構建了一個統一的、有意義的德性世界。依照這些思想框架和觀念形態，中國人鍛造出一種作為宇宙認知圖式的世界觀。根據這一圖式，他們「不僅能按照時空來構思宇宙世界並找到身在其間的位置，而且能使人生具有一種來龍去脈的意識」[2]。這一認知圖式充當了中國古代社會的價值基礎，也因此構建起了一個具有德性的、與天相通的、內在超越的心靈秩序。在兩千多年的漫長歷史裡，正是因為這一具有超越價值的象徵性秩序的存在，使得中國人擺脫了認知上的矛盾和價值取向上的迷惘。

---

[1]　列奧·斯特勞斯：《自然權利與歷史》，北京：三聯書店，2003 年，第 8 頁。列奧·斯特勞斯認為，就人而論，要以理性來分辨這些運作方式。理性會判定，最終按照人的自然目的，什麼東西本然地（by nature）就是對的。

[2]　張灝：《危機中的中國知識分子：尋求秩序與意義》第一章導言，北京：新星出版社，2006 年，第 9 頁。

　　然而，到了 19 世紀中後期，隨著中國對西方瞭解的加深，特別是在之後一系列對外戰爭中的屈辱性潰敗，中國人不得不面對一個「三千年來未有之大變局」。在 19 世紀的最後 10 年間，一連串深層次的政治、社會與思想危機，伴隨著世界格局的轉變開始集中爆發。為什麼思想文化危機不斷深化的背後，是構成思想文化核心的基本宇宙觀和價值觀的動盪不安？從根本上看，其原因在於這一時期，中國社會傳統的目的論宇宙觀（天理），逐步被現代自然科學觀和社會進化論所瓦解，代之而起的是一個由因果關係支配的、機械論的宇宙觀（公理）。從此，世間萬物的價值與意義，不再像以前一樣具有道德（或宗教）的超越性，而必須借助一套可以為人們所認知和掌握的邏輯規範，通過屬人的理性實踐來予以證明。這一歷史過程，正是馬克斯・韋伯所說的「祛魅」，也是前現代社會走向世俗化的重要標誌。從這個意義上說，當超越的價值來源，從天命、天道或是天理，轉變為現實世界科學進化的公理，晚清中國從此也就進入了一個「世俗時代」。

　　來源於「天」的超越價值世界從此動搖，焦慮的中國知識分子必須尋找一條重構心靈秩序與政治秩序的道路。隨著中國政局和世界形勢的風起雲湧，19 世紀末期，以「禮」為基礎的儒家規範倫理，受到「西潮」的衝擊和激進思想家們的嚴厲抨擊，並成為這一時期價值批判的主要目標。康有為、梁啓超等對於「君統」的攻擊與譚嗣同在《仁學》中「衝決網羅」的吶喊，標誌著「三綱之說」及其代表的儒家規範倫理逐漸解體。在這個歷史變革的重大時刻，傳統的儒家道德價值觀再也難以保持自身認同的方式，開始出現了失落與迷亂[3]。

---

[3] 從 1895 年到 1920 年初約 25 年，中國的思想知識的傳播媒介和思想內容均

第一節　天：儒家的德性之源

在傳統中國，直到近代前夕，「天」不僅是政治秩序正當性的來源，同樣也是心靈價值的終極依據。如同黑格爾（Georg Wilhelm Friedrich Hegel, 1770-1831）所理解的那樣，對於中國人而言，天是最崇高的，是「抽象的普遍性，是自然關係和道德關係本身完全未定之總體」[4]。一般而言，中國傳統道德本體論，其原始來源正是古代社會遵從天命的宗教觀念。不過，在周代以前的殷商時期，天的含義並不包括抽象的或者超越的倫理道德意義。直到周代，天的觀念才逐漸形成。西周時所承認的天，是「賞善罰惡的主宰，一切易朝更姓的政治變遷，莫不有天意存乎其間」[5]。周文王通過他在戰爭中的勝利，將「受命於天」與他的「有德」聯繫到一起。這就是天命觀念的起源。依據所謂對「有德」的周室授受天命的思維模式，周王朝逐步將自己的權力合法化了。正緣於此，梁啟超在〈先秦政治思想史・天道的思想〉一章中，將古代之天視為「有意識的人格神」。它不但直接監督一切政治，而且「吾先民以為宇宙

有突破性變化。這一時期也因此被研究者視為中國思想文化「由傳統過渡到現代、承先啟後的」轉型時代。見張灝：〈中國近代思想史的轉型時代〉，香港：《二十一世紀》，1999 年 4 月號。又，對於「轉型時代」的最新相關研究，見王汎森等：《中國近代思想史的轉型時代》。

[4] 黑格爾：〈中國的宗教或曰尺度的宗教〉，見夏瑞春編：《德國思想家論中國》，南京：江蘇人民出版社，1995 年，第 101 頁。

[5] 王治心：《中國宗教思想史大綱》，上海：三聯書店上海分店，1988 年，第 45 頁。

間有自然之大理法，為凡人類所當率循者。而此理法實皆天命。」在梁啓超看來，正是因為天「有感覺有情緒有意志」，能夠直接「指揮人事」，因此，這一感覺、情緒與意志，轉化而成的人類生活的理法，就叫天道[6]。此種觀念，在當時的古籍中俯拾即是：

> 「皇矣上帝，臨下有赫，監觀四方，求民之瘼。……上帝耆之，憎其式廓，乃眷西顧，此維與宅。」（〈皇矣〉）
>
> 「敬天之怒，無敢戲豫；敬天之渝，無敢馳驅。昊天曰明，及爾出王；昊天曰旦，及爾遊衍。」（〈板〉）
>
> 「先王有命，謹恪天服。」（〈盤庚上〉）
>
> 「天降割於我家，不少延。……其有能格知天命……予不敢閉於天降威用。」（〈大誥〉）

相對於梁啓超的敏銳，王國維（1877-1927）在《殷周制度論》中顯示出的歷史洞察力則更加深邃：「中國政治與文化之變革，莫劇於殷周之際。」在他看來，這一變革並非偶然，其出發點和全部歸宿都在於：「（其旨）納上下於道德，而合天子諸侯卿大夫士庶民以成一道德團體。周公制作之本意，實在於此。」[7]這就是說，周公制禮作樂的制度建設，其最終目的是要落實為一套完備的道德原則，並由此凝聚起一個道德團體。此後的梁漱溟強調「中國數千年風教文化之所由成，周孔（周公孔子）之力最大」，並以「周禮教

6　梁啓超：《先秦政治思想史》，天津：天津古籍出版社，2004 年，第 28 頁。

7　王國維：《觀堂集林》，石家莊：河北教育出版社，2001 年，第 231 頁。王國維認為，這種變化從民族和文化的背景來看，是因為「自五帝以來，政治文物所自出之都邑，皆在東方，惟周獨崛起西土」；從制度變化的內容來說，「周人之制度大異於商者，一曰立子立嫡之制，由是而生宗法及喪服之制，並由是而有封建子弟之制、君天子臣諸侯之制；二曰廟數之制；三曰同姓不婚之制。」

化」為「以道德代宗教」的文化，以歷史上的中國傳統社會為倫理本位的社會，正是王國維這一看法的延伸和深化[8]。

可見，在周人的理解中，天與天命已經有了確切的道德內涵。西周的天命觀肯定天命神意的主宰作用是毫無疑問的，但更值得注意的是，天被提升到了宇宙論以及倫理秩序和社會生活的中心位置，並具有了超越的價值屬性。「天生烝民，有物有則。民之秉彝，好是懿德。」（〈詩經・大雅・烝民〉）《詩經》中的引文說明，在當時人的知識、思想與信仰世界中，天孕育了人類，同時規定了他們之間的行為規範與法則。這也就是王國維所講的「納上下於道德」的含義所在：一方面，這些行為規範支配著人類的秩序，其價值依據來源於超越的天；另一方面，人類社會的唯一義務，就在於通過道德實踐，去滿足天的要求。可見，天的命令主要是關心人類的道德狀況，並借助道德問題和人類建立了聯繫。西周時代的天命論之中，蘊含了一種緩慢地朝向秩序和命運發展的趨勢：秩序的觀念逐步轉化為「天道」的觀念，而命運的觀念則仍舊存在於「天命」觀念之下發展。歷史地看，這種似乎位於「可把握與不可把握」之間的「天」的觀念，與人文主義思潮在春秋時期的興起，以及此後儒道兩家諸種自然之天與義理之天的發展之間，存在著內在相通的脈絡[9]。換言之，在西周時期思想轉向，在客觀上為此後儒家人文主義的興起，提供了原始發展的契機。

---

[8]　梁漱溟：《中國文化要義》，第 102 頁、106 頁。

[9]　對於天命觀在商周時期的歷史演變及其內在轉化，陳來作出了精彩而細緻的分析。見陳來：《古代宗教與倫理——儒家思想的根源》，北京：三聯書店，1996 年，第 195 頁。

　　隨著「天道」與「天命」的分梳，出現了從「天」向「人」的關鍵性轉變。作為春秋時代最偉大的哲學家，孔子（前 551－前 479）出色地完成了這一人文轉向的任務。孔子的「仁」在當時是一個全新的觀念，也標誌著古代中國思想史上一次重要轉型。《論語》記載，當時顏淵（前 521－前 481）問「仁」，孔子回答：「克己復禮為仁。一日克己復禮，天下歸仁焉。為仁由己，而由仁乎哉？」（〈論語・顏淵〉）雖然之前的子產早已提到「天道遠，人道邇」（〈左傳・昭公十八年〉）的看法，但直到「為仁由己」的觀念出現之後，以仁為中心的儒家思想系統才正式建立起來。和軸心時代其餘文明「超越的突破」相似，儒家的人文轉向，同樣對構成人類處境的宇宙本質產生了一種新的理性認識，並由此改變了對人類基本意義的自我理解。這就是梁啟超所講的：「吾儕若離卻人之立腳點以高談宇宙原理物質公例，則何所不可？顧儒家所確信者，以為『人能弘道，非道弘人』。故天之道地之道等等悉以置諸第二位，而惟以『人之所以道』為第一位。」[10]

　　正如余英時所言，儒家的轉向在諸子百家的突破中，卻又屬於最「溫和平正」的一脈。儒家一方面繼承了周代的禮樂傳統；另一方面又將一種新的精神貫注於舊傳統之中。這種「寓開來於繼往」的轉型，正合乎孔子所謂「周因於殷禮，其所損益可知」那種特殊的變革方式[11]。一方面，與此前的思想者相比，孔子明顯地重視了個人內在的道德生活內容，「仁遠乎哉？我欲仁，斯仁至矣」是一個有力的例證；他的傳承者孟子（前 372－前 289）也說：「仁義禮智，

10　梁啟超：《先秦政治思想史》，第 85 頁。
11　余英時：〈道統與政統之間──中國知識分子的原始型態〉，見氏著：《士與中國文化》，上海：上海人民出版社，1987 年，第 96 頁。

非由外鑠我也，我固有之也，弗思耳矣」（〈孟子・告子章句上〉）。
這意味著，如果能充分擴張內心，人們就能徹底實現人性，從而知
「天」。不過，更值得注意的卻是另一面，即孔子依然保持著對天
道的敬畏。在這樣的精神導向中，包含著人在道德方面的自由與對
整個宇宙自我開放的知識之間努力保持平衡的要求[12]。在孔子看
來，「道」既表示了非人類宇宙中的「天」道，也表示人力無法控制
的、天要借助於歷史才能使其呈現出來的內容[13]。可見，儒家的人
文實踐並不企圖消解一切神聖性。儒家承襲了周代禮樂文化，並試
圖通過理性化的途徑走出自然宗教陰影的同時，仍保存著對於「天」
的神聖感——只不過它使人對神聖性的需要在文明、教養、禮儀中
得到體現。可見，儒家的觀念所表現的人文精神，與現代的人文主
義有著基本不同：現代人文主義是排斥超越意識，而儒家人文思想
通過內聖的觀念，則以超越意識為前提。這種超越意識主要反映於
儒家的天人之際的思想。按照張灝的說法，在先秦儒家，天人之際
的思想最突出的表現自然是「天人合一」思想。孔子思想中的德性
倫理，也蘊含著「以天為主」的超越意識。孟子則依據孔子這種超
越體驗加以推廣，認為任何人若能發揮己身天賦本有的善，均可與
超越的天形成內在的契合[14]。孟子相信，世人只要通過發揮自己身
上的自然本性、培養「浩然之氣」，「人人皆可以為堯舜」。從中國
思想史的內在脈絡來看，孟子的看法極大地影響了晚明王陽明

---

[12] 杜維明：〈傳統儒家思想中的仁的價值〉，見氏著：《儒家思想新論——創造
性轉換的自我》，南京：江蘇人民出版社，1991 年，第 75 頁。

[13] 本傑明・史華慈：《古代中國的思想世界》，南京：江蘇人民出版社，2004
年，第 64 頁。值得注意的是，史華慈特別強調「天」作為宇宙觀在儒家思
想中超越性的面向。

[14] 張灝：〈超越意識與幽暗意識——儒家內聖外王思想之再認識與反省〉，見
氏著：《思想與時代》，上海：上海文藝出版社，2002 年，第 19 頁。

（1472-1529）的心學理論，那就是充分鼓勵每一個人積極開掘自身潛藏的自然本性（即意志自主性），通過實現人心與天的相通，達到個人的徹底解放。

把天作為人間秩序合理性背景，並對這套解釋自然與歷史的宇宙法則論述得最充分的，是漢儒董仲舒（前 179－前 104）[15]。在對漢武帝（前 156－前 87）策問的第三篇中，他說：「天者，群物之祖業，故遍覆包涵而無所殊，建日月風雨以和之，經陰陽寒暑以成之，故聖人法天而立道。」（〈春秋繁露‧重政〉）可見，在董仲舒那裡，天不僅僅是一個自然運行的天穹，而是宇宙所有秩序的本原與依據。他的代表作《春秋繁露》，主要是以陰陽五行的宇宙觀為思想結構，闡發儒家的道德理想[16]。

董仲舒注意到，人世秩序是宇宙秩序的一部分，兩者息息相關。因此，他指出，人世間的關係、秩序及倫理道德也來自天。那麼，上至天子下至百姓，都必須尊天敬天。董仲舒不是簡單地、籠統地講人倫的一切來自於天，而是特別強調人間一切具體的等級秩序均來自於天，這是倫理道德化的表現[17]。既然一切來自於天，倫理關係、道德仁義都是天之所命，那麼，人世秩序的建立必須求得

---

[15] 葛兆光：《七世紀前中國的知識、思想與信仰世界──中國思想史（第一卷）》，上海：復旦大學出版社，1998 年，第 373 頁。

[16] 日本學者溝口雄三則強調董仲舒的天道觀中所摻雜的道家思想。他認為，董仲舒的天人感應論統合了基於陰陽五行說理解自然現象的自然法則，亦即「條理性」的天（這一「天」的觀念多出於道家。依據道家的理解，天是超越人為的宇宙秩序，是最根本的理法）。在這一意義上，董仲舒的天人感應論，是對春秋戰國以來「主宰的、根源的」天觀（這一「天」的觀念多出於儒家）與「條理性」的天觀的統一綜合。見溝口雄三：《中國的思想》，北京：中國社會科學出版社，1995 年，第 7 頁。

[17] 李承貴：《德性源流──中國傳統道德轉型研究》，南昌：江西教育出版社，2004 年，第 3 頁。

與宇宙秩序彼此順應。他依據《王制》所謂「七教」（父子、兄弟、夫婦、君臣、長幼、朋友、賓朋），並將其與陰陽五行相配，提出了配合陰陽的「三綱」與比擬五行的「五常」。他寫道：「凡物必有合。合必有上，必有下，必有左，必有右，必有前，必有後，必有表，必有裡。……有寒必有暑，有晝必有夜，此皆其合也。陰者陽之合，妻者夫之合，子者父之合，臣者君之合。物莫無合，而合各有陰陽。……君臣、父子、夫婦之義，皆與諸陰陽之道。君為陽，臣為陰；父為陽，子為陰；夫為陽，妻為陰。……王道之三綱，可求於天。」這就叫「仁義制度之數，盡取之天」（〈春秋繁露‧基義〉）。

《春秋繁露》還特別強調了個人成德的理想。「仁之美者在於天。天，仁也。天覆育萬物，既化而生之，又養兒成之，事功無已，終而復始；凡舉歸之以奉人，察於天之意，無窮極之仁也。人之受命於天也，取仁於天而仁也。」由此可見，內蘊的德性有其超越的基礎。這個觀念無疑反映的是「天人合一」的思想[18]。在董仲舒這裡，天的外在性、絕對性意義也進一步明確化。董仲舒雖然喜歡用「天人感應」以強調天人的密切關係，但這是以天保持對人的獨立性為前提的。在董仲舒看來，天如果喪失了與人應有的一種距離，其神秘性、絕對性將會減弱。因此，「天」之所以作為道德價值之源的理論基礎，到董仲舒這裡才被建構起來[19]。

漢代以後，儒學式微而佛教興盛，直到晚唐和北宋的時候儒家學說才重新崛起[20]。在宋明時期，儒家思想內部最值得注意的動

---

[18] 張灝：〈超越意識與幽暗意識——儒家內聖外王思想之再認識與反省〉，見氏著：《思想與時代》，第 24 頁。

[19] 李承貴：《德性源流——中國傳統道德轉型研究》，第 3 頁。

[20] 根據馮友蘭的分析，宋代經過更新的儒學有三個思想來源。第一個思想來源是儒家本身的思想。第二個思想來源是佛家思想、連同經由禪宗的終結

態，是作為超越價值來源的「天理」世界觀的形成和演變。在宋代，一方面固然存在著用宇宙論重建以人的倫理秩序為軸心的道德體系；但另一方面，強調對於天的政治責任、強調遵循天理等觀念與政治、道德的結合，則又不斷向著更深層次發展。

在周敦頤（1017-1073）的《太極圖說》中，不難看出這位宋明道學的開山祖師，試圖把儒家的現實倫常與道教的「天」的宇宙圖式連接起來的努力。之後的張載（1020-1077）在《西銘》中，也特別談及「理」在天地之上：「天地之道，可以一言而盡也，凡是道，皆能盡天地，但不得天之理」（〈張子語錄上〉）。這是一種「天人合一」的「屬倫理又超倫理」的精神境界，而一切「見聞之知」以至「窮神盡化」，都不過是為了「身而體道」，為了作為主體的人通過倫理學與天同一[21]。程顥（1032-1085）、程頤（1033-1107）則將道德本體「太極」改造為「理」：「實有是理，故實有是物；實有是物，故實有是用；實有是理，故實有是心；實有是心，故實有是事。是皆原始要終而言也。」又說，「天下之害，皆以遠本而末勝也……先王制其本者，天理也，後王流於末者，人慾也。損人慾以復天理，聖人之教也。」所以，程頤才能自信地說：「吾學雖有授受，『天理』二字確實自家體貼出來的。」（〈二程集‧河南程氏粹言〉卷一）

到了南宋，朱熹（1130-1200）則從多個角度出發，論證了「理」在倫理結構中的道德本體地位。在朱熹心目中，這個「理」既是內

而來的道家思想。第三個來源便是道教，陰陽學家的宇宙論觀點在其中佔有重要的地位。宋明理學所持的宇宙論觀點，主要便是由此而來。見馮友蘭：《中國哲學簡史》，天津：天津社會科學出版社，2007年，第441頁。

[21] 李澤厚：〈宋明理學片論〉，見氏著：《中國古代思想史論》，合肥：安徽文藝出版社，1999年，第232頁。

在的心、性、仁、義，更是外在的天與天命，即「理者，天之體；命者，理之用」（《朱子語類》卷第五〈性理〉）。朱熹認為：「宇宙之間，一理而已，天得之二為天，地得之二為地，而凡生於天地之間者，又各得之以為性，其張之為三綱，其紀之為五常，蓋此理之流行，無所適而不在。」（《朱子文集》卷七十）綜合而言，不管這個「天理」是程顥、程頤式的具有「強烈萬物生生的『活脈』」，還是朱熹式的人的內在道德特質的規範，一個具有超越意義的「天理」仍是宋儒心目中真理廊廟的基石，也是他們衡量自我心靈與社會道德的第一把標尺。按照溝口雄三的分析，人作為自然法則的一環，正確認識內在自我的道德本性，將其充分地自我發揮之時，政治領域或社會秩序就會依循條理而得到安定與和諧。這是天理觀的思維模式。也就是說，自然法則與政治、社會秩序與人的道德性，「與其說依循著稱之為天理的條理而成為一體，毋寧說就是依循著一個天理——在宋代稱之為天人合一——是之謂最高的境界」[22]。宋代以來，以天理觀為標誌的「天德本位」的觀念取代了「宇宙本位」的觀念，成為中華帝國政治思想與道德觀念正當性的依據。這一政治與倫理的共同基礎，則「在於中國人所稱之『天理天則』，理性於是對於君主的權力發生了不可思議的效果」。按照汪暉的分析：「天理概念由天與理綜合而成：天表達了理的崇高地位和本體論依據，理則暗示了宇宙萬物成為宇宙萬物的根據。天與理的合成詞取代了天、帝、道或天道等範疇在傳統宇宙論、天命論和道德論中的至高地位，……天、命、道均帶有天道論（自然法則）的痕跡，而

---

[22] 對於宋代天理世界觀的形成，溝口雄三有精細而周密的分析。見溝口雄三、小島毅主編：《中國的思維世界》，南京：江蘇人民出版社，2006 年，第 232 頁及溝口雄三：《中國的思想》，第 15 頁。

理卻代表了這一法則的理性轉化。」[23]因此,中國所謂「天理天則」,
與西方人所說的自然法在本質上是一致的,同樣具有超越性。

宋儒的天理世界觀在陸九淵（1139-1193）和其後的王陽明一
系那裡,有了新的演進。陸九淵和朱熹是朋友,但兩人在哲學上的
見解相距甚遠,時相辯難。陸九淵將朱熹的「性即理」更換為「心
即理」,大大開啟並提升了「心」作為溝通萬物的本體作用。他更
有名的句子是:「宇宙便是我心,我心便是宇宙。」(《象山全集》
卷三十六)在陸九淵看來,儘管朱熹的「理」建立起的不可動搖的
道德法則,作為道德本體確有超驗價值,但要充分體現「理」的世
俗意義,必須將理的主體性再向前推進一步,以提高人們對於「理」
之本體的自覺性。所以,陸九淵大膽地說「心外無理」,又說「萬
物森然於方寸之間,滿心而發,充塞宇宙,無非此理」(《陸九淵集》
卷三十四),「心之體甚大,若能盡我之心,便與天同」。

這一溝通宇宙的心學理論,直接影響了後來王陽明的道德理念。
在王陽明的闡釋中,特別突出了人心中自有「良知」的觀點。他說:
「心之本體,即天理也;天理之昭明靈覺,所謂良知也。」顯然,
在他看來,個人心靈既是道德的本體,又是道德的自我立法者與監
督者。這一努力,一方面大大彌合了朱熹以來心、理二分的鴻溝;
另一方面,王陽明將陸九淵的「心外無理,心外無事」的看法具體
化了:「心之體,性也,性即理也,天下寧有心外之性?寧有性外之
理乎?寧有理外之心乎?」(《王文成公全書》卷八)從這一連串有
力的反問中,不難看到王陽明將內心的道德力量解放出來的努力。
本來僅僅屬於「理」的倫理規範,從此要從每個人內心推導出來。

---

[23] 汪暉:《現代中國思想的興起》上卷第一部,北京:三聯書店,2004 年,
第 111 頁。

　　王陽明進一步溝通了「心」與「理」，強調每一個人只要盡可能的發掘善根，就可以成為「聖人」。這一道德哲學的想像力確實因前無古人而顯得驚世駭俗。無疑，其思想依據最早可以追溯到孟子「人人皆可以為堯舜」的主張。不過，儒家的道德觀念發展到王陽明這裡，將人心可與天理相通的道德自主性推演到極致。「我心即宇宙」這簡單五個字中所包含的強烈道德衝動與意志力量，直接可以與康德（Immanuel Kant, 1724-1804）筆下不受窒礙的「道德自主性」相互參照[24]。在康德的思想中，人是其自身的目的，人的自主性指的是理性的自我主宰。而作為理性的存在者，每一個人都是具有內在價值的存在，因此人們憑藉理性，可以不顧艱險、無私無畏地擔當自己的道德責任。從晚明乃至之後道德轉型的歷史實踐可見，王陽明的心學理論中所包含的強大意志自主性，極大地影響到19、20世紀之交的社會轉型，並成為清末民初個人主義道德觀重要的本土思想資源。[25]

　　不過，王陽明也承認，「人心是天淵，無所不賅，原是一個天，只為私欲障礙，則天之本體失了。如今念念致良知，將此障礙窒塞

---

[24] 按照康德的說法，就是「作為自己和全部普遍實踐理性相協調的最高條件，每個有理性東西的意志的觀念都是普遍立法意志的觀念。」也就是說，人作為理性的存在，是自己的「立法者」。人可以超越感性世界，不受感性欲望和自然因果律的支配，按照理性規定的法則去行為。見伊曼努爾·康德：《道德形而上學原理》，上海：上海人民出版社，1986年，第81頁。

[25] 比如，梁啟超對於個人「天賦良能，發揮到十分圓滿」的「盡性主義」（見梁啟超：〈歐遊心影錄〉，《梁啟超全集》第五冊，北京：北京出版社，1999年，第2980頁）；宋教仁在1906年2月13日的日記裡也說：「吾人可以聖人之道一貫之旨為前提，而先從心的方面下手焉，則陽明先生之說，正吾人當服膺之不暇者矣」（見宋教仁：《宋教仁日記》，長沙：湖南人民出版社，1980年，第137頁）；毛澤東在泡爾生《倫理學原理》的批註中也寫道：「吾嘗夢想人智平等，人類皆為聖人。」（見《毛澤東早期文稿》，長沙：湖南出版社，1990年，第186頁）

一齊去盡，則本體已復，便是天淵了。」(《傳習錄》) 這意味著王陽明的心學理論背後，仍有一個具有超越價值和終極意義的天。他在重建道德觀念的同時，一方面特別凸顯的是「心」與「理」的相通，溝通了「人」的倫理原則與宇宙的尺度，也讓過去關於宇宙天地的時空原則，與人的內心良知共用一個終極價值依據。歷史地看，「人心」與「道心」的合流，使得王陽明的心學理論，突破了儒家內部的種種約束性規範，衝到了理學最終突破的前夜，直接導向了晚明左派王學的崛起。不過，在王陽明那裡，他依然把超越的天，作為宇宙自然的理解原則、政治運作的基本規範和道德倫理的價值本原。總而言之，宋明理學以天人合一、萬物同體的主觀目的論，來標誌人所能達到的道德境界——這被看做是人的最高價值所在。

從早期的天命、天道直到中後期天理與心、理合一，雖然終極價值的外在形態幾經發展，傳統儒家道德範疇的內涵與外延，在不同的歷史情境之中也發生過多次轉型，但是，從儒家道德的基本方向和內在理路來看，它依然保存了一個超越世界和德性的終極來源，那就是「天」。不過，隨著晚清以來「公理」世界觀的逐步形成以及社會進化論的引入，造成了儒家道德的德性倫理(「仁」)與規範倫理(「禮」)的逐步瓦解。天命、天理以及天道等傳統儒家道德價值的超越之源，慢慢被一個科學的、進化的理性尺度所取代。人生與社會的意義也因此有了新的世俗化內涵——其終極價值不再來自一個超越的源頭(「天」)，而轉由一個屬「人」的世界裁定。中國知識分子開始進入一個道德觀念和人生意義的轉型時代。

第二節　「仁」與「禮」的道德圖景

　　儒學作為傳統中國的文化基石，是一個融宇宙觀、人生哲學、倫理道德和政治文化於一體的整全性意義系統。在漫長的中國傳統社會，儒家道德價值來自於德性之源——「天」。然而，到了清末民初，隨著超越世界的逐漸瓦解，中國知識分子進入一個道德價值觀念不斷動搖與急劇衝突的時代。儒家道德在清末民初的解紐，其直接原因固然與晚清以來西方文明的衝擊有關，但是，深入儒家道德體系的內在脈絡不難發現。這一困境和危機，與儒學價值系統固有的兩重性同樣關係密切。

　　從現代倫理學的角度來看，儒家的主要道德體系是道義論和德性目的論的結合。一般認為，儒學大致可以分為以「禮」為基礎的倫理規範與以「仁」為基礎的德性原則兩個層面。「仁」為人格完成的德性理想，「禮」則為涵養德性的倫理秩序，二者共同構成了一個「君子型的倫理道德」的圖景[26]。如前所述，從儒家思想發展的根源上看，先秦儒學繼承的是殷周禮樂文化，其宗法倫理化的「人文轉向」，與軸心時代的倫理宗教化的「超越突破」差異甚大。因此，徐復觀（1904-1982）將春秋時代視為「以禮為中心的人文世紀之出現，及宗教之人文化」[27]。他指出，從思想史上看，《春

---

[26] 高力克：《五四的思想世界》，上海：學林出版社，2003 年，第 64 頁。

[27] 徐復觀：《中國人性論史》，上海：華東師範大學出版社，2005 年，第 23 頁。以下分析主要參考徐復觀的相關論述。

秋》是緊接著《詩經》時代開始的。在《詩經》時代，宗教的權威
已經漸漸失墜。然而，由宗教而來的「禮」卻並未失去其重要性。
原因就在於，其時祭祀已經成為生活傳統的重要內容，並不因宗教
權威的沒落而瓦解。而且，周朝初年對於祭祀已經在宗教的意義上
加入了道德的內容；自幽、厲開始，祭祀中的宗教意義減弱，然而
道德的意義卻不斷加重，「禮」的意義由此也朝這一方面擴展。這一
進程非常緩慢，其原因與涉及的內容也較為複雜，但從這種「移殖
擴充」的轉變，大致可以看到宗教逐漸向人文轉移的軌跡。同時，
從這個角度來考察春秋時期的歷史，也不難發現，「禮」作為那個時
代人所共仰的人文理念，不僅規範了人生，而且也規範了（人們所
理解的）宇宙。所以說，春秋是「禮」的世紀，也是人文的世紀，
春秋時期的許多道德觀念，幾乎都是由「禮」來加以統攝。

　　這一觀念也得到了孔子繼承，但他對於「禮」的價值的進一步
規定，卻是一個內在的人格世界——「仁」。儒學在諸子百家中興
起最早，因此與禮樂傳統的關係也最為密切。其實，在孔子以前，
已經存在諸多道德觀念，一方面是以此作為對行動的要求，另一方
面也以此評定某一階層中的人物。然而，由「禮」來統攝的道德觀
念，更多地表現為外在的知識、行為以及客觀世界的相互關係，並
非內在的人格世界，不能看作人在生命中開闢出來的世界。按照徐
復觀的說法，「在人生命中的內在世界，不能以客觀世界中的標準
去加以衡量，加以限制；因為客觀世界，是『量』的世界，是平面
的世界；而人格內在的世界，卻是質的世界，是層層向上立體的世
界」[28]。孔子一生尊重三代相傳的禮樂，但另一方面，他卻又極不
滿當時禮樂之流為僵死的形式而不復有內在的生命。所以，他感慨

---

[28] 徐復觀：《中國人性論史》，第 44 頁。

道：「禮云、禮云！玉帛云乎哉！樂云、樂云！鐘鼓云乎哉！（〈論語・陽貨〉）顯然，孔子期待並努力要為禮樂尋找一個新的精神基礎：「林放問禮之本。子曰：大哉問。禮，與其奢也，寧儉；喪，與其易也，寧戚。」（〈論語・八佾〉）

可見，在孔子看來，禮只是一種象徵，它的「本」則深藏在人們內心之中，離開了這個本，它就失去了其象徵的意義。他又說：「人而不仁，如禮何？人而不仁，如樂何？」（〈八佾〉）仁是孔子思想的核心，他終於在這裡找到了禮樂的內在根據。這也是客觀的人文世界向內在的人格世界轉變的重要標誌。禮樂是孔子思想中的傳統部分，仁則是其創新部分。按照馮友蘭的說法，孔子用「仁」不光是指某一種德行，而是指一切德行的總和。所以，「仁人」一詞與「全德之人」同義。在這種情況下，「仁」可以譯成 perfect virtue（全德）[29]。而從發生的歷程來看，後者正是突破前者而來。但孔子以「仁」來重新解釋禮樂，禮樂的內涵為之一新，「非復三代相傳的舊物」了[30]。春秋時期代表人文世界的是「禮」，而孔子則把「禮」安放在「仁」的底座上。因此，孔子的「以仁釋禮」，使得儒學由此建構起了一個道德人文主義的價值座標。而後來的儒家對「仁」與「禮」兩方面都有所發展，孟子的主要貢獻偏在仁的一方面，而荀子的重心則偏在禮的一方面。總之，離開了「仁」與「禮」內在相關性的分析，儒家道德體系的產生與嬗變、儒家自我認同的路徑選擇與實踐意義，都將是無從索解的[31]。

---

[29] 馮友蘭：《中國哲學簡史》，第 69 頁。
[30] 余英時：〈道統與政統之間──中國知識分子的原始型態〉，見《士與中國文化》，第 93 頁。
[31] 段煉：〈古代中國的自我認同──以「仁」為中心的考察〉，《浙江學刊》，2008 年第 2 期。

　　赫伯特・芬格萊特（Herbert Fingarette）在《孔子：即凡而聖》一書中，對於「禮」和「仁」作過一組有趣的比較。他指出，「禮」和「仁」是同一事情的兩個方面，各自指向人在其擔當的獨特的人際角色中所表現出來的行為的某個方面。「禮」指導我們注意有關品行和各種關係的傳統的社會模式；「仁」則指導我們關注那些追求行為模式而保持種種關係的人。「禮」也指符合個人社會身分的特定行為，這種行為是恒常準則的榜樣；「仁」則指表達個人取向的行為，表示他對於「禮」所規定的行為的服膺。「禮」又指稱這種行為是公開的和可以區分的有序行為模式；「仁」則指稱這種行為是某個行動者的一個不可分割的姿態，指涉他的獨特性和個人性，以便與實施這個行為的獨特個體和這個特定行為的獨特境遇相聯繫[32]。

　　通過芬格萊特的描述可以注意到，「禮」作為儒家道德體系中道義論層面的規範內容，更多地呈現的是普遍的、機械的、外在的一面，在特定的歷史情境下也是可變的。所以，它並不必然與人的自然天性（inclination）正好吻合，在特定的歷史情境中甚至可能是衝突的。而「仁」則無疑屬於一個德性論的範疇，背後依靠的是一個源自天命、天道、天理的超越價值世界和宇宙觀。所以，「仁」的意義便是如何成就道德成就卓越的君子。恰如史華慈所言，「仁」之中最為令人驚奇的新內容，是它並不專門指那些僅僅是潛在地存在於人身上的道德能力。它還是一種實存性的（existential）目標，孔子試圖通過他的自我修養而達到。它是自我努力的結果，孔子相信，這種努力能夠教給別人，並通過德性教育轉變為改造社會的力

---

[32] 赫伯特・芬格萊特：《孔子：即凡而聖》，南京：江蘇人民出版社，2002 年，第 37 頁。

量[33]。所以，「仁」的內在趨向與禮的外在趨向不同，主要是訴諸人的幸福圓滿、人格的偉岸或在成為有德「君子」上的榮耀感，使得人能為自身與天地同列的德行，被擢升到天德的高度而深感自豪。「仁」無疑也是一種目的論的主張，從現實層面來看，也可以視為道德評價與道德情感的一個導向，一種關於人生觀的內在價值尺度。

然而，值得注意的是，芬格萊特筆下描述的這種「仁」與「禮」相互交織的儒家文化，其深厚的社會基礎依然是三代遺傳的宗法制度。建立於宗法制度之上的中國社會，以血緣群體的氏族、宗族、家族為社會整合的紐帶。正如梁漱溟所說，人生存在於種種關係之上，這種種關係就是種種倫理。中國社會恰恰是將重心放在了社會與個人、個人與個人之間的關係之上，因此它是一個「倫理本位的社會」。而且，對於中國文化而言，「政治之根本法則與倫理道德相結合，二者一致而不分，倫理學與政治學始終為同一的學問——這是世界上所知之唯一國家」。這一政治與倫理的共同基礎，則「在於中國人所稱之『天理天則』，理性於是對於君主的權力發生了不可思議的效果」。因此，中國所謂「天理天則」，也就是西方人所說的自然法。所以說，「中國之文物制度亦與自然同其悠久而不變」[34]。儒家的道德倫理，也正是在這一宗法性社會結構的基礎之上發展而來。

因此，「仁」和「禮」之間的張力，正是基於文化層面上儒家人文主義與宗法制度的兩重性，即「仁」所代表的人道原則與

---

[33] 史華慈：《古代中國的思想世界》，南京：江蘇人民出版社，2004 年，第77 頁。

[34] 梁漱溟：《中國文化要義》，第 79 頁及第 17 頁。

「禮」所代表的禮律秩序的張力。按照杜維明的研究,「仁」作為儒家理想是普遍的而不是特殊的,但在具體實施「仁」的真實過程裡,在「禮」的範圍內卻又存在著對特殊的考慮。按照儒家的道德教誨,沒有「禮」的人不能自立;但當「禮」成為一個完全被限定的東西時,他就不再是一個真實的人了。而沒有「仁」的「禮」,很可能蛻變為不能進行任何自覺改良的社會強制,並可能摧殘人的真實情感[35]。在歷史進程中,隨著儒學的逐漸意識形態化,儒家禮教的宗法倫理得以強化,並且逐漸演變為以「三綱五常」為核心價值理念的倫理秩序。因此,儒學內在的追求個人道德完善與人格圓滿的「君子」理想,同強調等級尊卑的倫理秩序之間的張力,也更加強勁[36]。

當傳統儒家道德發展到陽明學,「理」並不再是外在的定理,而溝通了各人的內在性道德主體。在「心即理」、「致良知」、尊重自我之悟的命題中,包含了肯定慾望的人性論和平等主義的價值訴求。而晚明商業化的興起,也將個人本位、追求私利等等與傳統道德價值明顯衝突的觀念推到思想的前臺[37]。到了晚清,在內憂外患

---

[35] 杜維明:〈「仁」與「禮」的創造性的張力〉,見氏著:《儒家傳統的現代轉化》,北京:中國廣播電視出版社,1992 年,第 406 頁。

[36] 應當注意的是,從另一層面看,客觀禮制形態與人格本位的政治觀也存在著相通之處。簡單地說,客觀禮制形態並不否認人格修養的重要,它所強調的是,不論個人成德還是群體道德修養的提升,關鍵在於客觀禮樂秩序的制約與薰陶。同樣,人格本位的政治觀也不否認客觀禮制的功用,它側重於個人對主觀德性的自我培養。因為本節著重探討傳統儒家倫理的內在張力,借此分析晚清至民初儒家道德轉型的內在脈絡,因此在論述中相對弱化了這一層討論。參見張灝:〈天德本位的政治觀〉,見氏著:《思想與時代》,第 54 頁。

[37] 余英時:〈現代儒學的回顧與展望——從明清思想基調的轉換看儒學的現代發展〉及〈士商互動與儒學轉向——明清社會史與思想史之表現〉,見氏著:《現代儒學論》,上海:上海人民出版社,1998 年。

的刺激下，人們道德觀念中的主體意識更加突顯，個人的觀念開始崛起，衝擊著儒家道德的堤壩。不論是康有為、譚嗣同道德－精神意義上的個人，還是章太炎依據佛教理論衍生出來的自性－齊物的個人，在他們的道德觀念當中，都不同程度地具有較為鮮明的主觀性或批判性——對於個體或原創性的強調，張揚著獨立的、平等的和反等級的精神取向。無疑，他們不是簡單地認同現存社會制度和價值尺度，相反有破壞現有道德規範的傾向——因為它追求的不是對於外在秩序的服從，而是一切道德秩序「由我而出」。這一強烈的道德訴求，為個人在晚清的出現並挑戰儒家規範倫理的「網羅」埋下了引線，也為個人主義道德觀在五四時期的崛起，提供了重要的思想資源。

第三節　從「天理」到「公理」：世俗時代的開端

如前所述，傳統儒家的德性之源，來自一個超越的天理世界觀。它指向一個事實與價值合二為一的、有機的、目的論的宇宙。在宋明儒學傳統之中，天理是宇宙間萬事萬物的準則，這種天理世界觀和道德理想主義息息相關。它們都是以一套「超越的」道德理想去衡量、去解釋人世間政治秩序的興衰治亂。同時，這套傳統的儒家道德義理告訴人們，通過「克己復禮」的修身行為，人心又可以與天相通，個人的價值與尊嚴由此受到肯定，超越於現實社會政治制度的「心靈秩序」也由此建立。人們相信，依據這樣一套道德

義理建構起來的家庭與國家，以及由此輻射到的「天下」，都將是一個「天地位焉，萬物育焉」、和諧有序的道德共同體。

然而，從清朝中葉開始，士大夫意識到，自己逐漸置身於一個與以前「天下」想像完全不同的「萬國」格局之中。鴉片戰爭以來，伴隨著世界格局和國家力量的改變，西方列強的侵略擴張使得中國不僅陷入生存危機，而且也開始面對思想與意識形態的雙重危機。當時和郭嵩燾一起出使西洋的黎庶昌敏銳地注意到，眼下的世界已經是「純任國勢強弱以為是非」的強權政治時代，「徒執禮義以相抵抗，彼且視為漠然。私謂朝廷處此時勢，宜常有鞭撻四海之義，併吞八荒之心，然後退而可以自固其國」[38]。隨著朝貢體系被堅船利炮所破，新興的民族國家取代了傳統帝國，國與國之間新的交往邏輯逐漸成形。李鴻章（1823-1901）在同治十三年上疏籌議海防時，痛心疾首地說：「洋人論勢不論理，彼以兵勢相壓，我第欲以筆舌勝之，此必不得之數也。……然則今日所急，惟在力破成見，以求實際而已。」[39]

「筆舌」不敵「兵勢」的比較中所包含的心緒是極其複雜的。而基於「論勢不論理」之上的「力破成見，以求實效」，則一方面來自「勢」的壓迫，一方面來自「理」的省悟。中國傳統士人向來相信「天下之道，一而已矣，夫豈有二哉」[40]，也就是天下遵循的是同一種普遍適用和絕對正確的真理。在傳統中國的知識體系與思想框架中，人們總是以國家政治與個人倫理的同一性以及社會秩序

---

[38] 黎庶昌：〈上沈相國書〉，見《西洋雜誌》卷八，貴陽：貴州人民出版社，1992 年，第 252-253 頁。

[39] 轉引自石泉：《甲午戰爭前後之晚清政局》，北京：三聯書店，1997 年，第 4 頁。

[40] 王韜：〈弢園文錄外編・原道〉，瀋陽：遼寧人民出版社，1994 年，第 1 頁。

的和諧有序，作為文明價值的中心，並且堅信在這一點上中國優於西洋，以此在心理上獲得一種「懷柔遠人」式的自尊和滿足。但是，迫在眉睫的內憂外患，使中國士人不得不承認，這一以倫理道德為中心的文明優劣觀（「王道」），在一個對禮義「視為漠然」、「論勢不論理」（「霸道」）的新世界裡，至少是暫時性地失效了。他們必須面對一個以國力強弱為標準的文明優劣觀。正因為強弱以富強與否來劃分，是非以戰爭成敗來決定，所以，文明必須與富強劃上等號。這種與傳承幾千年的思維習慣截然不同的文明思路，帶給了士大夫巨大的觀念衝撞。他們開始從最直接的原因調整自己文明的視角，自強因此成為他們最迫切也最緊要的價值目標[41]。

1.德性的退隱：從「理與勢」到「體與用」

於是，在中國人的觀念世界裡，「義理」的超越價值取向，逐漸被順應「時勢」的「事功」追求所取代。士大夫開始將目光聚焦到「經世致用」的主張之上，「自強」成為新的國是。一般而言，在傳統儒家思想中，經世致用主要體現了治國安邦、講求建功立業的「外王」精神，其核心內容是面向現實、注重實效。但其自身並不具有價值正當性，因為在它之上，仍有一個源自「天」的德性價值世界統攝與規範，「天下歸仁」依然是儒家治國的終極目標。或者說，在中國傳統政治文化中，合法的權力和正當的利益應該就是符合儒家倫理的權力和利益[42]。因此，外王之道雖然與偏重修身養

---

[41] 羅志田著重從「物質」與「文質」的差異與轉化，看待近代中國士人對於「中國向何處去」的思考，見羅志田：〈物質的興起：20 世紀中國文化的一個傾向〉，廣州：《開放時代》，2001 年 3 月。

[42] 金觀濤、劉青峰：《觀念史研究──中國現代重要政治術語的形成》，香港：香港中文大學當代中國文化研究中心，2008 年，第 110 頁。

性、道德自律的「內聖」之學相對應，卻只是補充性地構成了儒學為主體的倫理政治型文化。不過，在特定的歷史時期，由於時勢的刺激，經世致用的功利思潮常常會浮出水面，以富強策略來貶斥心性之談，並通過與仁義相抗衡獲得正當性。最典型的例子之一，就是兩宋之際從歐陽修（1007-1072）、王安石（1021-1086）到陳亮（1143-1174）、葉適（1150-1223）的功利主義儒家一脈的興起。[43]

晚清面臨的國勢積弱、內憂外患的情境與宋朝非常相似。因此，清朝中後期以來，重新復興的今文經學強調「以經術為治術」而「通乎當今之務」，聚焦於除舊佈新的「變通之法」[44]，擺脫了傳統理學「扶綱常，傳聖學，位天地，育萬物」[45]的制約。魏源等今文學者對儒家的「天理史觀」加以修正，提出了一種「理勢合一」的史觀。「勢」蘊含著「理」，但更重要的是，「勢」也意味著人世演變嬗遞的客觀趨勢。因此，歷史不僅是一個道德衰替的過程，它也包含著有關世俗人事的種種長期發展的趨勢，是一個長期發展、客觀演進的過程[46]。這意味著，歷史發展存在著不以人的是非善惡為標準的某種功利主義的客觀規律。從此，歷史發展的規律，也就不再局限在復興三代的崇高道德使命感之中，而是強調通過人們對現實的「勢」的認識和把握，看待天理、解釋天理。晚清的歷史觀和道德觀也因此帶有機械論和歷史目的論的色彩。這是儒家倫理道

---

[43] 參見蕭公權：《中國政治思想史論》第十四章〈兩宋之功利思想〉，瀋陽：遼寧教育出版社，1988 年以及田浩：《功利主義儒家──陳亮對朱熹的挑戰》，南京：江蘇人民出版社，1997 年。

[44] 魏源：《魏源集》下冊，北京：中華書局，1976 年，第 432 頁。

[45] 〈健庵說〉、〈重修謝疊山先生祠引〉，見《羅忠節公遺集》文集卷五，轉引自楊國強：《百年嬗蛻》，上海：上海三聯書店，1997 年，第 172 頁。

[46] 張灝：《思想與時代》，第 62 頁。

德中「外王」路向的必然延伸。所以，士大夫對專門治國之才的強調，以及側重於將制度研究看成是儒家學者正當的重要內容，其實暗示了「內聖」的道德修養已經不足以達到經世的目的，尚需制度方面的措施和稅收、鹽政、邊防、漕運、軍制等專業知識作為補充。[47]

如果說，天理世界觀籠罩下的德性義理，其重心落實在道德人心的「善惡是非」之上，那麼由「義理」轉換而成「時勢」以後，價值的座標必然側重到國家「實力強弱」之上。儒家士大夫的價值觀念與精神追求，在具有超越性的、以德性為內涵的「義理」當中，增添了去價值的、以實力強弱為標準的「時勢」的內容。所以薛福成（1838-1894）說：「是故惟聖人能法聖人，亦惟聖人能變聖人之法。彼其所以變者，非好變也，時勢為之也。」[48]既然「天心變於上，則人事變於下」，王韜（1828-1897）才強調，「聖人之道」也在於「因時制宜而已」。他言之鑿鑿地說：「即使孔子而生乎今日，其斷不拘泥古昔而不為變通。」[49]傳統儒家道德義理的超越內涵在對「時勢」的適應與調整中日漸淡化，而「尋求富強」的功利主義尺度，開始在時勢的壓迫下，一變而成為當時士大夫考慮問題的出發點與歸宿。從此，善惡是非漸漸由結局的得失來判斷，文明的優劣漸漸由對抗的勝敗來劃分。「近代思潮之自具特色獨成風氣者，尚亦具有統一宗旨與共同趨勢；抑且尚能綜括全貌，可以一言以蔽之，則所謂足以綱紀一代思潮而構成一代主流之核心者，實為富強

---

[47] 李澤厚：〈經世觀念隨筆〉，見氏著：《中國古代思想史論》，第283頁。

[48] 薛福成：〈變法〉，見鄭振鐸編：《晚清文選》，北京：中國社會科學出版社，2002年，第287頁。

[49] 王韜：〈變法〉（中），見《晚清文選》，第518頁。

思想。」[50]其背後的歷史情境，正是從洋務到維新的一連串以「富國強兵」為核心理念的政治實踐和國家動員。

　　從 1861 年馮桂芬（1809-1814）在《校邠廬抗議》中的「以中國之倫常名教為原本，輔以諸國富強之術」開始，面對西方文明時，中國大體都還在傳統模式之中求變。劉成禺（1876-1953）在《世載堂雜憶》中談到晚清朝士風尚時說：「道、咸朝官，尚講求學問文字，雖吏治窳敗，軍事廢弛，因循苟且，民怨沸騰，特士大夫尚鮮奔競卑鄙之風。故太平天國奄有東南，捻、回起事西北，卒能削平大亂，自詡『中興』者，大半皆當時朝官中篤行勵學之士有以啟之也。」[51]然而，隨著中國越來越深地捲入世界秩序，現實的「勢」與傳統的「道」就不能不發生衝突。宋育仁（1857-1931）也注意到，「國勢衰微，不能不興功利以自救」。因為，「環球大勢，以某國商業盛，即通行某國文，為便用而易謀利」[52]。而由此帶來的道德後果之一，則正如薛福成所描述的那樣：「自中外交涉以來，中國士大夫拘於成見，往往高談氣節，鄙棄洋務而不屑道，一臨事變，無所適從，其處為熟習洋務者，則又唯通事之流，與市井之雄，聲色貨利之外，不知有他，此異才所以難得也。」[53]對照此前朝官中大半「篤行勵學之士」的描述，薛福成這種「異才難得」的感喟，恰好說明儒家道德倫理的「成見」與「氣節」，已經在「聲色貨利，不知有他」的功利主義的衝擊下逐漸解體。

---

[50] 王爾敏：〈中國近代之自強與求富〉，見氏著《中國近代思想史論續集》，北京：社會科學文獻出版社，2005 年，第 180 頁。

[51] 劉成禺：《世載堂雜憶》，瀋陽：遼寧教育出版社，1997 年，第 31 頁。

[52] 宋育仁：《泰西各國采風記》，見錢鍾書主編：《郭嵩燾等使西記》，北京：三聯書店，1998 年，第 375 頁。

[53] 薛福成：〈條議一則〉，見《晚清文選》，第 289 頁。

從「理」到「勢」的觀念嬗變，最終集中到張之洞（1837-1909）的「中體西用」說之上。張之洞在他的《勸學篇》中，把中國知識看成是「體」（倫理道德與政治合理性的終極依據），把其他文明的知識限制在「用」（即實用知識與技術）的範圍之中，試圖「以民族性價值理念抵制西方的經驗理性」[54]。按照蕭公權（1897-1981）的分析，傳統儒家的「治術」分為三類，一是「養」，二是「教」，三是「治」。「養教之工具為『德』『禮』，治之工具為『政』『刑』。德禮為主，政刑為助，而教化又為孔子所最重之中心政策。」[55]很明顯，張之洞為了名正言順地接受功利主義的「用」，被迫分離了傳統意義上合而為一的政治秩序與道德秩序。他的說法似乎振振有詞，但實際上卻意味著傳統的知識、思想與信仰，已經對現實的時勢無能為力，只能作一次隱性的投誠。更讓張之洞無法預見的是，「中體西用」之說引發了一系列與儒家思想格格不入的後果：首先，「中體西用」說意味著曾經渾然一體的道德實踐與德性目標，如今一分為二。「體」與「用」之間疏離了道德意義上的相關性，成為彼此割裂的兩個過程。德性的價值只在「體」的意義上發揮作用，而從「用」的層面悄然引退。其次，「中體西用」的廣泛接受，表明中國傳統的有機世界觀逐漸瓦解，而來自「泰西諸國」的機械論世界觀、方法論，開始在中國人的思想裡佔據一席之地。第三，從更深層次上說，「中體西用」說的出現，也意味著士大夫產生了「意圖倫理」（道德動機）與「責任倫理」（現實效果）、價值判斷與現實判斷相分離的世俗化要求。人們不再簡單地依靠宗教信仰、道德的善惡，去尋求行動的意義，而是由現實的利害關係、生活的功用效果來維繫、調節和處理社會現象和人際關係。正如梁

---

[54] 劉小楓：《現代性社會理論緒論》，上海：上海三聯書店，1998 年，第 139 頁。
[55] 蕭公權：《中國政治思想史》，第 60 頁。

啓超在〈國家思想變遷異同論〉中所說：「神權政體與近世政治思想不相容。近世之國家，乃生民以憲法而構造之。其統治之權，以公法節制之；其行政也，循人生之道理，因人為之方法，以圖國民之幸福。」[56]

當然，張之洞這種將轉化知識結構，變成修補價值體系的努力，似乎想要竭力說明，限定在一個純技術領域進行的西方化改革，只會保護而不會瓦解儒家道德的基礎。不過，當時中國的儒家道德價值與西方科學理性之間的緊張顯然大大加劇了。實際上，在文化的「體與用」之間劃分出明確界限是徒勞的──已經被士大夫所接受的「西用」，也在不斷挑戰士大夫的信仰。如同列文森（Joseph R. Levenson, 1920-1969）揭示的那樣：「19 世紀的『體用』模式，不僅體現了外來因素所造成的儒教衰落，而且也是儒教本身衰落的象徵。」[57]

19 世紀 90 年代，特別是甲午戰爭之後，在追求富強的心情中，一切似乎在向著西方式的「現代」轉化，出現了在傳統之外求變的取向。光緒十七年十二月二十七日，崔國因（1831-？）在得知智利與美國衝突的消息後，就感到「當今之世，有理而無勢，實不能以理屈人也……非兵力勝人，斷不敢與人決裂，非兵力勝己，斷不敢捨己從人。公法不足恃，條約不足據，惟勢強者乃能伸理耳。有國者不可以不強。」他聯想起孫武和孔子的話「勇怯，勢也，強弱，形也」，「能治其國家，誰能侮之」。一年後，當他在報紙上看到英國在外國得到低進口稅優待的消息，再次感慨：「甚矣立國，

---

[56] 梁啓超：〈國家思想變遷異同論〉，見《梁啓超全集》第二冊，第 455 頁。
[57] 列文森：《儒教中國及其現代命運》，北京：中國社會科學出版社，2000 年，第 53 頁。

不可以不強也，今日之勢，一弱肉強食之勢而已矣。」[58]對於士大夫在時勢之下道德節節敗退的窘境，胡思敬（1869-1922）的觀察更加細緻：「光宣兩朝朝政，事勢懸絕，相去幾至二三百年。然而其間千變萬化，可以兩種勢力之消長競爭概舉之。曰清流，曰洋務，此兩種皆非此前所有也。」他注意到，每當「外侮日亟，而應變之才尤重，於是洋務之名又興。洋務人才，始盛於出使及留學二途，不由科目進，與清流異趣。又習於驕奢結納，急切功名，與數千年士大夫尚氣節重廉讓之傳統思想相違反。」他說，「李鴻章號為通時務，又喜功名，故洋務人才多輾轉附之而起。」可是，「若輩於國家大計懵無所知，徒有急功切名之一念耳。」到了光緒末年，道德義理幾乎被商業利潤和軍隊力量所掌控：「小人階之以取富貴者捷徑有二，一曰商部，載振主之；二曰北洋，袁世凱主之。」[59]

　　洋務派對於實力與實利的追求，為晚清尋求富強的崛起之路提供了世俗化的第一推動力。但是，這樣的動力建立在體用分離、德性引退的社會實踐基礎之上。對於一個數千年來以精神立國的文明而言，缺乏道德精神引領與規範的逐利行為，反過來必然侵蝕儒家形而上的根基。晚清思想界繼洋務派之後崛起的，是重視公羊學的今文學者們。今文學者把孔子和三代聖人描述為富有創造性的改革家，並把唯意志論與經世變革的精神結合起來[60]。在他們的文章

---

[58] 崔國因：《出使美西秘日記》卷九，合肥：黃山書社，1988 年，第 390-391 頁。轉引自葛兆光：〈西洋新知的進入──19 世紀下半葉中國知識世界的變遷〉，見廖名春主編：《清華大學思想文化研究所集刊》（第二輯），北京：清華大學出版社，2002 年，第 93 頁。

[59] 瞿兌之：《杶廬所聞錄・養和室隨筆》，瀋陽，遼寧教育出版社，1997 年，第 47 頁。

[60] 艾爾曼：《經學、政治和宗族──中華帝國晚期常州今文學派研究》，南京：江蘇人民出版社，1998 年，第 222 頁。

裡，「立身須謹慎」的德性原則和聖賢功夫已經淡漠，微言大義之中，關心的都是「時勢」賦予現實世界的改革契機。一場大的變動即將來到，甲午戰爭之後，人們對儒學的意識形態和帝國統治的信心發生了更加嚴重的動搖。中國人心中「天朝上國」的自我形象破碎了，士大夫開始非常自覺而積極地改變自己，以期回應「西潮」的衝擊。

2.德性的旁落：來自「天演公理」的挑戰

1895 年以後，康有為、梁啓超、譚嗣同等人已經「與自強運動時期頗不相同，自強時期的求變求新，尚是相信中國的道統、中國的文化不可變，故其求變求新僅及於器物層面，而他們已經開始相信精神文化層面亦必須改變……他們較自強運動派更相信西學，視為是國家民族求富求強的萬靈丹。」[61]激進的變法者們為了挽救危亡，引入了從達爾文（Charles Robert Darwin, 1809-1882）、斯賓塞（Herbert Spencer, 1820-1903）到赫胥黎（Thomas Henry Huxley, 1825-1895）的進化理論，為自己的政治行為尋找新的正當性依據，也為解釋「時勢」、順應「時勢」提供了一個歷史目的論的參照體系。進化論因此成為晚清思想界的主流思想，時人稱為「天演公理」[62]。

---

[61] 李國祁：〈滿清的認同與否定──中國近代漢民族主義思想的演變〉，見《認同與國家》，臺北：中央研究院近代史研究所，1994 年，第 91-130 頁。

[62] 關於進化論在近代中國傳播與影響的研究成果甚多，如王中江：《進化主義在中國》，北京：首都師範大學出版社，2002 年；吳丕：《進化論與中國激進主義》，北京：北京大學出版社，2005 年；王東傑：〈「反求諸己」──晚清進化觀與中國傳統思想取向（1895-1905）〉，收入王汎森：《中國近代思想史的轉型時代》；王汎森：〈近代中國的線性歷史觀──以社會進化論為中心的討論〉，見《新史學》第 19 卷第 2 期，2008 年。

對於絕大多數中國讀書人而言，第一次完整系統地瞭解「物競天擇，適者生存」的進化公理，應當是在嚴復（1854-1921）譯述的《天演論》中。從下面這些文字裡，他們讀到了傳統的教科書——「四書五經」當中找不到的內容：

「不變一言，絕非天運。而悠久成物之理，轉在變動不居之中。是當前所見，經廿年卅年而革焉可也，更二萬年三萬年而革可也。特據前事推將來，為變方長，未知所極而已。雖然，天運變矣，而有不變者行乎其中。不變惟何？是名天演。以天演為體，其用有二：曰物競，曰天擇。此萬物莫不然，而於有生之類為尤著。物競者，物爭自存也。以一物以物與物物爭，或存或亡，而其效則歸於天擇。天擇者，物爭焉而獨存。則其存也，必有其所以存，必其所得於天之分，自致一己之能，與其所遭值之時與地，及凡周身以外之物力，有其相謀相劑者焉。夫而後免於亡，而足以自立也。而自其效觀之，若是物特為天所厚而擇焉以存也者，夫是之謂天擇。天擇者，擇於自然，雖擇而莫之擇，猶物競之無所爭，而實天下之至爭也。斯賓塞爾曰：『天擇者，存其最宜者也。』夫物既爭存矣，而天又從其爭之後而擇之，一爭一擇，而變化之事出矣。」[63]

從西方思想史的脈絡來看，達爾文進化論的歷史意義在於，把上帝創世還原為神話，瓦解了神學的信仰基礎；同時，又把包括人類在內的生物物種的生成和發展，視為自然演變的過程，奠定

---

[63] 嚴復：〈天演論〉導言一，見《嚴復集》第五冊，北京：中華書局 1986 年，第 1324 頁。

了理性主義自然史觀的科學基礎。也就是說，它以科學的理論的形式，確證了理性主義的合理性，並挫敗了神學目的論和決定論。因此，「達爾文主義不再是初步的科學學說，而成了一種哲學，甚至一種宗教。」[64]不過，社會進化論的代表人物斯賓塞，從自然物種的普遍進化出發，以「適者生存」為闡釋依據，把人類歷史等同於物種的自然進化，進而確信人類社會不斷由低級狀態向高級狀態進化的必然性。這當然只是一種關於達爾文主義的延伸推論和前衛想像，所以，柯林武德（Robin George Collingwood, 1889-1943）把這種觀點嘲笑為「得自進化論的自然主義並被時代傾向強加給歷史學」[65]的產物。因此，作為自然主義「進化史觀」反對者的赫胥黎，在其所著《進化論與倫理學》（即嚴譯《天演論》原本）中明確提出：「社會文明越幼稚，宇宙過程對社會進化的影響就越大。社會進展意味著對宇宙過程每一步的抑制，並代之以另一種可以成為倫理的過程」，「社會的倫理進展並不依靠模仿宇宙過程，更不在於逃避它，而是在於同它作鬥爭」[66]，一再強調人類歷史（倫理道德）與自然進化（物質宇宙）這兩種過程所依據的原則的不同與背反。

耐人尋味的是，作為一個追求「信達雅」的譯者，1896-1898年前後的嚴復在翻譯《天演論》時，一直試圖平衡赫胥黎和斯賓塞之間的張力，又在用心良苦地「取便發揮」，以圖「達旨」。仔細閱讀《天演論》譯本不難看到，對於社會進化理論，嚴復的態度較為複雜：一方面，他不同意赫胥黎人性本善、社會倫理不同於自

---

[64] W.C.丹皮爾：《科學史及其與哲學和宗教的關係》，北京：商務印書館，1975年，第 378-379 頁。
[65] 柯林武德：《歷史的觀念》，北京：中國社會科學出版社，1986 年，第 164 頁。
[66] 赫胥黎：《進化論和倫理學》，北京：科學出版社，1971 年，第 57-58 頁。

然進化的觀點，另一方面卻又贊成赫胥黎主張人不能被動地接受自然進化，應該與自然鬥爭、奮力圖強的主張。他雖然同意斯賓塞認為自然進化是普遍規律，但不滿意其「任天為治」的弱肉強食的態度[67]。嚴復既要為民族的自強保種尋找哲學基礎，又不願徹底打破傳統的有機論宇宙觀，因此導出了「天行人治，同歸天演」的調和式表述。嚴復從老莊那裡尋找進化論的哲學源頭，把赫胥黎的「與天爭勝」和斯賓塞的「任天為治」統一到「天演」之下，一併置於中國「易」的宇宙模式之中，以期為赤裸裸的強權競爭遊戲，尋找一個超越的價值之源。嚴復思想中的內在緊張，使得具有結構和意義多向性的進化論，在傳播之初就不可避免地發生了變異。而饒有意味的是，進化論一直就以這樣一種「文化誤讀」的方式在近代中國傳播。不過，作為一種時代的精神傾向，中國人對於進化論的誤讀，實際上是一種複雜的文化情感的產物。其目的很明顯，就是要引出關於當時社會變革的必然性和必要性的價值論證及歷史依據。所以，進化論首先和一套目的論的歷史觀及宇宙觀相互聯繫起來。

　　對於社會政治起源的歷史解釋，傳統儒家傾向於一種循環說，認為人世的和諧秩序是由堯舜三代聖王開端，造成一種原始典型。而這種典型在後世，逐漸通過一種客觀的宇宙力量，治亂相循，通過一種盛衰的方式深深鑲嵌於中國人的世界觀中。根據這種觀點，歷史的變化並不存在於生成之中，而是在「周而復始的大道運行之中」[68]與天相通，同時賦予人和社會以德性的內在價值。有德之君

---

[67] 李澤厚：《中國近代思想史論》，合肥：安徽文藝出版社，1999 年，第595 頁。

[68] 楊聯陞：〈朝代間的比賽〉，載《慶祝李濟先生 70 歲論文集》，臺北：清華

將以榜樣的教化和由其仁慈之心所產生的開明政策的力量，成功地帶來社會的和諧繁榮。但如果君位由無道者佔據，則會帶來衝突與混亂。

然而，受到進化論的影響之後，中國人的歷史觀念發生了重大的改變。康有為根據「公羊三世說」，創造性地提出了一個線性歷史目的論，將「據亂世」和「升平世」稱為小康，而「太平世」則為大同，三者同處於一根朝向未來的時間之鏈上，依次上升。「小康為國別主義，而大同為世界主義」，孔子「立小康義以治現在之世界，立大同義以治將來之世界」，所以，「世界非經過小康之級，則不能至大同」[69]。

對此，梁啓超的解釋是：「其意言世界初起，必起於據亂，漸進而為升平，又漸進而為太平。今勝於古，後勝於今，此西人打撈烏盈（達爾文）、士啤生（斯賓塞）氏等所倡進化之說也。支那向來舊說皆謂文明世界在於古時，其象為已過，春秋三世之說，謂文明世界在於他日。謂文明已過，則保守之心生，謂文明為未來，則進步之心生。」[70]梁啓超認為，「三世進化」說與社會進化論在對於一個美好文明的渴求上是一致的，但是，這個完備的文明只存在於未來，而且也只能通過競爭進化的途徑獲得。

這樣一來，進化論賦予歷史的未來趨勢以向上的必然性，實際上把歷史與一種新的樂觀主義的自然決定論劃了等號——歷史變成了具有目的、可以為人類理性所掌控的事物。更重要的是，歷史

學報社，1965 年，卷 1，第 139-148 頁。轉引自柯文：《在傳統與現代性之間——王韜與晚清改革》，南京：江蘇人民出版社，2003 年，第 72 頁。

[69] 梁啓超：〈南海康先生傳〉，見《梁啓超全集》第一冊，第 481 頁。

[70] 梁啓超：〈論支那宗教改革〉，見《梁啓超全集》第一冊，第 263 頁。

不再屬於一個有機的宇宙的一部分，不再由一種超越世界來賦予價值。正是由於進化論是一套祛除了超越價值的科學公理，社會和個人的進化也就必然被解讀為這一公理的具體體現。所以，在倫理道德層面，進化觀念所包含的理性力量，從此逐漸瓦解了儒家道德觀背後的天命、天道與天理。當超越世界和歷史的發展被人的理性所徹底掌控以後，就不再具有傳統的神魅與德性的意義，而只是一個物理世界和一套機械程式。自然，進化的動力也不再是傳統道德義理中的靈魂趨於完美（「止於至善」），而是一套祛除超越價值的「適者生存」的理性法則。

經歷了歷史觀轉變之後，道德觀念也將被重新放進特定歷史環境，也就是所謂「時勢」之下進行價值重估。於是，「過去」、「未來」這類超語境的是非標準淡化了，唯有當下的生存競爭最為緊要。既然世界上的宗教、學術、社會、國家，遵循的都是進化公理，那麼，面對變動不居的時勢，一方面，人們自然地相信「新的」總要勝過「舊的」，「未來」必定超越「過去」：「由古世進化而有今世，由今世進化而有來世；今既勝於古，後又勝於今。」另一方面，「變化」成為時勢的主要特徵，一切都在「進步」的旗號下花樣翻新，讓人既倍感刺激卻又疲於奔命：「古人有古人的時勢，斯有古人之理法；至今日而時勢變矣，時勢變，則理法從之而變。今人有今人之時勢，至後日而時勢又變矣，時勢變則理法又從之變。」這位佚名作者的最後一句感慨，更是透露出變動的時勢背後，隱藏著的當時人的一絲不安：「生乎今之世，反古之道如此者，災及其身也。」[71]所以，楊度（1875-1931）才會說：「舉自有人類以來變

---

[71] 佚名：〈與同志書〉，見張枬、王忍之編：《辛亥革命前十年間時論選集》第一卷上冊，北京：三聯書店 1963 年，第 403 頁。

遷進化之往跡，而論其成敗之因果者，歷史家之言也，過去之事也；推人類所關係之理想以至於無窮者，哲學家之言也，未來之事也。而間於兩者之間，則為現在。現在世界何等世界也？舉天下之各民族群起而相競爭，觀其誰優誰劣誰勝誰敗，以待天演之裁判之世界也，而又數千年文明繁盛之支那人種存亡生死之關頭也。」[72]

當超越的價值世界逐步瓦解，進化論也就賦予了人類推動歷史和創造未來的正當性。因此，即使是強調「天行人治，同歸天演」，當時思想界從嚴復翻譯中讀到的更多卻是「人治」。其中固然與中國在世界競爭中屢遭挫敗的歷史困境密切相關，另一方面，進化論直接指向人類在自身歷史中自我主宰的可能性，為中國這樣的衰亡民族重新迅速崛起提供了合理的預期。1903 年，張繼煦（1876-1956）在《湖北學生界》的〈敘論〉中，自信滿滿地說：「雖然，競爭風潮之所趨，惟甘為傀儡，任客之所為，故權利為人所侵耳；若因機利導，奮起直追，則彼之磨牙吮血，競爭之不遺餘力者，夫豈知適以助吾之進化耶？」[73]無疑，進化論把個人及其生存的意義，與一個合目的的歷史過程緊密聯繫到一起。也就是說，每個人都可以憑藉天賦的自由意志和能力進入社會競爭，而其最終結局將由社會的選擇趨勢給出。因此，進化論既是「泰西諸國」歷史經驗的放大，又是自由競爭時代期望的昇華，從而成為具有普世意義的人類理性主義的理論表達。所以，進化論在近代中國掀起的思想風暴，其力量之大，無論怎樣估計也不為過。胡適回憶，《天演論》出版沒

---

[72] 楊度：〈《遊學譯編》敘〉，見劉晴波主編：《楊度集》，長沙：湖南人民出版社，1985 年，第 73 頁。

[73] 張繼煦：〈湖北學生界‧敘論〉，見《辛亥革命前十年間時論選集》第一卷上冊，第 434 頁。

幾年，便風行全國，甚至成為了中學生的讀物。「天演」、「物競」、「淘汰」、「天擇」都成了報紙上的「熟語」和愛國志士的「口頭禪」。他說：「還有許多人愛用這種名詞作自己或兒女的名字。陳炯明不是號競存嗎？我有兩個同學，一個叫孫競存，一個叫楊天擇。」有趣的是，胡適自己的名字「也是這種風氣底下的紀念品」[74]。

3.德性的沉淪：「力即理也」

從此，在一個祛魅的時代裡，個人和社會的價值，需要由人們依據物質世界本身的邏輯（科學方法和理性法則），通過自身的能力去證成，而不是借助超越的價值來源去裁決。這意味著，在一個世俗時代之中，「人」逐漸取代「天」成為世界的主宰和價值闡釋的尺度，因此，「人力」必須超越「天行」也就不足為奇了。為嚴復翻譯的《天演論》作序的吳汝綸說：「蓋謂赫胥黎以人持天，以人治之日新，衛其種族之說，其義富，其辭危，使讀者憂焉知變，於國論殆有助乎？」[75]可見，在他看來，天行是通過人力實現的，沒有後者，前者也無所寄託。梁啟超也認為，進化雖是「公理」之不得不然，但人對這一過程的積極參與，也指示了進化前進的方向：「前人以為黃金世界在於昔時，而末世日以墮落。自達爾文出，然後知地球人類，乃至一切事物，皆循進化之公理，日赴於文明。前人以為天賦人權，人生而皆有自然應得之權利。及達爾文出，然後知物競天擇，優勝劣敗，非圖自強，則決不足以自立。……是故凡人類智識所能見之現象，無一不可以進化大理貫通之。……此義一明，於是人人不敢不自勉強者為優者，然後可以立於此物競天擇

---

[74] 胡適：《胡適自傳》，合肥：黃山書社，1986 年，第 47 頁。
[75] 吳汝綸：〈天演論〉序言，見《晚清文選》，第 346 頁。

之界。無論為一人為一國家,皆向此鵠以進。」[76]就此而言,對於進化論的認知本身有助於歷史的進化過程。「既知其果之所必至,又知其果之所從來,則常能造善因以補助之,使其結果日趨於至善。學術有助於進化,其功在是。」[77]

那麼,「人治」的基礎從何而來?除了一個通向美好未來的進化歷史觀以外,那就是貫通物質世界和人類社會的「力」的作用。而在錢穆看來,對於「力」的理解與使用上的差異,也正是東西方文明的分水嶺:「將西洋史逐層分析,則見其莫非一種『力』的支撐,亦莫非一種『力』的轉換。此力代彼力而起,而社會遂為變形。其文化進展之層次明晰者在此,其使人有一種強力之感覺者亦在此。」[78]但是,在嚴復看來,這樣一套主張極力發揮人的能力的力本論精神,仍然被歸結為「民力、民智、民德」彼此配合的綜合標準,「浚智慧,練體力,屬德行」才是使人全面進化的途徑。在諸種能力之中,嚴復依然強調「德」在競爭中的重要性。1906 年,他指出「西人所最講、所最有進步之科,如理化、如算學。總而謂之,其屬於器者九,而進於道者一。」然而「社會之所以為社會者,正恃有天理耳!正恃有人倫耳!」[79]1907 年,他再次強調:「國與國而競為強,民與民而爭為盛也,非以力歟?雖然,徒力不足以為強且盛也,則以智。徒力於智,猶未足以為強且盛也,則以德。是三者備,而後可以為真國民。及其至也,既強不可以復弱,既盛不可以復衰。」[80]

---

[76] 梁啟超:〈論學術之勢力左右世界〉,見《梁啟超全集》第一冊,第 557 頁。

[77] 梁啟超:〈地理與文明之關係〉,見《梁啟超全集》第三冊,第 943 頁。

[78] 錢穆:《國史大綱》,北京:商務印書館,1996 年,第 24-25 頁。

[79] 嚴復:〈論教育與國家之關係〉,見《嚴復集》第一冊,第 167-168 頁。

[80] 嚴復:〈《女子教育會章程》序〉,見《嚴復集》第二冊,第 252-253 頁。

對此，同時代的孫寶瑄（1874-1924）也持相似的看法。1898年，他對嚴復翻譯的《天演論》曾有一段精闢的見解：「《天演論》宗旨，要在以人勝天。世儒多以欲屬人，而理屬天，彼獨以欲屬天，以理屬人。以為治化日進，格致日明，於是人力可以阻天行之虐，而群學乃益昌大矣。否則，任天而動，不加人力，則世界終古爭強弱，不爭是非，為野蠻之天下。」[81]孫寶瑄敏銳地意識到，如果疏離了倫理道德的是非標準，一味放任赤裸裸的權力角逐和弱肉強食的競爭邏輯，那人們面對的只能是一個充滿慾望的、野蠻的、非人的叢林世界。所以，他把講「爭」的天演論和講「仁」的三世說結合起來，對人的「力」的理解作出了一個中國式的界定。在具有競爭性的「力」之上，人的價值的德性內涵——「仁」，仍然可以起到制約，規訓與引領的作用：「天演家有爭存之說，故今之持論者多以爭為人之美德。曰不爭則治化不進，聰明不開。又謂世無大同，大同則平等，平等則無爭，無爭則世界毀於平散力矣。餘曰不然。爭有三等：爭力、爭智、爭仁。爭也者，求免也，前進也。據亂之世，爭力求免於弱，進以強也。小康之世，爭智求免於愚，進以慧也。大同之世，爭仁求免於私，進以公也。爭之極，歸於無爭，何散力之有焉！且爭者，與貪得而行動者異也，圖存以自立而已。據亂世，惟強者存，故爭於強；小康之時，惟智者存，故爭於智；大同之時，惟仁者存，故爭於仁。」

這種基於傳統文化立場的倫理自然主義，承認了競爭性的「力」在新「時勢」下的決定意義，但又為超越的德性價值「仁」留下了餘地。競爭之上，仍有「秩序」，用以制衡競爭式「力本論」的狂

---

[81] 孫寶瑄：《忘山廬日記》上冊，光緒二十三年十二月初四條，上海：上海古籍出版社，1983年，第155頁。

妄與戾氣:「最文明之世,萬物皆列於秩序之中而已……四千年來講秩序之學而無成,乃僅存秩序之虛褪,且容競爭於虛褪之中,轉以此虛褪之秩序,隘其競爭之域,而為講競爭者所敗,而虛褪也將滅裂矣。雖然,競爭者,無極也,天則也;秩序者,太極也,亦天則也。今之人聞競爭之說,以為天則,而吾欲舉秩序,亦天則之言以匹敵之」[82]。

　　不過,庚子之後中國的危機更趨嚴重,士大夫的言論重心也越來越趨向民族主義。嚴復式的「天行人治,同歸天演」的調和式平衡被打破,德性之光在一個功利的、重視「力」的世界裡暗淡下去。一種基於實現權力、滿足慾望的強者邏輯,站在了思想舞臺的聚光燈下。的確,是強權而不是正義,才是國家之間關係的最終裁決者——19世紀末這一無情的現實,引申出一個讓士大夫痛苦不堪的推論:在崇拜赤裸裸的強權力量的同時,必須放棄文質彬彬的「君子道德」。而這一舉措,在儒家聖人幾千年的訓誨中,絕對是要遭到嚴厲譴責的。然而,在19世紀與20世紀之交這個「循優勝劣敗之理,演強主弱奴之劇」的「競爭至烈之時代」[83],中國無法成為這套「天演公理」的旁觀者和局外人。進化理論為中國的不斷挫敗作出了合理解釋,也為中國奮力走出沉淪提供了一張可行的路線圖。歐榘甲(1870-1911)在〈新廣東〉一文中說:「夫自存者,爭自立也。不能自立,即不能自存,即為他人所滅,即為天所棄。諸君,諸君,即不欲自立,獨欲自存乎?」所以,「夫欲自存,惟信自己,

---

[82] 佚名:〈無極太極論〉,原載于上海《普通學報》,錄自《清議報》全編第十五冊,見《辛亥革命前十年間時論選集》第一卷上冊,第38頁。
[83] 侯生:〈哀江南〉,《江蘇》第一期,見《辛亥革命前十年間時論選集》第一卷下冊,第538頁。

無天可恃」[84]。既然「無天可恃」而且只能「惟信自己」，也就意味著人的價值不再由道德義理中的「是非善惡」來裁定，而是「自己負起了權威地宣判，何者為高級，何者為低級的責任，而徹底選擇論者可以回答說，我們的判斷本身就是通過自然選擇形成的，因此，我們的判斷會欣賞那些只具有生存價值的東西，並把它列為高級的東西——所謂生存價值事實上也就是使我們可以生存下去的東西」[85]。所以，晚清的《大陸》雜誌發表的一篇文章說：「人當圖此身之幸福，而不當圖無據靈魂之幸福；當圖實際之幸福，不當圖虛幻之幸福。舍吾身實能得之幸福，而求諸渺不可知之靈魂，非大愚而何？」[86]

在這樣的背景下，知識分子對於人性的理解也日漸幽暗，因為「夫人之性，去動物不遠，故強凌弱眾暴寡之野心在在思逞，於是以強力為自衛之要點，而因以形成國家」。所以，「智」與「德」是不可靠的，倘若中國想在生存競爭場中站穩腳跟，唯有依靠一套去除了道德人文的「強力」、「威力」甚至「暴力」：「夫國家組織之目的，在於社會幸福之增進，及伸張個人之自由，其最重要者在具強力，且備其他之暴力，此一定之理勢。」[87]對於「心醉平和而尊崇道德」和悲天憫人的態度，他們更是嗤之以鼻：「吾固悲人，而人將不悲汝；吾固憫人，其奈人之不我憫何！」連接人與人的不再是

---

[84] 太平洋客（歐榘甲）：〈新廣東〉，見《辛亥革命前十年間時論選集》第一卷上冊，第 282 頁。

[85] W.C.丹皮爾：《科學史及其和哲學與宗教的關係》，第 426 頁。

[86] 佚名：〈唯物論二鉅子（底得婁、拉梅特裡）之學說〉，見《辛亥革命前十年間時論選集》第一卷上冊，第 412 頁。

[87] 佚名：〈中國之改造〉，見《辛亥革命前十年間時論選集》第一卷下冊，第 418 頁。

傳統中國「熟人社會」之中充滿關懷與信任的道德紐帶，彼此之間只有「優劣之無定，故當力佔優勢」[88]的利益盤算。推動社會進化的個人能力，揚棄了嚴復、孫寶瑄當年調和的德性義理的內涵，只剩下「立於不敗之地」的「力」的邏輯。

20 世紀初，傳播《天演論》最為有力的當數梁啓超。梁啓超的思想比較複雜。戊戌期間，他大體相信純粹的「力」在世界競爭中的日趨式微，並且指出：「世界之進化愈盛，則恃力者愈弱，而恃智者愈強。」又說：「吾聞之春秋三世之義：據亂世以力勝，升平世以智力互相勝，太平世以智勝。」[89]20 世紀初《新民說》發表以後，由競爭於「力」到競爭於「智」的「三世說」在他筆下消失了，「力」較之「理」更具有優先性。梁啓超相信：「昔天演學者通用語，皆曰物競天擇，優勝劣敗。而斯氏（斯賓塞）則好用『適者生存』一語。誠以天下事無所為優，無所謂劣。其不適於我也，雖優亦劣；其適於我者，雖劣亦優。」[90]因為「此必至之勢，不必諱之事也。如以為罪乎？則宇宙間有生之物，孰不自爭者，充己力之所以能及以爭自存，可謂罪乎？夫孰使汝自安於劣，自甘於敗，不伸張力線以擴汝之界，而留此餘地以待他人之來侵也。」[91]

同時，梁啓超的進化理念，受到日本思想家福澤諭吉（1835-1901）的文明論影響甚深。在福澤諭吉看來，人類普遍進化的歷史是以文明為軸心，經由野蠻到半開化到文明的進化歷程。「文明既有先進與落後，那麼先進者自然就要壓制落後者，而落後者自然要被先進者

88　君平：〈天演大同辨〉，見《辛亥革命前十年間時論選集》第一卷下冊，第873 頁。

89　梁啓超：〈變法通議〉，見《梁啓超全集》第一冊，第 10 頁。

90　梁啓超：〈記斯賓塞論日本憲法語〉，見《梁啓超全集》第一冊，第 336 頁。

91　梁啓超：〈放棄自由之罪〉，見《梁啓超全集》第一冊，第 348 頁。

所壓制」[92]。這一理念恰好與晚清以來中國的歷史性遭遇不謀而合。與此同時，隨著晚清以來天理世界觀的衰微和科學公理的傳入，國家富強的觀念逐步取代了傳統儒家「天下歸仁」的德性主張和循環觀念，成為新的公理。因此，在梁啟超看來，「文明」正好能夠與「富強」一道，共同構建起一套普世性的核心義理與規範[93]。所以，文明是通過競爭才形成的。國際社會是生存競爭的場所，也是適者生存的場所，當時人甚至以你死我活的「戰爭」一詞，來形容激烈的競爭。不但軍事交鋒是戰爭，商業交往、學術交流都是赤裸裸的「戰爭」：「善爭者存，不善爭者亡，善爭者生，不善爭者死。爭之為道有三：兵戰也，商戰也，學戰也。」[94]在這個殘酷的「戰場」上，個人的情操與德性的陶冶，社會和國家公共倫理的培養，被「以暴易暴」的生存手段異化了。「後此中國乎，則一時有一時之現象，一年又一年之變症，吾不知今日之為如何境況，焉知他日之如何結局也。」[95]未來既然不可捉摸，那麼，每一個人除了成為活在當下的「戰爭國民」以外，別無其他更高遠的人生意義：「若據現在之時世，則有生產的能力者，為社會之優資格；而具一種雄毅之態以勝其他之暴力者，始可為世界的戰爭國民。」

為了生存，各個國家也不斷尋求發展以增進本國的能力。支配這一生存競爭的，正是優勝劣汰的法則——優者生存下來並更加繁榮，劣者則被無情地淘汰，文明因此得到發展。在梁啟超看來，文

---

[92] 福澤諭吉：《文明論之概略》，第 100 頁，轉引自鄭匡民：《梁啟超啟蒙思想的東學背景》，上海：上海書店，2003 年，第 63 頁。

[93] 梁啟超：〈自由書・文明三界之別〉，見《梁啟超全集》第一冊，第 340 頁。

[94] 佚名：〈與同志書〉，見《辛亥革命前十年間時論選集》第一卷上冊，第 394 頁。

[95] 張繼煦：〈湖北學生界・敘論〉，見《辛亥革命前十年間時論選集》第一卷下冊，第 439 頁。

明化不是實現某一目的的過程，而是作為生存競爭的結果而產生的過程[96]。他說：「夫競爭者，文明之母也。競爭一日停，則文明之進步立止。由一人之競爭而為一家，由一家之競爭而為一鄉族，由一鄉族而為一國。一國者，團體之最大圈，而競爭之最高潮也。若曰並國界而破之，無論其事之不可成；既成矣，而競爭絕，毋乃文明亦與之俱絕乎！況人之性非能終無競爭也。然則大同以後，不轉瞬而必復以他事起競爭於天國中。而彼時則已返為部民之競爭，而非復國民之競爭，是率天下人而復歸野蠻也。」[97]

　　事實上，這並非梁啟超一人的轉變。在當時，「力即理也」的說法頻繁出現在報章雜誌中。張鶴齡（1867-1908）在〈彼我論〉一文中說：「吾儒者之言，謂論理不論力。庸詎知所據之力，即所據之理，更無力外之理乎？」[98]極力主張「金鐵主義」的楊度則相信：「西哲之常言曰：『兩平等相遇，無所謂權力，道理即權力也；兩不平等相遇，無所謂道理，權力即道理也。』今日歐洲各國之自為交，與其交於他洲之國，則二者之區別也。」[99]在帝國主義「不顧天理，不依公法，而惟以強權競爭為獨一無二之目的」的世界上，進化論中重「力」的「優勝劣敗」觀在中國越來越具有說服力。一個崇尚個人慾望與個人權利的時代也透過「力」的推動來到了：「競爭者，富強之兆也。人之生也，莫不欲充其慾望；夫慾望無限，則其所慾望之物亦無涯矣。土壤有限，生物無窮，則其所慾望之物，亦不能無盡。因之相互欺侮，互相侵奪，而競爭之理，於是乎大

---

[96] 佐藤慎一：《近代中國的知識分子與文明》，南京：江蘇人民出版社、鳳凰出版傳媒集團，2006 年，第 95 頁。

[97] 梁啟超：〈新民說・論國家思想〉，見《梁啟超全集》第一冊，第 663 頁。

[98] 張鶴齡：〈彼我篇〉，見《晚清文選》下冊，第 112 頁。

[99] 楊度：〈《遊學譯編》敘〉，見《楊度集》，第 73 頁。

開。惟其競爭也烈，則人思想智識益發達而不遏，譬如鏡磨之正所以助其明也。」[100]佔有式的個人慾望開始登堂入室，在世界格局和價值尺度日漸混亂的時代裡，開始成為人們追求的新的人生目標。而在這個優勝劣汰、生存競爭的世界裡，是非善惡的道德標準，被存亡與成敗的現實法則所取代。美德被視為競爭的絆腳石，謙讓者成了「弱者劣者」的代名詞。

不僅如此，「權利」在當時開始與「權力」等同，甚至還意味著對他人的強制[101]。「所謂強制者何？制人不制於人之謂也。」「制於人則權利全失，權利失則人性不全。夫不能制人者必為人所制，天地間僅此兩途，故強制者萬不可一日缺。」生存競爭所必需的自私性，恰好與傳統儒家道德法則相反。競爭的成功不是導致美德，而是為了更好地適應環境。換言之，來自現實世界的秩序和傳統道德的秩序處於激烈的衝突之中；而善良和美德，與使人在生存競爭中獲得成功的特性，卻又往往是截然相反的。當傳統的道德人文主義氣息日漸消散，彼此的欺侮、侵奪與惡性競爭，失去約束，甚至還具有了行為上的正當性。此時所呈現出的道德圖景，的確與那個綿延數千年的、「以倫理代宗教」的古代中國大為不同了。

晚清以來，傳統道德義理中那個有機的、德性的世界觀，逐漸被以進化論為核心的公理世界觀取代了。代之而起的是一個事實、價值和意義互不相關的機械論新宇宙。無疑，晚清的進化論提供了一個世俗化的圖景和歷史觀——人的心靈秩序和終極價值追求，將

---

[100] 佚名：〈權利篇〉，見《辛亥革命前十年間時論選集》第一卷上冊，第 483 頁。
[101] 有研究者指出，梁啓超對於「權利」的理解常常與「強權」有意無意地混同，造成了之後的諸多誤讀。參看許紀霖：〈競爭觀念與力的秩序——社會達爾文主義在近代中國〉，《史學月刊》，2010 年第 2 期以及王中江：《進化主義在中國》，第 156 頁。

不再來自超越的天理、天命，而是從自身進化的歷史目的論中，通過一套「優勝劣汰」的「力本論」秩序獲得。這是近代中國思想文化史上的標誌性事件。從此，「王道」開始讓位於「霸道」，「成王敗寇」逐漸取代了「克己復禮」，對意味深長的「義理」的深刻體認，換成了對轉瞬即逝的「時勢」的功利性追逐──晚清中國的道德世界與政治世界，正是在這樣的現實邏輯推動下，進入了一個「世俗時代」。

第四節　「個人」崛起：規範倫理的解體

隨著以進化論為核心的公理世界觀的確立，傳統的德性世界在力本論和歷史目的論的秩序下逐漸式微，天命、天理、天道等超越精神的地位開始動搖，儒家思想的價值觀亦朝著世俗化方向發展。「一人之行為，必由一人之意志決之；一人之意志，必由一人之智識定之。自由者，道德之本也，若一人之行為，不由一人之意志而率率於眾人，勉強附和，則失其獨立之精神，喪其判斷之能力，而一人之權利，遂以摧殘剝落而莫能自保。」[102]從嚴復翻譯《群己權界論》以來，「個人」的觀念逐漸在晚清思想界發生影響。之後，康有為的《大同書》和譚嗣同的《仁學》，都以個人自由和個人平等為立論之本。梁啟超在《新民說》中〈論權利思想〉一節裡，明

---

[102] 佚名:〈教育泛論〉，見《辛亥革命前十年間時論選集》第一卷上冊，第401頁。

確指出：「一私人之權利思想，積之即為一國家之權利思想。故欲養成此思想，必自個人始。」[103]

晚清的「個人」崛起與西方現代意義上「個人」的形成不同。西方社會的現代「個人」的背後，有一套整全性的自然法背景，啟蒙運動正是將自然法作為最高法，確認「天賦人權」的神聖理念。中國沒有自然法的傳統，與之相似的是一個源自天命、天道、天理的超越世界觀。晚清的個人出現，並不是訴諸自然法的主張，而是來自於傳統儒家「二元權威」論，特別是明末王學的「人心」與「天道」相通的思想。如前所述，王陽明相信每個人都有善根與良知，人人都可以成為聖人，關鍵取決於自我「致良知」的努力。這樣，個人道德實踐的重心落實到了自我的「人心」之上，個人由此獲得了道德自主性和人格自由的正當性。清末「個人」的思想來源也非常豐富，它既來自西方霍布斯（Thomas Hobbes, 1588-1679）、洛克（John Locke, 1632-1704）、穆勒（一譯彌爾，John Stuart Mill, 1806-1873）等人關於個人自由和個人權利的種種思想，也和明清之際思想家「合天下之私以成天下之公」的主張一脈相承。同時，晚清思想家「回歸原典」的努力，極大地開掘了先秦諸子與佛教中關於道德自主性、個人平等的思想資源。多種理論資源的發酵與會通，在晚清的歷史情境下引發了個人觀念，使之成為現代性在中國發生的重要標誌之一，同時也極大地改變了中國人的道德觀念。

如前所述，人文主義與宗法制度的兩重性，導致了傳統儒家道德中「仁」和「禮」之間的內在張力。因此，在知識、思想與信仰世界急遽轉型的時代裡，如何對待與安排儒家傳統中的倫理規範和

---

[103] 梁啟超：〈新民說・論權利思想〉，見《梁啟超全集》第一冊，第 671 頁。

德性原則，成為當時的人們必須面對的一個核心問題。在中國思想史上，1898 年和 1919 年被視為與中國社會與儒家價值觀決裂的兩個里程碑式的年份。戊戌以來，儒家以「禮」為核心的規範倫理，不斷受到思想家和社會改良主義者越來越強烈的挑戰。對於此前的種種激進思想而言，有兩條底線是嚴禁觸動的：一是傳統政體的天然合法性；二是只有在傳統政體內才能實現合理的變革。然而，到了晚清，一個新的起點需要重新確認，那就是因為傳統政體的合法性受到了懷疑，因此有必要考慮重組政體的可能性。和他們對於改革政體的批評相比，這些人中的絕大多數，如陳熾（1855-1900）、陳虯（1851-1903）與宋育仁等，依然對於儒家的信仰與思想保持著高度的熱忱與尊重。但是，隨著社會轉型的加劇，例外顯然已經發生了。其中，身處香港的何啟（1859-1914）與胡禮垣（1847-1916）開始攻擊儒家，並且站在西方自由主義的立場上，率先反對「君為臣綱，父為子綱，夫為妻綱」的儒家「三綱」學說。在他們看來，「三綱」要求人們尊奉權威，並把它當作國和家的組織原則。這與他們所認同的平等理念格格不入。因此，作為國家和社會傳於後世的意識形態基礎，儒家的「三綱」這個道德包袱是必須拋棄的[104]。

這些抨擊儒學規範倫理的激進主張，在後來的維新運動的領軍人物康有為那裡得到了深化。在他的著作中，康有為寫道，「仁」不僅象徵著一種宗教玄學的世界觀，更重要的是，它被這位改革者賦予了一種追求自我和社會道德實現的理想。在完成於 1897 年的

---

[104] 張灝：〈思想的變化和維新運動，1890——1898〉，見費正清、劉廣京編：《劍橋中國晚清史》（下卷），北京：中國社會科學出版社，1985 年，第 331 頁。

《春秋董氏說》裡，康有為詳細闡發了漢朝哲學家董仲舒的道德思想。他認為，董仲舒的道德思想是兩種倫理的有機融合，一方面是以道德實現為中心的、源自古典儒學的精神超越性倫理。這種倫理的核心，正是被認為植根於更高宇宙實在的「天」之中的「仁」的理念。而另一種倫理，則是社會約束性倫理，它與「禮」緊密聯繫在一起。這種社會約束性倫理體現了一種等級秩序，在董仲舒看來，這種等級正是「禮」的倫理本質所在。而這一等級秩序的關鍵，恰恰是「三綱」學說。按照董仲舒的說法，構成三綱基礎的，是以君王和家庭為基礎的、神聖不可改變的宇宙制度[105]。

耐人尋味的是，在康有為那裡，這兩種倫理卻缺乏一種自然協調的關係。康有為顯然更加看重並讚賞仁、義、智等精神超越性倫理，而將「三綱」之類的社會約束性倫理放在了論述的次要席位。在他對「四書」的評價中，這種偏愛甚至演變成為使前者脫離後者而存在的傾向。康有為認為，「禮」的意義更多地是在於作為儒家精神超越性倫理組成部分的一種道德禮節感，而不是在於董仲舒和《白虎通》漢代儒學思想中以三綱為核心的社會約束性倫理[106]。

康有為的這一思想傾向，糅合了影響他的思想和西方自由主義的理念。在他對於《中庸》的評注中，他將儒家的基本德行「智」、「仁」、「勇」，等同於佛學中的「智慧」、「慈悲」與勇敢無畏的觀念。根據張灝的分析，對康有為來說，「仁」還象徵著一種「天人合一」信仰為核心的世界觀。簡單地說，他認為全人類同屬於一個無差別的共同體——大同。而大同社會正意味著超越據亂世與升平

---

[105] 康有為：《春秋董氏學》，見《康有為全集》第二集，上海：上海古籍出版社，1990 年。

[106] 張灝：《危機中的中國知識分子：尋求秩序與意義》，第 56 頁。

世的「禮」的等級秩序，實現終極的「仁」。比如，為了天下「大同」的實現，他提出家庭應當包括在要被廢除的制度之中[107]。又如，在其隨後立孔教為國教的計畫中，康有為主張改革孔教中與公民社會不符合的宗族倫理[108]。另一方面，這種世界觀意味著每個人都具有天賦的道德能力。因此，在《實理公法全書》中，康有為在天理世界觀內部，植入了公理世界觀的形式。他通過一套歐幾里得的幾何學模式，解釋傳統的仁學主張。康有為明確將個人視為各有各的「靈魂之性」，眾生平等。而且，正因為「人人皆天生，故不曰『國民』而曰『天民』；人人既是天生，則自隸於天，人人皆獨立而平等。」[109]他把這一觀念與董仲舒的「人生於天」的信仰聯繫起來，認為「天子」不應當只是帝王的特權，而應該是屬於每個人的權利。康有為強調，人人都有來自於道德與意志的自主之權，西方自由主義理想中的個性自由、平等和民主，都是作為宇宙和人的道德思想的「仁」的必然結果[110]。

　　康有為的這種「存仁棄禮」式的道德激進主義態度，雖然在表面上尚未能直接攻擊儒家，但顯然已經最大限度地在統治者所能接受的範圍小心翼翼地行走。在過去種種歷史情境之下，儒家思想獲得過眾多複雜的解釋，但對於儒家的基本倫理規範，卻未能如康有為所處的時代一樣允許人們提出不同角度的詮釋。「康氏已經使人

---

[107] 康有為：《長興學記》，北京：中華書局，1988 年。

[108] 康有為：〈請尊孔聖為國教立教部教會以孔子紀年而廢淫祀折〉，見《康有為政論集》，北京：中華書局，1981 年，第 282 頁。

[109] 康有為：《實理公法全書》，見《康有為全集》第一集，1987 年。

[110] 張灝：《危機中的中國知識分子：尋求秩序與意義》，第 58 頁。

對這些主要的價值觀和信仰產生疑問，這一事實即意味著作為中國信仰核心的儒家正日趨衰微。」[111]

　　而與康有為同時代的譚嗣同，則朝前跨出了一大步，成為最先向儒家價值系統公開發難的人。和康有為一樣，譚嗣同也認同個人道德（「仁」）自主的活力。在佛教、道教乃至新儒家學說的多重影響下，他相信人心經過適當的修養和發展，能夠產生一種拯救性的精神力量。譚嗣同看重的是戰無不勝的精神（心力）的力量，這種力量可以被概括為「人人有自主之權」的激進平等主義和能動主義。對譚嗣同來說，「仁」的核心建立在與三綱五常相對立的倫理觀之上。所以，在譚嗣同看來，不僅三綱五常，而且整個傳統規範——「理」（或習慣所稱的「名教」）——都不符合「仁」的精神。他認為，「名教」與「仁」的精神不但難以調和，而且極有可能製造矛盾，成為社會巨變的導火線[112]。這直接導致了他在《仁學》中強烈批判儒家的「名教綱常」，號召「沖決」現存儒家秩序的「網羅」。譚嗣同甚至憤怒地認為，「三綱」應對他斥為「盜行」和「虛偽」記錄的中國社會和政治傳統負責[113]。譚嗣同大膽預言，在「仁」的活躍的能動性作用下，以「禮」為基礎的現行社會體制將要崩潰。所以，他這樣寫道：

> 「仁之亂也，則於其名……名本無實體，故易亂。名亂焉，而仁從之，是非名罪也，主張名者之罪也。俗學陋行，動言名教，敬若天命而不敢渝，畏若國憲而不敢議。嗟乎！以名

---

[111] 張灝：〈思想的變化和維新運動，1890——1898〉，見《劍橋中國晚清史》（下卷），第 340 頁。

[112] 張灝：《危機中的中國知識分子：尋求秩序與意義》，第 117 頁。

[113] 譚嗣同：《譚嗣同全集》，北京：中華書局，1981 年，第 4、54 頁。

> 為教，則其教已為實之賓，而決非實也。又況名者，由人創
> 造，上以制其下，而不能不奉之，則數千年來，三綱五倫之
> 慘禍烈毒，由是酷焉矣。君以名栓臣，官以名軛民，父以名
> 壓子，夫以民困妻，兄弟朋友各挾一名以相抗拒，而仁尚有
> 少存焉者，得乎？」[114]

正如余英時指出的，對於儒家名教的反抗，早在魏晉時代便已
經發生，但那是新道家持「自然」的觀念「非湯武而薄周孔」，仍
然屬於中國文化傳統內部的批判。譚嗣同的批判不像同時代的思
想者的主張那樣，是出於民族主義或追求富強的實用主義的考慮，
而是「以西方的政教風俗為根據（其中尤以基督教的靈魂觀為理論
上的樞紐），以否定中國的倫常秩序」[115]。這讓譚嗣同對於儒家規
範倫理的批判，與此前的「自然」與「名教」之爭有了根本的不同。
而飽受繼母虐待的抑鬱童年、婚姻不幸的中年以及家庭成員接連
因病死亡，也令譚嗣同「自少至壯，遍遭綱倫之厄，涵泳其苦，殆
非人生所能任受」[116]，甚至讓他數度產生過自殺的念頭[117]。這種痛
苦而真實的生存處境，使譚嗣同對「三綱」所造成的社會悲劇的體
會尤為深刻獨特：

> 「君臣之禍亟，而父子、夫婦之倫遂各以名勢相制為當然
> 矣。此皆三綱之名之為害也……君臣之名，或尚以人合而破

---

[114] 譚嗣同：〈仁學・八〉，見《譚嗣同全集》，第 229 頁。

[115] 余英時：〈中國現代價值觀念的變遷〉，見《余英時文集》（第二卷），桂林：
廣西師大出版社，2003 年，第 50 頁。

[116] 譚嗣同：〈仁學・自敘〉，見《譚嗣同全集》，第 3 頁。

[117] 關於譚嗣同不幸的人生遭際，見張灝：《烈士精神與批判意識：譚嗣同思想
的分析》，桂林：廣西師範大學出版社，2004 年，第 8 頁。

之。至於父子之名，則真以為天之所合，捲舌而不敢議。不
知天合者，泥於體魄之言也，不見靈魂者也。子為天之子，
父亦為天之子，父非人所得而襲取也，平等也。且天又以元
統之，人亦非天所得而陵壓也，平等也……父彼之言天合
者，於父子固有體魄之可據矣，若夫姑之於婦，顯為體魄之
說所不得行，抑何相待之暴也……村女里婦，見戕於姑惡，
何可勝道？父母兄弟，茹終身之痛，無術以援之……又況後
母之於前子，庶妾之於嫡子，主人之於奴婢，其於體魄皆無
關，而黑暗或有過此者乎！三綱之懾人，足以破其膽，而殺
其靈魂。有如此矣。《記》曰：『婚姻之禮廢，夫婦之道
苦。』……實亦三綱之說苦之也。夫既自命為綱，則所以遇
其婦者，將不以人類齒……自秦垂暴法，於會稽刻石，宋儒
煬之，妄為『餓死事小，失節事大』之瞽說，直於室家施申、
韓、閨閫為岸獄，是何不幸而為婦人，乃為人申、韓之，岸
獄之！此在常人，或猶有所忌而不能肆；彼君主者，獨兼三
綱而據其上，父子夫婦之間，視為錐刃地耳。書史所記，更
僕難終……獨夫民賊，固甚樂三綱之名，一切刑律制度皆依
此為率，取便已故也。」[118]

譚嗣同對於本國文化強烈而激烈的控訴，在晚清思想界是獨
一無二的。從某種程度上來說，其激進之處甚至於超過了「五四」
那代知識分子的反傳統主義。然而值得注意的是，譚嗣同對於「三
綱五常」的抨擊，主要集中在君臣之綱。同時，他在論辯中巧妙
地繞開了莊嚴的孔子，而把批判「倫常之網羅」的矛頭對準了爭

---

[118] 譚嗣同：〈仁學・三十七〉，見《譚嗣同全集》，第 348-349 頁。

議頗大的荀子。按照余英時的分析，正因為如此，譚嗣同才沒有全面否定中國文化的傳統。可以看到，至少對於儒家道德中「仁」的德性內核，他通過一種精神性（宗教性）取向的方式予以留存並且試圖發揚光大。這是他和「五四」一代的文化批判者的區別之處。

康有為、譚嗣同所闡揚的仁學世界觀，雖然仍舊帶有天理世界觀的底色，但其個人觀所包含強烈道德自主性，已經使得它具備了現代個人的色彩，個人意志走到了取代德性之善的邊緣。譚嗣同激進的「仁學」主張，更是體現了一個強大的人格主體和意志自我。它要衝破一切對自由意志主體的網羅的束縛，追求道德的自由與人格的平等。然而，「自由」與「平等」如何獲取，或者說，怎樣才能成為一個「不失自主之權」的人，卻需要更加具有建設性的理論予以論證和支持。對此，梁啓超從倫理學的層面上，回應了譚嗣同激烈地提出卻未曾言明的問題，那就是儒學的變革與承續。如果說，康、譚仁學的道德－精神世界，其內涵還是一個「有意義」的宇宙世界的話，那麼，梁啓超和嚴復的「國民」所植根的世界，則是一個以「力本」為中心的機械主義的「群」的世界。梁啓超（包括嚴復）所理解的個人，雖然同樣強調「發展個人意志自主性」，但與康、譚不同的是，這是在民族國家譜系下建構的「國民」。

戊戌變法之後，梁啓超在《新民說》中用西方現代倫理，補充和更新中國舊倫理，以塑造一套新的人格理想和社會價值觀。梁啓超認為，「夫言群治者，必曰德、曰智、曰力，然智與力之成就甚易，惟德最難」[119]。在梁啓超看來，道德分為兩個範疇，一為公德，

---

[119] 梁啓超：〈新民說・論私德〉，見《梁啓超全集》第一冊，第 714 頁。

一為私德。「人人獨善其身者謂之私德，人人相善其群者謂之公德，二者皆人生不可缺之具也。」[120]中國傳統倫理是「私德居其九，而公德不及其一」，因此，「若中國之五倫，則惟於家族倫理稍為完整，至社會、國家倫理，不備滋多。此缺憾之必當補者也，皆由重私德輕公德所生之結果也。」

儘管如此，梁啓超仍特別強調，如今試圖用一種新的道德來教育國民，卻並非單單依靠「泰西之學說所能為力」。原因有兩方面：其一，道德是「行」，而不是「言」。因此，道德的本原出於「良心之自由」，就這一點而言，「無古無今無中無外，無不同一」，所以「是無有新舊之可云也」。其二，任何一種道德，都與孕育該道德的社會性質密切相關。「一旦突然欲以他社會之所養者養我，談何容易耶」？況且，「在今日青黃不接之日，……國民教育一語，亦不過托諸空言，而實行之日，終不可期，是新道德之輸入，因此絕望矣」[121]。

基於這些考慮，梁啓超指出，「今日所恃以維持吾社會於一線者」，仍是「吾祖宗遺傳固有之舊道德」。梁啓超認為，道德與倫理存在差異，因為道德包括倫理，倫理卻無法涵蓋道德。「倫理者或因於時勢而稍變其解釋，道德則放諸四海而皆準，俟諸百世而不惑也。」他舉例說，忠君之道有罪，多妻主義不道德，這只是不適用於今天的倫理規範，但是，其中的「忠」和「愛」這兩種道德，則是古今中西一律的。所以，梁啓超認為，稱中國倫理有缺點並不錯，但認為中國的舊道德有缺點卻不公平。

---

[120] 梁啓超：〈新民說·論公德〉，見《梁啓超全集》第一冊，第 660 頁。
[121] 梁啓超：〈新民說·論私德〉，見《梁啓超全集》第一冊，第 714 頁。

　　可見，梁啓超並沒有從根本上抨擊儒家的道德倫理。1905 年，梁啓超在完成《論私德》一文後，又編訂了兩本冊子，一是《德育鑒》，一是《明儒學案》節本。他說，上述三件作品的發表，目的在於指出王陽明道德哲學的巨大現實意義。這似乎暗示著這位維新思想家對於傳統儒家道德的隱性回歸。不難看到，事實的根源恰恰在於梁啓超對道德的公私二分。在這一時期，梁啓超更多地將西方的公德思想引介到中國，但在私德的許多問題上，他依然保持著對傳統的信仰（在某種意義上，他認為以「孝」為道德價值觀核心的儒家家庭倫理是理所當然的[122]）。他不斷強調「養心」與「束性」的重要性，並且模仿曾國藩（1811-1872）的做法，在日記中對自己每天的言行與思想進行反省，運用克己、誠意、主敬、習勞、有恆等五個概念，作為自我省察和自我批評的指導原則。

　　在梁啓超看來，儒家思想中有關人格修煉的某些舉措，對於「新民」人格的訓練非常必要。毫無疑問，梁啓超對於儒家思想的興趣表明，「實現一個側重內心和行動的人格，這與他所提倡的新的民德和政治價值觀沒有任何矛盾」。同時，梁的態度也「向我們展示了在近代中國文化時代思潮中繼續存在著的某些儒家傳統成分」[123]。

　　回顧戊戌以來晚清知識階層的思想與實踐，可以看到，從儒家道德之中尋求個人解放的鑰匙，成為「改良時代關於生活方式的自由主義的核心」。而對於傳統中國來說，所謂生活方式，直接指向以「三綱五常」為核心的儒學的禮教綱常倫理。以康有為、譚嗣同、梁啓超為代表的眾多思想家，朝儒家的規範倫理發起挑戰，

---

[122] 張灝：《梁啓超與中國思想的過渡（1890-1907）》，南京：江蘇人民出版社，1995 年，第 133 頁。

[123] 同上，第 174 頁。

並最大限度地摧毀了它們。在這些思想家那裡，個人的解放最終被設想為這樣一個過程，即整個「界」的制度（地域的、文化的、種族的）衝破了種種障礙，並最終被打破。但耐人尋味的是，另一方面，知識分子仍然「強調區分內在道德精神和世上邪惡外在力量的多種層次」。正是對這些不同層次的不同態度，「形成關於道德努力的論爭的主題」[124]。然而，即便這種論爭激烈得不可開交，孔子的精神權威和儒家「仁」的德性之火，仍被他們小心而妥善地保存著。無論康有為的「仁」的宗教化和烏托邦化，譚嗣同的「仁」的意志自主化，還是梁啟超的「仁」的德性化，其要旨都在於改革制度化儒學的「禮」，並試圖從中剝離、發掘德性儒學的「仁」的價值資源。

如前所述，晚清的公理世界觀不再像傳統的天理那樣，以高於人的方式存在，而是成為日漸自主的個人自我立法的產物；另一方面，公理又以天理的替代品的形式存在著，「理」繼承了傳統哲學中「理」的基本品格，「公」則成為對「天」的替代，在晚清既具有義理和規範的價值，又在一定程度上因為與傳統道德的關聯而內含倫理的深度。這導致晚清的道德觀念呈現出一種內在的緊張：就前一方面而言，晚清覺醒的個人，率先批判天理世界觀之下的儒家規範倫理。名教綱常要求人們尊奉權威，並把它當作國和家的組織原則。這與晚清個人強調自我解放與獨立人格的呼籲格格不入。因此，儒家的「三綱五常」必須拋棄。就後一方面而言，無論是康有為、譚嗣同的精神超越倫理下的「個人」，還是嚴復、梁啟超所渴

---

[124] 陳志讓：〈思想的轉變：從改良運動到五四運動，1895-1920 年〉，見費正清編：《劍橋中華民國史》（上卷），北京：中國社會科學出版社，1994 年，第 434 頁。

盼的「新國民」，在它們之上都有一個更高的倫理尺度——前者是精神超越性的、有道德自主性的「仁」，它既具有傳統的德性內涵，又包含了現代意志論的成分；後者是以國家公德為核心、公德與私德並重的道德改良法則。可見，公理世界觀下「德性之善」的色彩雖然明顯減弱，但是在它的統攝下，「衝決網羅」的個人依然具有公共的善，依然有成為「好人」（君子之德）的準則。公理世界觀之下的道德觀，既構成晚清知識分子倫理和精神世界的底色，也為之後五四的道德革命與道德重建埋下了伏筆。

第二章

五四時期的道德轉型

　　1905 年科舉制度的廢除和 1911 年帝制的崩潰，使儒學喪失了制度性基礎而陷入淪落的困境。陳寅恪（1890-1969）在悼念王國維的時候說：「自道光之際，迄乎今日，社會經濟之制度，以外族之侵迫，致巨疾之變，綱紀之說，無所依憑，不待外來學說之擠擊，而已消淪於不知不覺之間……」[1] 其中「綱紀之說，無所依憑」，指的正是從晚清到民初以來，隨著社會制度及其實踐性的喪失，儒家規範倫理（「綱紀」）所賴以依託的基座已經瓦解了。而在隨後發動的新文化運動中，知識分子又將批判的鋒芒，直接指向孔子的精神權威和儒家道德的核心價值。20 世紀之初，儒學的危機從教育、政治層面，逐步深入到道德倫理和心靈秩序。

　　歷史地看，興起於 1915 年的新文化運動，在很大程度上源於民初憲政實踐的失敗與尊孔復古思潮的湧動。孔教運動與帝制復辟的合流，凸顯的正是儒教中國與帝制中國的同構性。這使得五四知識分子對於共和憲政失敗原因的探詢，逐漸聚焦於中國的文化傳統與國民性。作家郭沫若（1892-1978）後來回憶：「我們當然不知道為甚麼會發生這種現象的原因。即使要追求它的原因，也只是在個

---

[1]　陳寅恪：《寅恪先生詩存》，見《寒柳堂集・附錄》，上海：上海古籍出版社，1980 年。

人的良心或者是社會的道德上去尋找。所以不是歸之於社會的腐敗，便是歸之於個人的昧良。更進一步，便是說整個精神文明的墮落。要挽救它，當然就只有革心的一條法子了。」[2]知識分子試圖通過思想啟蒙與文化批判，為現代共和制度尋找道德支援和價值依據。這也就是在〈吾人之最後覺悟〉一文中，被陳獨秀稱為「最後之覺悟」的民初倫理革命[3]。

如前所述，受社會進化論思想的巨大影響，晚清以來的道德觀念發生了重大的世俗化轉變。隨著「天理」世界觀面臨科學理性的公理世界觀的挑戰，進化論提供了整個世俗時代的世界圖景和歷史觀。道德的價值最終不再從天理、天命等超越價值中產生，而是從進化的歷史目的論中獲得正當性。晚清以來，隨著知識分子「衝決網羅」的努力，以「禮」為標誌的儒家規範倫理逐漸解體。到了五四時期[4]，中國人的道德觀念發生了更加全面的現代轉型：一方面，現世的「快樂」與「功利」主張取代了「仁」，成為五四時期道德觀念中的新德性。儒家德性倫理解紐，傳統道德價值「祛魅」，道德世俗化的程度大大加深了。另一方面，個人的意志自主性在五四時期也得到極大發展。個人從傳統道德秩序中獲得了更為徹底的解放，成為既具有自主性，也具有自足性的主體。人們相信，依據多元的自由個性和價值選擇，現代個人可以在「功利」與「快樂」的引領下，對自己的人生「自作主宰」。

---

[2]　郭沫若：《少年時代》，北京：人民文學出版社，1979 年，第 172 頁。

[3]　陳獨秀：〈吾人最後之覺悟〉，見《青年雜誌》第 1 卷第 6 號。

[4]　一般而言，對於「五四」有狹義與廣義兩種理解。前者指發生在 1919 年 5 月 4 日的學生愛國運動，後者指在這一天前後若干年內進行的文化、思想或政治運動。本文所指的「五四」專就廣義而言，大體範圍從 1915 年新文化運動到 1925 年五卅運動。

因此，個人主義與功利主義成為五四時期道德觀念中的兩個核心
理念。

第一節 「自作主宰」的人生：
個人主義的興起

作為獨立個體的個人的產生，是現代社會區分於傳統社會的標
誌之一。現代意義上個人主體性的解放，與整個社會的世俗化有密
切的關係。按照雷蒙・威廉斯（Raymond Williams, 1921-1988）的
分析，在西方社會，個人、個體（Individual）的原意為「不可分的」
（indivisible）。在中世紀神學論述意涵裡，它指的是「實質上的不
可分割性」。這意味著，在傳統社會，個人不是抽離於超越價值之
外的，而是整個有機論宇宙不可分割的一部分。個人的意義與價值
無法自我證明，而必須由「上帝」或者「天」的超越價值尺度來確
定。而個體性（Individuality）一詞的現代意義，與中世紀社會、經
濟與宗教制度的瓦解有關[5]。在西方，個人主義的直接來源是文藝復
興與宗教改革運動。雅各・布克哈特（Jacob Christoph Burckhardt,
1818-1897）在研究義大利文藝復興時，注意到了一個本質變化：
人不再只是作為一個種族、民族、黨派、家族或社團的一員而存在，
人們「對於國家和這個世界上的一切事物做客觀的處理和考慮成為
可能了。同時，主觀方面也相應地強調表現了它自己；人成了精神

---

[5] 雷蒙・威廉斯：《關鍵辭——文化與社會的辭彙》，北京：三聯書店，2005
年，第 232 頁。

的個體，並且也這樣來認識自己。」[6]人權對具有超越價值的神權的挑戰，成為文藝復興時期人本主義的軸心；馬丁・路德（Martin Luther, 1483-1546）的宗教改革，則肯定了個人的良心與判斷。個人和上帝之間通過《聖經》建立直接聯繫，給予個人關於自己權利和責任的強烈意識，由此演變為靈魂的自決權和個人的神聖性[7]。隨著啓蒙運動的開啟與深化，「受個人良心而不是受有組織的權威的驅使」[8]的個人主義，逐漸成為現代性的核心價值。

在中國，如前所述，從明清之際起，對傳統思想的批判所生發出的重視個人、解放個人的思想訴求，進入晚清之後進一步高漲。隨著公理世界觀對天理世界觀的衝擊，世界的超越性逐步瓦解，一個可以依據因果法則來認識的機械世界出現了。如果說，在晚清的個人道德自主性（自由）之上，還有更高層次的公共善（天理或公理）的規約，那麼，隨著民初傳統政治秩序（王權制度）的瓦解，心靈秩序中更深的衝突也隨之爆發，衝決了這層形而上的規約。在五四顛覆性的倫理革命中，支配中國社會兩千多年的儒家道德正當性，遭遇了來自現代意義上的「個人」的嚴峻挑戰。隨著仁學宇宙觀的崩解，「五四」的個人價值擺脫了公共善的約束，成為個人意志的自由選擇，公共善也由此分解為多元之善。現代意義上具有內在深度的個人產生，並通過自我立法以證明自身的價值。1907 年，26 歲的魯迅在〈文化偏至論〉中還在感慨：「個人一語，入中國未三四年。號稱識時之士，多引以為大垢，苟被其諡，與民賊同，意

---

[6]　雅各・布克哈特：《義大利文藝復興時期的文化》，北京：商務印書館，1979 年，第 125 頁。

[7]　錢滿素：《愛默生與中國——對個人主義的反思》，北京：三聯書店，1996 年，第 200 頁。

[8]　巴伯：《科學與社會秩序》，北京：三聯書店，1991 年，第 77 頁。

者未遑深知明察，而迷誤為害人利己之意也歟？夷考其實，至不然也。」[9]不到 10 年，個人主義已經成為五四時代蔚為大觀的主流道德話語。

「五四」時期作為中國現代價值觀念轉變的關鍵時期，其直接原因很大程度上源自民初共和政體的流產。當時新興的憲政制度與共和體制，因無法扼制與平衡不同利益集團日益強大的勢力，最終無可挽回地成為派系鬥爭的犧牲品。1916 年，王國維在寫給羅振玉（1866-1940）的信裡透露了對時局的隱憂：「劉秩庭自北方來，云及將來政局當有變動。此事勢所必然，大約武人與黨人互為消長，然於真正之澄清無與也。」[10]王國維的判斷，大致代表了當時知識分子對於政局的看法。五四知識分子在受到震動之餘，普遍表現出對於國家政治的厭惡與冷漠。依靠強人政治，顯然無法通盤解決民初的政治亂局。1916 年，在發表於《新青年》上的〈我之愛國主義〉一文中，陳獨秀說：「中國之危，固以迫於獨夫與強敵，而所以迫於獨夫、強敵者，乃民族之公德、私德之墮落有以召之耳。」另一方面，他們也意識到，中國急需對傳統的價值觀進行徹底的重新評價。「即今不為拔本塞源之計，雖有少數難能可貴之愛國烈士，非徒無救於國之亡，行見吾種之滅也。」[11]

在一封寫給張溥泉（1882-1947）的信中，當時《新潮》雜誌的主編之一羅家倫（1897-1969）說：「先生引證法國實證哲學家孔德的話，說『要想改良政治，非先把思想變了風俗變了不行』，是

---

[9] 魯迅：〈文化偏至論〉，見《魯迅全集》第一卷，北京：人民文學出版社，1981 年，第 50 頁。

[10] 王國維：《王國維全集（書信）》，劉寅生，袁英光編，北京：中華書局，1984 年，第 128 頁。

[11] 陳獨秀：〈我之愛國主義〉，見《新青年》第 2 卷第 2 號。

我們極力贊同的。我們認定中國現在政治社會的不良，就是人民思想不曾變化。」這位北京大學的青年學生憤怒地指出，中國人的思想中有三種「毒素」，即「奴性的思想」、「專制的思想」與「昏亂的思想」。羅家倫說：「我們的思想革命，不消說，大概就是（1）變奴性的思想為獨立的思想；（2）變專制的思想為平民的思想；（3）變混亂的思想為邏輯的思想。」[12]顯然，按照羅家倫的看法，「重新估定一切價值」以求「拔本塞源」的努力，只有當具有「獨立的、平民的、邏輯的」思想的個人出現，才有實現的可能。因此，「個人的自作主宰」成為五四知識分子努力的必然[13]。從歷史情境來看，和晚清時期民族國家思潮的風起雲湧不同，出於對國家的失望，五四恰恰是一個國家主義衰落而個人主義高張的時代。正源於此，這一時期的個人主義話語與個性實踐，與晚清有了明顯的差異：一方面，五四時期的個人，不再是嚴復、梁啓超筆下那個與民族國家融為一體的、整體意義的「國民」，而是具有獨立人格與意志選擇自由的現代個人；另一方面，五四的個人也衝破了仁學世界觀的最終約束，將康有為、譚嗣同式的「個人」所包含的道德和意志自主性，大大向前推進了一步。

　　1915年，在《新青年》創刊號上，陳獨秀發表〈敬告青年〉一文，其中提出六義，第一義便是主張「自主的而非奴隸」的。他說：「等一人也，各有自主之權，絕無奴隸他人之權利，亦絕無以奴自處之義務。」「解放云者，脫離夫奴隸之羈絆，以完其自主自由之人格之謂也⋯⋯蓋自認為獨立自主之人格以上，一切操行，一

---

[12] 羅家倫：〈答張溥泉來信〉，見《新潮》第2卷第2號。
[13] 余英時：〈中國現代價值觀念的變遷〉，見氏著：《中國思想傳統及其現代變遷》，第58頁。

切權利，一切信仰，唯有聽命各自固有之智能，斷無盲從隸屬他人之理。」他引用尼采（Friedrich Wilhelm Nietzsche, 1844-1900）區分「貴族道德」與「奴隸道德」的說法，批判傳統社會中個性的壓抑與奴性的蔓延。陳獨秀以他慣有的諷刺語言告誡讀者：「以其是非榮辱，聽命他人，不以自身為本位，則個人獨立平等之人格，消滅無存，其一切善惡行為，勢不能訴之自身意志而課以功過；謂之奴隸，誰曰不宜？」[14]

　　陳獨秀的呼籲，得到了同時代知識分子的積極回應。1916年，章士釗（1881-1973）在《甲寅雜誌》上以「我」為題撰文，用自豪的語氣說：「上天下地，惟我獨尊。世間無我，即無世界。」章士釗在文章中特別強調「我」的獨一無二的特性。「凡事我之所不能為，未有他人能代而為之者也。他人所不能代而為之，未有孤特蕲向，存乎理想之物，獨能代爾為之者也。」章士釗對自我力量與地位的高度評估，無異於古希臘哲學家普羅泰哥拉「人是萬物的尺度」一語的中國翻版：「夫苟天下事，皆不能思議其為可為也，則亦已矣。一有可為，為之者斷乎在我。是故我者真萬事萬物之本也。」[15]

　　同一年，家義也在《東方雜誌》上撰寫了〈個位主義〉一文：「我國人惟不知個人本位主義。故其於社會也，惟現一片籠統。只見有家族，有地方，有國家，有其他社會，而不見有個人。」他認為，今日的世界對於文明的定義，至少應該包括如下數點：「曰科學之分科，曰社會之分業，曰個性之解放，曰人格之獨立。」[16]以家義的國家工具論眼光看來，現代的社群、國家、家庭等社會中介

---

[14]　陳獨秀：〈敬告青年〉，見《青年雜誌》第1卷第1號。

[15]　章士釗：〈我〉，見《甲寅雜誌》第13卷第2號。

[16]　家義：〈個位主義〉，見《東方雜誌》，1916年第2期。

組織，都應當為個人的發展提供條件。反過來說，個人才是衡量國家及其他群體價值的標尺。

　　五四期間，在上海美術學校講演的李石岑（1892-1934），也特別向聽眾強調了人生意義在於「表現生命」，也就是「表現個性」。他說：「既只圖生命表現著，就顧不得什麼利害關係，與夫道德上之制裁，過去因襲之束縛，法律之桎梏，以及一切他種外力之阻撓。」在寫給吳稚暉的一封關於「生活態度表白」的信中，這位《民鐸》雜誌的主編把「人格獨立」和「個性」劃上了等號：「我們發揮這種個性，就成就一種人格；如果侵犯我的個性，就無異於侵犯我的人格。」[17]李石岑還主張通過「大意力」的磨練，發掘意志中的潛能，以期促進個人個性和人格的培養。

　　五四時期的個人主義，呈現出的是一幅多元化的現代倫理個人圖景。其中既有胡適、陳獨秀、李大釗（1889-1927）等《新青年》知識分子倡導的個性化個人，也有吳宓（1894-1978）等《學衡》派知識分子提倡的人文化個人，還有張東蓀（1886-1973）提出的理智化個人、李石岑提出的意志化個人、朱謙之（1899-1972）提出的唯情式個人等等[18]。從陳獨秀、章士釗到家義、李石岑，他們分屬於五四時期不同個人觀念的代表人物，但從這些知識分子對於「我」和「個人」的強調中不難看到，首先，五四時期的「個人」既是自主的，也是自足的主體。個人作為一種獨立的價值判斷源

---

[17] 李石岑：《李石岑講演錄》，桂林：廣西師大出版社，2004 年，第 3 頁、第 11 頁。

[18] 關於五四時期個人觀的類型分析，參看顧紅亮、劉曉虹：《想像個人：中國個人觀的現代轉型》，上海：上海古籍出版社，2006 年，第 81 頁，以及郭穎頤：《中國現代思想中的唯科學主義（1900-1950）》第一篇，南京：江蘇人民出版社，1989 年。

泉，為每個人的「自作主宰」提供了道德的依據，也奠定了五四時期個人主義道德觀的基調。所以，傅斯年在《新潮》創刊號上刊登的〈人生問題發端〉一文中，理直氣壯地強調：「拿人生來解釋人生，是現在思想潮流的趨勢。」這位北京大學的大學生援引費爾巴哈（Ludwig Andreas Feuerbach, 1804-1872）的名言——「我最初所想的是上帝，後來是理，最後是人」，來描繪近代人生觀念的變化。傅斯年把個人及其生存的意義與進化的歷史目的論結合，完成了中國人道德觀念的一次質的轉變：隨著超越世界（上帝與天）和形而上的哲學（理）的祛魅，個人的價值不再來自超越的世界，而是歸結到人自身和人類的世俗歷史。而現代性的特徵之一，正是個人通過科學觀念主宰的進化論和目的論的歷史觀，既為物質世界立法，也為自身立法。這一重大轉變也影響到了道德觀念：在一個公共善瓦解的時代裡，每一個人都可以根據自身的意志自主性，「拿著人的自然解釋人生觀念；簡捷說罷，拿人生解釋人生，拿人生的結果解釋人生真義」[19]。

其次，五四時期的個人主義的來源是雙重的。一方面，它延續了宋明理學之中人格主義和陽明學中意志自主的影響，另一方面，它又受到來自康德、約翰・穆勒等西方思想家強調個人意志自由、充分展示自我的個人觀的刺激。所以，五四的個人主義所強調的人格獨立之中，包含著意志自主的衝動和強大的精神力量[20]。1919

---

[19] 傅斯年：〈人生問題發端〉，《傅斯年全集》第一卷，長沙：湖南教育出版社，2003 年，第 83-94 頁。

[20] 有研究者探究了五四時期個人觀念中存在的「自覺」與「覺悟」的異同，認為前者指「個人對國家、社會和自身的一種自我意識的覺醒」，關注的是形而下層面的現實應對，後者則指「個人對本土文明、倫理道德和人生的體認」，關注的是形而上的終極意義。歐陽軍喜：〈自覺與覺悟：五四時期的兩個重要觀念〉，見氏著：《歷史與思想：中國現代史上的五四運動》，福

年，宗白華（1897-1986）在《少年中國》上撰文說：「人格也者，乃一精神之個體，具一切天賦之本能，對於社會處自由的地位。故所謂健全人格，即一切天賦本能皆克完滿發展之人格。」在宗白華看來，人格的意義，「重在意志與感情，彼徒有學識而無高尚之意志優美之感情者，未足為健全之人格也」[21]。而目睹了五四運動的顧孟餘（1888-1972），則以一種鬥士般的語氣強調，能否使全社會的人依據「良心所信」而「決鬥」，是區分「真道德」與「假道德」的標準。顧孟餘說，以道德的本體論，則「強行我之所信」為「主動之道德」即「真道德」。凡是「以膠固之形式羈束自由理性者」，就是「被動的道德」，即「假道德」。真道德的核心就是「為我」的「人之主動的活潑的理性」，而道德行為就是這一主動的、活潑的理性的展現[22]。

正因為通往獨立自主之路的方針就是「為我」，李亦民在〈人生唯一之目的〉中說：「真能為我者，但行動以我身為中心，不為外界所驅使，乃精神上之一轉捩，非兢兢與人較量之謂也。」在李亦民看來，傳統的道德使得為臣者、為子者和為妻者，附麗於君、父與夫，「依草附木，附於奴隸、牛馬不能獨立自主之慘境，尚有何向上發展之可言」？所以，「為我二字，既為天經地義，無可為諱」[23]。魯迅更是以其獨特的文風宣示：「我有一位朋友說得好：『要我們保存國粹，也須國粹能保存我們。』保存我們，的確是第一

州：福建教育出版社，2009 年，第 80 頁。

[21] 宗白華：〈理想中少年中國之婦女〉，見《少年中國》第 1 卷第 4 期，1919年 10 月 15 日。

[22] 顧兆熊（顧孟餘）：〈一九一九年五月四日北京學生之示威運動與國民精神之潮流〉，見《北京晨報》（日期不詳），轉引自楊亮功：《早期三十年的教學生活‧五四》，合肥：黃山書社，2008 年，第 171 頁。

[23] 李亦民：〈人生之唯一目的〉，見《青年雜誌》第 1 卷第 2 號。

義。」[24]他還說：「『個人的自大』，就是獨異，是對庸眾宣戰。」[25]
這樣的語言，對青年人人心的激勵無疑是巨大的，因為個體與自我
已經成為這個時代的道德基礎與價值的來源。五四知識分子通過
對於個人主義的推崇，試圖證明現代社會急切要做的事情之一，
就是個人必須首先從他所在的家庭、宗族或其他傳統關係中解放出
來，從而實現人格的獨立。既然要「為我」，五四時期個人的崛起
就必須延續並深化晚清以來的道德革命，繼續深入批判制度化儒
學的禮教綱常，並進一步解除個人「奴隸性」的內在精神壓迫。

　　在〈一九一六年〉一文中，陳獨秀指出：「尊重個人獨立自主
之人格，勿為他人之附屬品。」他寫道：「儒者三綱之說，為一切
道德、政治之大原。君為臣綱，則民於君為附屬品，而無獨立自主
之人格矣。父為子綱，則子於父為附屬品，而無獨立自主之人格
矣。夫為妻綱，則妻於夫為附屬品，而無獨立自主之人格矣。率天
下之男女，為臣，為子，為女，而不見有一獨立自主之人者，三綱
之說為之也。緣此而生金科玉律之道德名詞，曰忠，曰孝，曰節，
皆非推己及人之主人道德，而為以己屬人之奴隸道德也。人間百
行，皆以自我為中心，此而喪失，他何足言。」[26]在文章中，陳獨
秀號召國人擺脫綱常名教思想的束縛，恢復自由獨立的人格，以適
應現代文明社會的需要。

　　〈憲法與孔教〉一文則讓陳獨秀的這一見解有了更加明確的表
述：「吾人倘以為中國之法，孔子之道，足以組織吾之國家，支配
吾之社會，使適於今日競爭世界之生存，則不徒共和憲法可廢，凡

---

[24]　唐俟：〈國粹〉，見《新青年》第 5 卷第 5 號。

[25]　迅：〈自大主義〉，見《新青年》第 5 卷第 5 號。

[26]　陳獨秀：〈一九一六年〉，見《青年雜誌》第 1 卷第 5 號。

十餘年來之變法維新，流血革命，設國會，改法律，及一切新政治、新教育無一非多事，且無一非謬誤，應悉廢罷，仍守舊法，以免浪費吾人之財力。萬一不安本分，妄欲建設西洋之新國家，組織西洋之新社會，以求適今世之生存，則根本問題，不可不首先輸入西洋式社會國家之基礎，所謂平等人權之新信仰，對於與此新社會、新國家、新信仰不可相容之孔教，不可不有徹底之覺悟，猛勇之決心，否則不塞不流，不止不行。」[27]

陳獨秀的這篇文章，針對康有為欲設孔教為國教的倡議而作，對當時青年的思想衝擊很大。中國共產黨早期成員之一鄭超麟（1901-1998），當時正乘船前往法國勤工儉學。讀到此文之時，最初憤怒不已，「『不塞不行，不止不流』本是韓愈《原道》篇內對於佛老說的話，如今被人引來反對韓文所擁護的孔道自身了」。為此，鄭超麟寫了一篇很長的日記，大罵陳獨秀。但是，《新青年》雜誌卻從此吸引了這個來自福建的 19 歲青年，「愈有反感，愈想借來看，漸漸地對於線裝書不感興趣了。十二月七日在馬賽登陸時，我的外表雖同香港上船時一樣，內心則完全改變了。潛伏的個人意識已經覺醒，從此我是自己的主人，我能支配自己的命運，而不再是父師及其他長輩給我安排的家族鏈條中的一個環節了。」[28]

而作為陳獨秀的學生輩，傅斯年則洞察到了德性之善與個人自主性之間更本質的聯繫。在他看來，道德之「善」正是從個性發展而來，自由的個性是善的前提。這一劃分開啟了個人與群體之間道德價值的界限。「我們固然不能說，從個性發展出來的都是『善』，但是離開『個性』，『善』『惡』都不可說了。」這位《新潮》雜誌的

[27] 陳獨秀：〈憲法與孔教〉，見《新青年》第 2 卷第 3 號。
[28] 鄭超麟：《鄭超麟回憶錄》，北京：東方出版社，2004 年，第 164-165 頁。

主編說：「更進一層，必然『個性』發展，『善』才能跟著發展。要是根本不許『個性』發展，『善』也就成了僵死的了。」因此，「『善』一定是跟著個性來的，可以破壞個性的最大勢力就是萬惡之原。」[29]《新潮》雜誌的另一作者陳嘉藹則以非常明確的「新」和「舊」的標準，來規定「個體」與「群體」的價值高下：「『舊』是『眾數』的，『新』是『單數』的。舊的眾『眾到無限』，新的單『單到無偶』。」[30]正是借助於對「個人」與「個性」的強調，五四知識分子開始了道德上的棄「舊」圖「新」、棄「惡」揚「善」。

可以看到，由《新青年》啟蒙知識分子發動的道德變革，率先對儒家倫理展開了整體的批判。在強烈的個性解放以及個人意志自主性的裹挾下，一方面，他們將晚清以來譚嗣同等人對「三綱」的批判重心，從「君臣」擴展到了「父子」與「夫妻」。另一方面，他們把這種對於以「三綱」為核心的儒家規範倫理的抨擊，引向了批判「吾國自古相傳之道德政治」的深度。在這場狂飆突進式的道德變革中，個人主義成為顛覆儒家倫理規範的重要思想資源。

就在陳獨秀借用尼采的「主人道德」和「奴隸道德」來區別「三綱」與自由民主的同一年，20歲的長沙人易白沙（1886-1921）在《青年雜誌》上，分兩次發表了〈孔子平議〉一文，公開指名道姓向孔子發起挑戰。易白沙認為，「孔子尊君權而漫無限制，易演成獨夫專制之弊」；「孔子講學不許問難，易演成思想專制之弊」；「孔子少絕對之主張，易為人所藉口」；「孔子但重作官，不重謀食，易入民賊之牢籠」[31]。由此出發，易白沙既強烈抨擊君主帝王在政

---

[29] 傅斯年：〈萬惡之原（一）〉，見《傅斯年全集》第一卷，第104-105頁。

[30] 陳嘉藹：《新》，《新潮》第1卷第1號。

[31] 易白沙：《孔子平議》，《青年雜誌》第1卷第6號、《新青年》第2卷第1

治上的專制，也堅決反對孔子儒學在思想及學術上的獨斷。新文化運動的另一思想家吳虞（1872-1949）雖然遠在四川，但正是讀了〈孔子平議〉之後，興奮地引易白沙為「思想之同調」。在〈吃人與禮教〉、〈家族制度與專制主義之關係〉、〈說孝〉等代表作中，這位被胡適譽為「只手打孔家店的老英雄」，對於儒家禮教進行了不遺餘力的攻擊。可以看到，吳虞的態度較易白沙更加激進，他將反對宗法制度、家族制度、專制制度和批判封建宗法思想、禮教、倫理道德結合起來。吳虞指出，「孝」、「悌」為兩千年來專制政治與家族制度「聯結之根幹」，其流毒「不減洪水猛獸」，因此，他說：「到了如今，我們應該覺悟：我們不是為君主而生的！不是為聖賢所生的！什麼『文節公』呀，『忠烈公』呀，都是那些吃人的人設的圈套來誆騙我們的！我們如今都該明白了！吃人的就是講禮教的，講禮教的就是吃人的呀！」[32]

其中值得注意的是，吳虞激烈的反孔非儒的主張，已經集中表現在對於儒家道德核心的「孝」的抨擊之上。毫無疑問，吳虞近乎極端的言論，與他痛苦的家庭悲劇及社會給他的巨大壓力有密切的關係[33]。因此不難理解，為何他的文章問世後，能在社會上激起如此強烈的反響與共鳴。吳虞在文章中這樣發洩著自己的滿腔憤怒和痛苦：「他們教孝，所以教忠，也就是教一般人恭恭順順地聽他們一干在上的人的愚弄，不要犯上作亂，把中國弄成一個『製造順民的大工廠』。孝字的大作用，便是如此。」[34]由於他認為「家族制

號、第 3 號。

[32] 吳虞：〈吃人與禮教〉，《新青年》第 6 卷第 6 號。

[33] 關於吳虞的情況，參見王汎森：〈思潮與社會條件──新文化運動中的兩個例子〉，見氏著《中國現代思想與學術的譜系》，第 238 頁。

[34] 吳虞：〈說孝〉，見《星期日》社會問題號，1920 年 1 月 4 日。

度為專制主義之工具」，因此，吳虞「非孝」的另一面，其實是「非忠」：「儒教徒之推崇君主，直駕父母而上之，故儒教最為君主憑藉而利用，此余所謂政治改革而儒教家族制度不改革，則尚餘兩大部專制，能得真共和也。」[35]在〈一九一六年〉中，陳獨秀已經正式攻擊了與三綱相應的忠、孝、節三種德目，而吳虞則直接將批判的火力集中到「孝」的理論，對於傳統的批判一步步靠近儒家倫理的核心地帶。

五四期間從美國學成歸國的蔣夢麟（1886-1964），後來在回憶錄《西潮》中寫道：「這些激烈的言論固然招致一般讀者的強烈反對，但是全國青年卻已普遍沾染知識革命的情緒。」[36]1919 年 11 月，浙江第一師範的學生施存統（1899-1970）在《浙江新潮》上發表〈非孝〉一文，試圖通過對「孝」的嚴厲批判引起大辯論，「以推翻傳統的家族制度，為創建一個新社會開闢道路」[37]。據施存統回憶，〈非孝〉發表後，不僅他自己被稱為「妖怪」，他的表妹也被「冷嘲熱罵」為「禽獸底表妹」。校內校外到處聲討〈非孝〉的「大逆不道」，最終發展成所謂「浙江一師風潮」。施存統在寫於次年的《回頭看二十二年來的我》一文中，回憶一年前的心境時說：「人類應當是自由的，應當是平等的，應當是博愛的，應當是互助的；『孝』的道德與此不合，所以我們應當反對『孝』。」有趣的是，在此前的 1917 年，當這位青年剛剛進入浙江一師，讀到陳獨秀在《新青年》上發表的反孔言論時，曾斥責陳為「一個刻薄的文人」；但是，不久以後，就成了《新青年》的「半信徒」，到了 1919 年下

---

[35] 吳虞：〈吃人與禮教〉，《新青年》第 6 卷第 6 號。

[36] 蔣夢麟：《西潮》，瀋陽：遼寧教育出版社，1997 年，第 102 頁。

[37] 周策縱：《五四運動：現代中國的思想革命》，南京：江蘇人民出版社，1996 年，418 頁。

半年，就「全體都贊同」了。由此可見青年徹底反對舊倫理的激進情緒和《新青年》的強大輿論感召力[38]。後來，施存統的偶像陳獨秀還專就〈非孝〉寫成一文，稱讚道：「《浙江新潮》的議論更徹底，〈非孝〉……文章天真爛漫，十分可愛。」[39]

　　持有個人主義話語的知識分子主要關注與抨擊的對象，當然還包括禮教中的家族制度與婦女問題[40]。李平在〈新青年之家庭〉一文中寫道：「前此國人之腐敗，青年之墮落，要皆惡劣家庭所養成。家庭不良，社會、國家斯不良矣。」[41]劉師復（1884-1915）也說道：「我常謂支那之家庭，非家庭也，是一最愚暗之監獄耳。欲破此大獄，其惟婚姻革命乎！而助此二者之實行，則綱常革命也。」[42]傅斯年更是把傳統的家庭視為破壞個性的最大勢力和「萬惡之源」。他激動不已地說：「有人說，這是名教，不可侵犯；還有人說，社會『名教罪人』、「名教罪人』，不可不小心的。其實，名

---

[38] 不過，錢穆的經歷卻是少數的反例之一。雖然當時他也在逐月閱讀《新青年》雜誌，卻立意「重溫舊書，乃不為時代潮流挾卷而去」。在「五四」過去大半個世紀之後的 1977 年，當他寫作《師友雜憶》時，仍認為這是自己「當年一大幸運」。見氏著：《八十憶雙親・師友雜憶》，北京：三聯書店，1998 年，第 93 頁。

[39] 關於施存統在五四前後複雜的人生軌跡和心路歷程，見石川禎浩：《中國共產黨成立史》，北京：中國社會科學出版社，2006 年，第 279-305 頁。

[40] 莊士敦從一個外國人的視角，將中國的家族制度與民國之初共和實踐的失敗聯繫起來。這位末代皇帝溥儀的昔日老師注意到：「在中國，家族制度是如此淵深，實際上使每個人都不可能從社會約束中解放自己。這種約束使他們把家族利益放在國家利益之上。」見莊士敦：《紫禁城的黃昏》，北京：求實出版社，1989 年，第 96 頁。

[41] 李平：〈新青年之家庭〉，見《新青年》第 2 卷第 2 號。

[42] 劉師復：《師復文存》，第 116-117 頁。劉師復為民國初年從東京歸來的無政府主義的主要領導人，組織過晦明學社、心社，並發行《民聲》。他的道德理想對於蔡元培影響甚大。關於劉師復的情況，參看王汎森：〈反西化的西方主義與反傳統的傳統主義〉，見《中國近代思想與學術的系譜》，第 218 頁。

教本是罪人，哪有不名教的罪人，名教本是殺人的，哪有不殺人的名教。」[43]傅斯年的看法，在他的老師輩李大釗那裡得到了積極回應：「中國現在的社會，萬惡之原，都在家族制度」[44]，因為「我們現在所要求的，是個解放自由的我，和一個人人相愛的世界。介在我與世界中間的家國、階級、族界，都是進化的阻礙、生活的煩累，應該逐漸廢除」[45]。

關於婦女的個人解放，薩孟武（1897-1984）則記得，當時「一切都開始轉變，在這轉變期之中，一切又要求解放。」「解放」蘊含的力量是巨大而廣泛的，「而最先實現解放的，卻是婦女的足，由纏足解放為天足。」[46]五四時期，章錫琛（1889-1969）主編《婦女雜誌》及《新女性》，主張婦女解放尤力。張競生（1888-1970）等《性史》等書，主張肉體的解放，更風行一時[47]。《新青年》從第 2 卷第 6 號開始，特闢「女子問題」專號，以供當時受過高等教育的婦女從女性的視角討論婦女解放的種種問題。以五四時期《覺悟》和《晨報副刊》發表的關於改革舊家族、舊婚姻、解放婦女為主題的文章為例，《晨報副刊》從 1919 年 2 月至 1921 年 10 月在《自由論壇》及各種《專號》、《討論》、《論叢》、《演講》等欄目中，共有 67 篇。《覺悟》於 1920 年在《譯論》、《演講》、《選錄》、《譯述》、《通訊》等欄目中，共有 298 篇[48]。

---

[43] 傅斯年：〈萬惡之原（一）〉，見《傅斯年全集》第一卷，第 104-105 頁。

[44] 李大釗：〈萬惡之原〉，見《每週評論》第 30 號，1919 年 7 月 13 日。

[45] 李大釗：〈我與世界〉，見《每週評論》第 29 號，1919 年 7 月 6 日。

[46] 薩孟武：《學生時代》，桂林：廣西師大出版社，2005 年，第 1 頁。

[47] 常乃惪：《中國思想小史》，上海：上海古籍出版社，2005 年，第 147 頁。

[48] 王躍：《變遷中的心態——五四時期社會心理變遷》，長沙：湖南教育出版社，2000 年，第 81 頁。

　　《新青年》的作者吳虞的夫人吳曾蘭，強調「立憲時代，女子當平權，有意識之平權也，是即法律所許國民平等、自由之權」[49]。女性作為社會與家庭的平等一員，作為具有「完全人格」的國民，在接受教育、選擇職業等方面，應當具有與男性一致的地位。因此，在談「女子問題之大解決」時，徹底衝破儒家道德倫理規範成為婦女解放的前提。高素素撰文說：「解決女子問題，有兩前峰：曰破名教，曰破習俗。有兩中堅，曰確立女子之人格，曰解脫家族主義之桎梏；有兩後殿，曰擴充女子之職業範圍，曰高舉社會上公認的女子之位置。」而朱執信（1885-1920）則看得更深一層，他說，婦女解放「如果只是把所謂夫權、同居權、扶養權、義務取消了，也不過是治標的辦法。一定要把平日的生活和婚姻制度相連的——性欲、孕育、家事（包括炊爨等）——諸男女分功問題，一一能下解決，始能算做解放」。所以，他在《星期評論》上呼籲，婦女要解放，「必要把同這種束縛有關的許多分工問題，替自己重新訂一個秩序，才可以解放」[50]。遠在湖南長沙的毛澤東，針對當時一起因父母包辦的不幸婚姻而自殺的「趙女士事件」，在湖南《大公報》上連續撰文，尖銳地指出：「趙女士要是有人格，必是有自由意志；要是有自由意志，必是他的父母能夠尊崇他容許他，趙女士還會乘著他那囚籠檻車似的彩轎以至於自殺其中嗎？」[51]在毛澤東看來，只有將自由意志和個人的平等人格相結合，才能抹平男女在性別和社會地位上的鴻溝。

---

[49] 吳曾蘭：〈女權平議〉，見《新青年》第3卷第4號。
[50] 朱執信：《星期評論》第23號，1919年11月9日。
[51] 毛澤東：〈趙女士的人格問題〉，見《毛澤東早期文稿》，第417頁。

　　雖然五四時期大多數女性知識分子對自我解放的理解，在短時間內仍難以擺脫傳統中國「賢母良妻」的道德制約[52]，但是，男女人格平等的觀念顯然已經為一部分知識女性所接受與認同。1919年考入北京高等女子師範國文系的盧隱（1898-1934）回憶：「在我們每星期五晚上的講演會上，有一個同學，竟大膽的講戀愛自由……當她站在講臺上，把她的講題寫在黑板上時，有些人竟驚得吐舌頭，而我卻暗暗的佩服她，後來她講了許多理論上的戀愛自由，又提出許多西洋的事實來證明，大家有竊竊私議的，有臉上露出鄙夷的表示的，也有的竟發出咄咄的怪聲，而那位同學呢，雪白的臉上，漲起了紅潮，她是在咬牙忍受群眾的壓迫呢。散會後，我獨去安慰她，同情她，而且鼓勵她勇敢前進，這樣一來，我也被眾人認為【是】新人物。」[53]

　　五四期間部分知識分子的日常生活細節，也透露出當時的新銳人物是如何通過極其個人化的方式，挑戰傳統道德和人倫關係的。馬敘倫（1885-1970）《石屋續瀋》中記錄的兩件事情可見一斑：

　　　　「吾杭夏穗卿丈曾佑，……其子元瓍自杭州求是書院轉入南洋公學，復遊學於德國，歸為北京大學教授，以善相對論名。

---

[52] 如「（女子教育）應以賢母良妻為主義」等等說法，在五四時期也並不少見。至於如何成為「賢母良妻」，女性知識分子給出的結論是，利用「數千年之壓制」形成的「服從之性，尊以良好教育」。她們似乎認為只有這樣才能培養出「世界第一等女子」。也有女性認為，女子的腦力、體質都不如男性，加之需要分娩育兒，責任重大，「若復欲與男子享同等之地位、權利，勢所不能也」，「不如一志力求道德學問，以養成他日國民之賢母良妻」。梁華蘭：〈女子教育〉，見《新青年》第 3 卷第 1 號以及陳華珍：〈論中國女子婚姻與育兒問題〉，見《新青年》第 3 卷第 3 號。

[53] 盧隱：《大學時代》，見楊光編：《最後的名士──近代名人自傳》，合肥：黃山書社，2008 年，第 344 頁。

> 其在公學也，作書與穗丈，徑稱『穗卿仁兄大人』，穗丈得
> 之莞爾，即覆書元瓁，稱『浮筠仁兄大人』，浮筠，元瓁字
> 也。穗丈不譁，笑語友好，皆服其豁達。陳仲甫與其父書，
> 亦然。仲甫，獨秀故字也。其父以道員候補於浙江，不修邊
> 幅；仲甫習其風，風流自任；某年，邵裴子寓上海一逆廬，
> 聞鄰舍嬉笑聲甚大，自窗窺之，則仲甫擁其妻妹，手觸其脅
> 窩以為樂也。」[54]

即使在今天，父子之間通信以「仁兄」相稱的大概仍非常少
見[55]，至於為人夫者與妻妹之間的輕佻舉動，想必也為絕大多數人
所不能寬容。夏曾佑（1863-1924）是清末新學的代表人物，其子
夏元瓁（1884-1944）曾擔任北京大學理科學長，陳獨秀後來也出
任北京大學文科學長。馬敘倫的回憶著意記錄夏曾佑的「豁達」和

---

[54] 馬敘倫：《石屋續瀋》，上海：上海書店（據建文書店 1949 年版影印），1984
　　年，第 9 頁。

[55] 五四時期父子通信時，與兒子平等稱呼的另一個例子來自柳亞子。1920 年
　　9 月，柳亞子送兒子柳無忌來上海讀中學，歸來後他幾乎每天給兒子寫一
　　封信，關心地問學校的課程，還糾正孩子來信中的錯別字。10 月 5 日信中
　　說：「你說到校以後，天天思念家中。這很不必。家中各人都很好，很用不
　　著掛念。一個人生在世界上，少年時代要讀書，成人的時代，要替社會做
　　事情，總不能守著家庭不離開，守著家庭不離開，便不是有志氣的人，這
　　個道理，你須明白。」10 月 9 日，他在給兒子的信裡寫道：「我要不要每
　　天寫信給你，請你告訴我！因為你的討厭，我就不寫。你如不討厭，我就
　　天天寫。隨你的便就是了。」同時，他還謙虛地對兒子說，自己信中「用
　　的新標點，恐怕靠不住；因為我沒有弄懂。你懂嗎？」這些信件常署名「亞
　　子」或「老亞」。1923 年 11 月，柳亞子在一首《11 日自海上歸梨湖，留別
　　無忌》的詩中寫道：「狂言非孝萬人罵，我獨聞之雙耳聰。略分自應呼小友，
　　學書休更效爾公。須知戀愛彌綸者，不在綱常束縛中。一笑相看關至性，
　　人間名教百無庸。」見姚錫佩：〈略分自應呼小友——柳亞子先生教子贊〉，
　　上海：《文匯報·筆會》，2010 年 1 月 11 日。

陳獨秀的「風流自任」，卻足以讓人想像當時新派人士的風貌。這樣的言行在五四期間當然不是多數（雖然根據李璜（1895-1971）的觀察，「家庭革命」在五四之前八九年就在成都等地流行[56]），家住四川的郭沫若的個人回憶就表明，在五四時期更廣大的中國內地，新舊兩代人的道德衝突依然以微妙的方式存在：

> 「大哥問我是喜歡大腳還是喜歡小腳。我說：『我自然喜歡大腳了。』
>
> 他滿高興的不免提高了一段聲音來說：『好的，你很文明。大腳是文明，小腳是野蠻。』
>
> 『混賬東西！』突然一聲怒罵從父親的床上爆發了出來。『你這東西才文明啦，你把你的祖先八代都罵成蠻子去了！』
>
> 這真是晴天裡的一聲霹靂。大哥是出乎意外，我也是出乎意外的。我看見那快滿三十歲的大哥哭了起來。
>
> 父親並不是怎樣頑固的父親，但是時代終竟是兩個時代。但是對於『野蠻』兩個字的解釋，輕重之間便有天淵的懸殊。」[57]

「文明」與「野蠻」的區分，意味著晚清以來引入的文明論和進化論理念，已經成為年輕一代判斷新舊事物時熟練運用的道德價值尺度。五四之前，對於名教綱常的挑戰，絕大多數要遭受輿論的譴責，但五四之後，挑戰者獲得的更多是同情與默許，甚至讚譽。這使得五四時期對於「個人」的強調完全具了有道德價值的正

當性。陳獨秀的「自任」也好，郭沫若的父兄之間的衝突也罷，毫無疑問，五四的新思潮極大地瓦解了當時的道德倫理。因「個人自作主宰」所導致的道德人倫大變，已經清晰可見了。在這裡，個人和自我作為獨立的價值判斷源泉，為知識分子提供了一個新的道德參照系。在「個人自作主宰」的背景下，人們找到了自己的存在方式以及自己在這個坐標系中的定位，並確證了外界事物與自我的道德關係及其倫理意義。用汪暉的話說，在中國現代反傳統主義的語境中，個人觀念、自我意識，經常是以反道德的形式出現的，卻又包含了對道德可能性的嚴肅探索[58]。中國共產黨創始人之一、五四時期以介紹羅素（Bertrand Arthur William Russell,1872-1970）哲學而知名的張申府（1893-1986）的戀愛經歷，則又從另一角度，為上述判斷作了一個意味深長的注腳：

> 「在『五四』之前，我的同學給我一個外號『道德君』；這是羅家倫給我取的，是諧《道德經》的音。這也很貼切。我和大部分的朋友不同，我在『五四』之前一個女朋友也沒有。女朋友這個意念，對我總是帶有西方的色彩。在傳統中國從來沒有這種東西。在我父親時代的儒家世界，男人有妻有妾，但卻沒有女朋友。『五四』，是的，『五四』給我自由找我的女朋友。你可以說我是在『五四』時期才成為一個男人。」[59]

新文化運動時期關於個人主義的討論，並不限於理論上的論爭，同樣也是文學革命的中心議題。在郁達夫（1896-1945）眼裡，

---

[58] 汪暉：〈個人觀念的起源與中國的現代認同〉，見氏著：《汪暉自選集》，桂林：廣西師範大學出版社，1997 年，第 41-42 頁。

[59] 舒衡哲：《張申府訪談錄》，北京：北京圖書館出版社，2001 年，第 59 頁。

五四運動最大的成功「第一要算『個人』的發現。」[60]李歐梵則把五四時期歸納為一個史無前例的自我與社會、個人與整體的對立時期[61]。五四時期正是一個西方式的「第一人稱」及自傳體敘事大量湧現的時代。一個自我意識強烈、公開叛離傳統社會，具有一個通過敘事來表達的內心世界的主體——進入了中國文學[62]。這很大程度上要歸功於白話文學革命迸發出來的巨大力量。在小說裡，冰心（1900-1999）曾經借一位「憂鬱青年」之口，感慨從前是「沒有真正的人生觀，不知道人生的意義」，而現在「眼前的事事物物，都有了問題，滿了問題。比如說：『為什麼有我？』——『我為什麼活著？』——『為什麼念書？』」從前是「不求甚解，渾渾噩噩的過去」，現在是「要明白人生的意義，要創造我的人生觀，要解決一切的問題」[63]。這一時期，從郁達夫到郭沫若，從《女神》到《嘗試集》，風格各異的白話小說、散文、詩歌以及文學社團的湧現，實踐著周作人（1885-1967）在〈人的文學〉中提出的文學宣言：「我們相信人的一切生活本能，都是美的善的，應得完全滿足。凡有違反人性不自然的習慣制度，都應排斥改正。」[64]新文化運動時期，對於傳統禮教批判最為深刻有力的思想家當數魯迅。1918年，魯迅在《新青年》發表了他的第一篇白話文小說〈狂人日記〉。

[60] 郁達夫：〈中國新文學大系・散文二集（導言）〉，見王自立、陳子善主編：《郁達夫全集》第 6 卷，花城出版社，1983 年，第 261 頁。

[61] 李歐梵：《中國現代文學與現代性十講》，上海：復旦大學出版社，2008 年，第 20 頁。

[62] 劉禾：《跨語際實踐——文學，民族文化與被譯介的現代性（中國，1900-1937）》，北京：三聯書店，2002 年，第 132 頁。

[63] 冰心：〈一個憂鬱的青年〉，見氏著：《冰心全集》第一卷，福州：海峽文藝出版社，1994 年，第 119 頁。

[64] 周作人：〈人的文學〉，見胡適編：《中國新文學大系・建設理論集》，上海：上海文藝出版社，1980 年，第 194 頁。

他假借「狂人」之口，以驚世駭俗的語氣和前衛的思想，極力抨擊家族制度和舊禮教對個人的吞噬。在〈我之節烈觀〉和〈我們現在怎樣做父親〉等作品中，魯迅認為儒家道德鼓吹的「父為子綱」、「夫為妻綱」、表彰「節烈」，是在「製造並賞玩別人的痛苦」。因為所謂「節烈」，於己是一種巨大的痛苦，於人生毫無意義，於社會國家也毫無價值。「我們追悼了過去的人，還要發願：要除去於人生毫無意義的苦痛。要除去製造並賞玩別人苦痛的昏迷和強暴。我們還要發願：要人類都受正當的幸福。」[65]他呼籲「中國的青年都擺脫冷氣，只是向上走，不必聽自暴自棄者流的話。能做事的做事，能發聲的發聲。有一分熱，發一分光，就令螢火一般，也可以在黑暗裡發一點光，不必等候炬火。」[66]

對五四時期知識分子頗有影響的思想家倭鏗（Rudolf Christoph Eucken, 1846-1926）說：「（個人的興起）與一切舊的東西成強烈對比，打破了中世紀的均勢。很容易使人把道德看成無故強加的限制，僵硬的訓令和討厭的束縛；個性越堅強，拋去所有的束縛遵從自己天性就越顯得理直氣壯。因此，非道德的文藝復興的興起，是道德作為世界範圍的權威的崩潰的一個主要原因。」[67]五四時期，關於個人和個人主義的討論達到了高潮。不同流派的思想家和知識分子普遍關注個體、個性等話題。1941 年，「戰國策派」代表人物之一的林同濟（1906-1980）在他的〈廿年來中國思想的轉變〉一文中回憶，個性解放是「五四」新文化運動的「主旨和母

---

[65] 魯迅：〈我之節烈觀〉，見《新青年》第 5 卷第 2 號。
[66] 魯迅：〈隨感錄四十一〉，見《新青年》第 6 卷第 1 號。
[67] 倭鏗：〈道德與藝術——生活的道德觀與審美觀〉，見劉小楓主編：《人類困境中的審美精神——哲人、詩人論美文選》，上海：東方出版中心，1994年，第 175 頁。

題」[68]。毫無疑問，五四的意志自主的個人具有巨大的道德生命力，充滿著強烈的願望和驕傲的自我意識。1917 年，在湖南第一師範讀書的毛澤東，在對泡爾生（Friedrich Paulsen, 1846-1908）《倫理學原理》的一段眉批中寫道：「吾人一生之活動服從自我之活動而已，宇宙間各物之活動，各物服從自我之活動而已。吾從前固主無我論，以為只有宇宙而無我。今知其不然。蓋我即宇宙也。」[69]這是五四時期強調個性發展的生動描述。伴隨著五四時期現代個人衝決傳統的家庭、宗族、國家等倫理綱常的「網羅」，儒家道德的規範倫理被打破了。現代意義上的個人，開始依據意志自主性進行自我設計與道德裁決。個人觀念與自我意識從此與道德構成了緊密的內在關聯。另一方面，隨著世俗化的「功利」逐漸取代了「善」，也瓦解了儒家超越性的德性倫理，現代中國倫理生活的一個重大轉變出現了。

第二節　當「功利」取代「善」：德性倫理的解紐

五四時期的道德觀念中，除了個人主義，對啟蒙知識分子的批判性思考產生重大影響的還有功利主義，當時人也稱之為「樂利主義」。和西方世界走向世俗化的進程相似，功利主義在晚清到民初

---

[68] 許紀霖、李瓊編：《天地之間——林同濟文集》，上海：復旦大學出版社，2004 年，第 27-28 頁。

[69] 毛澤東：〈《倫理學原理》批註〉，見《毛澤東早期文稿》，第 230 頁。

的流行，以一種工具理性的方式完成了對儒家德性的瓦解，同時也滿足了人們日常生活的諸種慾望以及人的尊嚴和價值，使得「個人有權把他的需要作為他的目的」[70]。按照黑格爾的說法，一旦個人的需要得到承認，整個社會就「變得富有生氣、使思維活動、功績和尊嚴的發展變得生動活潑」[71]。

從倫理學上看，功利主義是與傳統儒家所強調的道德義務論（道義論）相對的一種學說。在傳統儒家那裡，義與利的區分奠定了「君子」與「小人」的格局，道義論始終保持著對功利論的優先地位[72]。慾望與權利都只被視為道德領域之外的事物，本身並不具備內在價值。人生的意義仍然需要在「克己復禮」的道德義務實踐中，最終通過天命、天道或者天理，來獲得超越的價值。另一方面，儒家的道德觀也反對通過計算利害、得失、苦樂的方式來評價人生。在儒家道德體系中，一個人之所以要履行忠孝節義等德性，純粹基於人之為人的道德義務，或是出於本心或良知，目的是為了成就「君子之德」。假如人們凡事都計較於功利與一己得失，則必定戕害樸素的人性與高尚的德性。所以，孔子揭示「汝安則為之」的古訓，便是強調德性應當不計較功利，也不向外追求，而是以內心的和諧、充實與崇高感為皈依[73]，注重於個人在履行道德規範時的精神狀態與人格境界。

而功利主義則將儒家道德的超越座標，扭轉成了世俗化的功利指標。人們開始從道德領域之外的經驗世界與客觀事實，來確定自

---

[70] 馬克思：《經濟學手稿》，見《馬克思恩格斯全集》第 46 卷（上），北京：人民出版社，1979 年，第 104 頁。

[71] 黑格爾：《法哲學原理》，北京：商務印書館，1996 年，第 215 頁。

[72] 朱義祿：《儒家理想人格與中國文化》，上海：復旦大學出版社，2006 年，第 42 頁。

[73] 賀麟：《文化與人生》，北京：商務印書館，1988 年，第 206 頁。

身行為的價值依據。「仁義禮智、孝悌忠信」等不能實際地感覺得到的哲人的垂訓，在功利主義者那裡，都只是抽象的道德理想。他們把在實際生活中可以感受到的或者可以得到的東西，比如快感、金錢、名譽、權利等等，當作生活的目的。清末民初，「自邊沁倡最大幸福之說，政治思潮，倏焉丕變」[74]。隨著國家富強背景下功利主義的興起，一方面，知識分子強調個人運用理智與才能，方能建立強大的民族國家，另一方面，在市民社會之中，個人的自然慾望不斷加強、發展和擴充，並且具有了道德價值的正當性。功利主義思潮激活了晚明以來的自然人性論，通過人的自然屬性來重新理解自我，並以此挑戰儒家「善」的德性主張。嚴復說：「論人道務通其全而觀之，不得以一曲論也。……然則人道必避苦而趨樂，必有所樂，始名為善，彰彰名矣，故曰善惡以苦樂之廣狹分也。然宜知一群之中，必彼苦而此樂，抑己苦而後人樂，皆非極盛之世。極盛之世，人量各足，無取捆注。於斯之世，樂即為善，苦即為惡，故曰善惡視苦樂也。」[75]

　　到了五四，道德觀念的世俗化傾向已經十分明顯，知識分子對於功利主義的認同也相當普遍。高一涵在〈樂利主義與人生〉一文中，依據邊沁（Jeremy Bentham, 1748-1832）的學說，清晰地闡釋了功利主義的兩大內涵，一是「人生第一天職，即在求避苦趨樂之方」，二是「俾最大的幸福，得與最大多數人類共用之」[76]。功利主義賦予現代社會「經濟人」的謀利活動以道德正當性，「樂利云云，必以個人為單位。無論犧牲萬姓以奉一人者為非，即犧牲一人以奉萬姓亦非。此方所增之幸福，絕不自他方痛苦中奪來，亦非

---

[74] 高一涵：〈近世三大政治思想之變遷〉，見《新青年》第4卷第1號。

[75] 嚴復：〈《天演論》導言十八〉，見《嚴復集》第五冊，第1241-1242頁。

[76] 高一涵：〈樂利主義與人生〉，見《新青年》第2卷第1號。

自他方幸福中減出」[77]。另一方面，它又激盪起「去苦就樂」和「為我」的慾望主張，衝擊傳統道德和家庭義務的倫理堤壩。最終，世俗的幸福和快樂，逐步瓦解了傳統社會超越的德性「善」，導致了五四時期道德觀的重大轉變。

在《新青年》創刊號的發刊詞〈敬告青年〉中，陳獨秀提出了對人生問題的功利主義見解，並表示了對約翰·穆勒的「實利主義」和孔德（Auguste Comte, 1798-1857）的「實證哲學」的推崇。陳獨秀是五四時期功利主義的熱烈倡導者。在他看來，東西方的一個重要差別，就是前者注重不切實際的形式，而後者注重現實效用。陳獨秀注意到，西方社會科學和物質文明的勃興，社會制度與人心秩序的再造，其軸心就在於「厚生利用之一途」[78]，「舉一切倫理、道德、政治、法律，社會之所嚮往，國家之祈求，擁護個人之自由權利與幸福而已」[79]。在另一篇涉及中國教育的文章裡，他甚至認為，古代道德理想的黃金時代已經沒有價值，今天應當回到現實世界，袪除形而上的理論與迷信，通過科學的方法來解釋人生：「見之倫理道德者，為樂利主義，見之政治者，為最大多數幸福主義」[80]。

顯然，為了挑戰儒家倫理，五四的功利主義侵蝕了儒家道德的精神性基礎，對於「自食色以至道德的名譽」的個人慾望也予以公開承認。時任中國科學社社長的任鴻雋，在發表於《科學》上的一篇文章裡說：「兄弟不相信儒家的話說，什麼『正其誼不謀其利，明其道不計其功』。兄弟以為現今的社會上應該有個『利』字的位

---

[77] 高一涵：〈近世三大政治思想之變遷〉，見《新青年》第 4 卷第 1 號。
[78] 陳獨秀：〈敬告青年〉，見《青年雜誌》創刊號。
[79] 陳獨秀：〈東西民族根本思想之差異〉，見《青年雜誌》第 1 卷第 4 號。
[80] 陳獨秀：〈今日之教育方針〉，見《新青年》第 1 卷第 2 號。

置。但是兄弟所說的利字，是從天然界爭來，把無用的物質變成有用，無價值的東西變成有價值。」[81]吳稚暉也特別指出「物質文明」對於個人幸福的重要，倡言人類幸福離不開物質文明，物質文明與人類幸福相驅而並進。他說：「吾絕非崇拜物質文明之一人。惟認物質文明，為精神文明所由寄之而發揮」，「精神完固之我，而不認為有一種高尚之幸福。但此種幸福，皆在物質具備，充養吾之精神，已使演進有餘」。陳獨秀讀畢此文，興奮地稱吳稚暉為「國民之模範，吾輩之師資」，又說「全文無一語非金石，我中國人頭腦中得未曾有」[82]，頗有同聲相應同氣相求之感。

如果說，儒家道德中的「天不變，道亦不變」，意味著在世俗生活之上還有超越的價值來源，那麼，在陳獨秀看來，如今人的一切苦樂善惡，已經為物質界自然法則所支配。所以，個人生存的根本理由，就是「執行意志，滿足慾望」。他把這一主張稱為五四時期的「天不變，道亦不變」。因此，為了使中國人恢復活力，陳獨秀將「實利的而非虛文的」一語，作為〈敬告青年〉中六大啟蒙主張之一。他號召青年「生活神聖」、「崇實際而薄虛玄」[83]，將個人的自由、幸福歸為社會和國家的終極目的，以個人利益為國家利益、社會利益之本。

陳獨秀所強調的功利主義肯定感性慾望存在的合理性，對於五四時期的個人主義的形成影響巨大。正如高一涵所談到的：「人類

---

[81] 任鴻雋：〈科學與實業之關係〉，見《科學》第 5 卷第 6 期。轉引自樊洪業、張久春選編：《任鴻雋文存──科學救國之夢》，上海：上海科技教育出版社、上海科學技術出版社，2002 年，第 223 頁。

[82] 吳稚暉：〈青年與工具〉，見《新青年》第 2 卷第 2 號。陳獨秀評語見文末編者附識。

[83] 陳獨秀〈敬告青年〉，見《青年雜誌》創刊號。

自含生受性而有感覺，因感覺而辨苦樂，因苦樂而爭趨避。」[84]《新青年》的另一位重要作者胡適，也極力肯定了人的自然慾望的合理性。深受杜威（John Dewey,1859-1952）實用主義的影響，胡適依據實用主義的功利原則，批判傳統倫理規範和思想傳統，力求將功利主義奠定為現代個人的基本道德品格。胡適說，理學家以「天理」排斥「人慾」，把一切人慾都視為反乎天理。他們所提倡的「得乎天理之極而無一毫人慾之私」，是對人的慾望和情感合理性的壓制。實際上，社會上所謂「道德」，不過是許多陳腐的舊習慣。「合於社會習慣的，便是道德；不合於社會習慣的，便是不道德」。然而，如果社會習慣本身是荒謬虛偽的，那麼依據這樣的習慣，必然在社會上造成「詐偽不自然的偽君子」[85]。所以，胡適指出，人們道德行為的合理性，需要通過道德行為的結果來判斷。因此，在對於儒家的義利之辨上，胡適將功利主義原則與實用主義思想相結合，從時代發展和價值轉換的立場，批判傳統儒家的道德規範，認為它不適合現代國體與生活，因此失去了繼續存在的意義與價值：「『三綱五倫』的話，古人認為是真理，因為這種話在古時宗法的社會很有點用處。但是現在時勢變了，國體變了，『三綱』便少了君臣一綱，『五倫』便少了君臣一倫。還有『父為子綱』『夫為妻綱』兩條，也不能成立。古時的『天經地義』現在變成廢語了。」[86]

陳獨秀、高一涵、吳稚暉、胡適等人對於功利主義的看法，在五四時期啓蒙思想家那裡具有極大的代表性。在五四時期道德觀的論述中，功利主義的表現之一，就是常常與個人主義互為表裡，融

---

[84] 高一涵：〈樂利主義與人生〉，見《新青年》第 2 卷第 1 號。
[85] 胡適：〈易卜生主義〉，見《新青年》第 4 卷第 6 號。
[86] 胡適：〈實驗主義〉，見《胡適文存》第一卷，合肥：黃山書社，1996 年，第 225-226 頁。

合為一種合理的利己主義，以對抗傳統道德觀念之中抑制個人意志與漠視個人權利的趨向。五四時期的北京高等師範學校學生常乃惠（1898-1947），在聽完陳獨秀的講演後，曾撰文指出：「至於道德學說之比較，蒙則最服膺個人自利主義。以為人生之目的無他，唯有自利而已。合乎此者謂之道德，悖乎此者謂之不道德，可一言而決也。」[87]高一涵在〈共和國家與青年之自覺〉、〈樂利主義與人生〉等文章中，也力倡功利主義與合理利己主義的價值觀。高一涵將文明的準則歸結到「知求所以善其生」之上。他說，「求生者，惟避苦之是務；求所以善其生者，惟趨樂之是求」。他援引功利主義思想家邊沁的理論，強調凡是善的，都是快樂的；而凡是惡的，都是痛苦的。反過來說，「天之生人也，俾屈處於苦樂二境之下。思維肇於是，判斷因於是，生活定於是，離去苦樂問題，則衷無所感，莫知所云。」

所以，高一涵說，「樂利」二字，正是需要集合所有苦樂來一一計算，「宇宙欲得其治平，惟有集匯萬殊之苦樂，比例平衡，求得脫苦享榮之極度，立為準則，制為法律，俾最大幸福，得與最大多數人類共用之，是即樂利主義之旨歸也。」[88]他指出，個人主義是現代市場社會的價值觀念，立基於交易活動的市場經濟，以利己心和公共心為兩大支柱。「總之今者既入於社會生計時代，社會利益，乃根基於小己利益之上，積合而成者。欲謀社會之公益，必先使一己之私益，著著落實。」[89]

同時代的李石岑在談到人生哲學時也指出，人生觀的標準就在於人的「利害關係」。他認為，日常生活上所認定的善惡真偽乃至

---

[87] 常乃惠：〈紀陳獨秀君演說辭〉，見《新青年》第 3 卷第 3 號。
[88] 高一涵：〈樂利主義與人生〉，見《新青年》第 2 卷第 1 號。
[89] 高一涵：〈共和國家與青年之自覺〉，見《青年雜誌》第 1 卷第 2 號。

科學上的法則，都由我們的「利害關係」而定，「那我們人便做了萬事萬物的主人，萬事萬物都做了我們人的方便。這樣的人生是何等光輝篤實！」人生在世的意義，不再需要到超越價值來探尋，只需要不斷的索取和自我滿足。因此，在李石岑看來，人生在世，「第一個要義是要求，第二個要義是要求的滿足」。他相信，科學上的真理、宗教上的真理乃至一切事物的真理，無不是始於要求而終於滿足的。因此，「滿足不已，則要求不已；人類的價值，就在這寸寸節節的要求」[90]。

功利主義對於五四道德觀的影響，也改變了知識分子對於人性的基本預設。儒家道德體系強調的是人的性善論。「孟子道性善，言必稱堯舜」（〈孟子・滕文公上〉），人人皆有善根，可以成為德性高尚的君子。然而，晚清以來功利主義思潮的興起，與西方邊沁、穆勒的功利主義思想的輸入，對於生命的自我保全、對於個人慾望的滿足、對於現世幸福與快樂的追求，為知識分子理解人性的幽暗提供了一片鑰匙。楊朱「損一毫利天下不與也，悉天下奉一身不取也」的人生觀，荀子「性惡論」的思想主張，開始與功利主義思想打成一片，並得到啓蒙思想家的認同與接受。

《新青年》的另一作者李亦民，將「求生」歸為人生唯一目的，從而力倡「為我」和「快樂」。在〈人生唯一之目的〉一文裡，他強調：「人類之最終目的，快樂而已。快樂非它，即滿足感性之謂也。」所以，「何者為幸福，為快樂，當就之；何者為痛苦，當避之；何者足以致我痛苦，當除之」，人生的一切意義都以感性慾望為旨歸。值得注意的是，李亦民在文章中以功利主義的主張抨擊孟子，認為孟子對楊朱的指責大謬不然。在李亦民看來，楊朱「為我」

---

[90] 李石岑：《李石岑講演集》，2004 年，第 44 頁。

的理論真誠坦率。因為人之為人，如果不允許有任何「為我」的慾望存於胸中，純粹要求個人為外物犧牲，只會導致對人性的粗暴踐踏與片面理解，也只會在社會上產生日益加劇的虛偽習氣。實際上，「自我欲求，所以資其生也。設無欲求，則一切活動，立時滅絕，豈復有生存之必要」。在這一點上看，楊朱的觀點較之儒家的看法，更顯得「差近於性分之真，不作偽以欺天下。」

　　實際上，從晚清開始，在維新思想家對個人權利的反思之時，楊朱之學就有復興的趨勢。1901 年，梁啟超在撰寫〈十種德性相反相成義〉時，特別強調：「人無利己之思想者，則必放棄其權利，弛擲其責任，而終至於無以自立。」梁啟超說：「昔楊朱以為我立教，曰：『人人不拔一毫，人人不利天下，天下治矣。』吾甚疑其言，甚惡其言，及觀英、德諸國哲學大家之書，其所標名義與楊朱吻合者，不一而足，而其理論之完備，實有足以助人群之發達，進國民之文明者。」[91]楊朱那種物慾式的個人主義與儒家的道德觀念顯然是衝突的，並不具有道德上的正當性。但從晚清到五四的道德轉型中，從梁啟超到李亦民，都注意到楊朱之學中蘊含的促成個人權利的思想因素。因此，李亦民發出如下的感歎也就不足為奇了：「為我二字，既為天經地義，無可為諱。則轉眼於外界，接觸於我之身心者，但有快樂痛苦兩境。商量審擇之間，去苦而就樂，亦乃人性之自然，天賦之權利。」[92]張申府也用白話散文詩的形式，抨擊傳統社會「兩人之間無自由」，只是「有仁；有恕；有諧和；有己所不欲，勿施於人」。他相信，自由的要義在於獨立，

---

[91]　梁啟超：〈十種德性相反相成義〉，見《辛亥革命前十年時論選集》第一卷上冊，第 13 頁。

[92]　李亦民：〈人生唯一之目的〉，見《新青年》第 2 卷第 1 號。

在於個人利益的彼此不相侵犯。「如何得個人主義？得個人主義在知有人，亦不知有人。知有人，不以己害人。不知有人，不以人礙己。」[93]

在回應一位讀者對功利主義的詰難時，《甲寅雜誌》主編章士釗拆解了儒家學說，將一度旁落的荀學視為儒學正宗。其實，從思想的發展脈絡來看，荀子的學說在晚明曾經得到強調自然人性論的思想家的青睞。李卓吾等人特別強調了荀子（前313－前238）思想中對人的自然屬性的認同。在章士釗這裡，他也特別將荀子在《正論》篇中的說法，作為功利主義正當性的依據。章士釗指出，傳統儒家的道德正是由於違背人性，所以人們正當的功利心無所寄託，醜惡的事情才層出不窮。章士釗引用荀子的話：「目不欲綦色，耳不欲綦聲，口不欲綦味，鼻不欲綦臭，形不欲綦佚，此五綦者，亦以人之情為不欲乎？曰人之情欲是已。」與孟子將「仁義禮智」歸納為人性的「善端」不同，荀子試圖證明，人生來就有貪圖利益和感官享受的慾望（「惡端」）。所以，荀子才主張應正視人的這些「惡端」，肯定每個人合理的利己心：「以人之情為欲此五綦者而不欲多，譬之，是猶以人之情味欲富貴而不欲貨也。」

那麼，人如何在道德上達到善呢？或者說，既然人生來就有「惡端」，善從何而來呢？荀子認為，人的生存離不開社會組織，所以就應當通過強化社會組織的共同行為準則，規範人與人之間的關係。章士釗對荀子這一說法非常讚賞，他把荀子的主張引申為在現代社會建立「淬勵人才之法制」。他對這位讀者說，荀子的看法同樣屬於儒家的觀點，卻與功利主義的主張非常接近。而對方所秉持

---

[93] 張申府：《我思》，北京：三聯書店，1986年，第11頁。

的傳統儒家的看法，則應當鄙棄。他說：「為立國計，愚深信荀卿，以為『至治』之道，實不外是。」

基於幸福等於慾望上的「歡娛」與「娛樂」，章士釗引用邊沁和穆勒的功利主義之說，指出「凡行為之足以增進幸福者舉曰善，與此背馳者舉曰惡」。所以，在章士釗看來，凡是能讓人感到快樂，而不是讓人感到痛苦的，都是功利主義所許可的。「欲富貴，人之同情也。此惟叩其情之用法若何，而決不責其情之不當有」[94]。所以，章士釗將「提振人民體質上之歡娛」，作為現代國家的「唯一職志」。而幸福的意義，就在於「各種階級，皆於法律範圍之內，享有相當之娛樂。」

不過，五四的功利主義的道德觀，雖然立足於個人合理的利己主義，強調個人的利益與慾望，但是，其終極目的是社會與人類這一「大群」，仍需要在之前引述的高一涵「最大多數人的最大幸福」的終極目標那裡確認其價值正當性。這也正是李石岑在談到自己生活態度時所說的：「所謂功利，大抵是就最大多數說，無論為一小團體或一大團體，現在或未來，都包括最大多數而言。」[95]

青年毛澤東在評點《倫理學原理》一書時，對於泡爾生論霍布斯的功利主義頗有會心。作為現代自然權利哲學家，霍布斯改變了從義務論的角度看待道德的傳統主張，強調「自我保全的欲求」才是一切正義和道德的根源。按照霍布斯的理論，公民的社會職能和界限就是以人的自然權利而不是其自然義務來界定的。而如前所述，傳統的道德體系強調的恰恰是人的義務，即使涉及人的權利，也是將權利看成由道德義務派生而出的產物。因此，霍布斯的功利

---

[94] 章士釗：〈功利——答朱存粹君〉，見《甲寅雜誌》第 1 卷第 5 號。
[95] 李石岑：《李石岑講演錄》，第 2 頁。

主義對於傳統道德體系具有強大的顛覆力量。1901 年，梁啟超在〈霍布士（斯）案〉中對霍布斯的功利主義說推崇備至：「霍氏因論人生之職分，以為當因勢利導，各求其利益之最大者，以就樂而避苦，此天理自然之法律，亦道德之極致也。」[96]其趨樂避苦的功利主張影響了晚清到五四的思想界。但是，泡爾生卻批評霍布斯所謂的「以自存為鵠的」的功利主義，「但知一身之利害，而不知有他人之利害」。這令毛澤東在主張個性張揚之外又頗有感觸。他雖然極力肯定「人有我性，我固萬物萬念之中心也，故人恒以利我為主」，並且相信「以我立說，乃有起點，有本位」，但他也特別強調，人們應放大眼光，看到宇宙與人類是一個「大我」，「由利己而放開之至於利人類之大己，利生類之大己，利宇宙之大己，係由小真而大真，人類智力進步可得達到也。」[97]在 1919 年 7 月 28 日的〈民眾的大聯合〉一文中，毛澤東更強調：「有大群，有小群，有大社會，有小社會，有大聯合，有小聯合，是一樣東西換卻名稱。所以要有群，要有社會，要有聯合，是因為想要求到我們的共同利益。」[98]

邊沁與約翰·穆勒二人，雖然在關於快樂和幸福的品質上，存在判斷標準的不同，但兩人均把將公眾之善與個人利益並重，以「最大多數人的最大幸福」來評判正當與善。這使得功利主義與進化史觀及儒家思想中的群己觀念相結合，對於五四道德觀念的建構產生了極大影響。因為，這個「最大多數人」不僅意味著人世間最大的「空間群體」（社會、世界、人類），也同樣昭示著一個通向美好明

---

[96] 梁啟超：〈霍布士案〉，見《梁啟超全集》第 1 冊，第 498-499 頁。
[97] 毛澤東：《《倫理學原理》批註》，見《毛澤東早期文稿》，第 143 頁。
[98] 毛澤東：〈民眾的大聯合（二）〉，見《毛澤東早期文稿》，第 373 頁。

天的大同社會。為了徹底解放個人，五四時期的知識分子將個人與理想的美好社會直接溝通，將兩者之間的家庭、團體、宗族、國家，都視為需要破壞的對象。在〈我〉一文中，易白沙談到「我與國家及世界之關係」時說：「以先後論，我為先，世界次之，國家為後。以輕重言，世界為重，國家次之，我為輕。」這正是因為世界是「我之我」與「他人之我」的最終歸宿，所以，「有犧牲小我之精神，斯有造化世界大我之氣力；有我溺我饑之心，斯有惟我獨尊之概」[99]。在易白沙這裡，個人之利益之上仍有世界之利益。

　　高一涵是五四時期倡導功利主義的理論功臣。他在細讀穆勒的《論自由》時，注意到穆勒溝通了邊沁和老穆勒的狹隘的樂利主義，形成了一種折衷主義。「彌爾以前之樂利主義，多為個人的性質；一入彌爾之手，則由個人的性質，而變成社會的性質。」所以，「彌爾一生心力，不盡是用在個人主義之上，乃是將個人主義，引入社會之中，使得以遞嬗遞變，循序漸進」[100]。陶履恭（1887-1960）也意識到，道德的行為「必據一己之知識心得，以為裁奪，然後行之。而又絕不能以一己之利害為前提者也」。他說，人生在世，「絕不能止於修養一己，必且更進於修養己以外之人；不特止於己所不欲、勿施於人，必更進至施己之所欲於以外之人。」[101]

　　李亦民在〈人生唯一之目的〉也談到，「以個人主義為前提，以社會主義為利益個人之手段，必明群己之關係，然後可言『合群』必明公私之關係，然後可言『公益』也。」而邊沁與穆勒強調「追求自身之快樂，不可不兼顧社會公眾之快樂」的功利主義，恰恰與

[99]　易白沙：〈我〉，見《青年雜誌》第 1 卷第 5 號。
[100] 高一涵：〈讀彌爾《自由論》〉，見《新青年》，第 4 卷第 3 號。
[101] 陶履恭：〈新青年之新道德〉，見《新青年》，第 4 卷第 2 號。

斯賓塞等人社會有機體之說之間具有極強的親緣關係。如果說社會是一個有機體，個人就是有機體之中的細胞。「細胞欲自求健全，不可不圖有機體全身之健全。故個人慾增進生活，尋覓快樂，不可不增進社會全體之活動」。陳獨秀的〈人生真義〉對此表述更加明確：「社會是個人集成的，除去個人，便沒有社會」，另一方面，「社會是個人的總壽命，社會解散，個人死後便沒有連續的記憶和知覺」。他還以幸福主義詮釋人生意義，主張人生目的在於「個人生存的時候，當努力造成幸福，享受幸福；並且留在社會上，後來的個人也能夠享受」[102]。

可見，五四的知識分子從功利主義立場，肯定了個人追求幸福和利益的合理性，但個人的幸福卻並不具有終極的意義，最終還是要放到社會、世界、人類這樣更大的框架下確證其價值。這就是王星拱（1887-1949）所講的：「『我』是實在的。我雖不是為社會而生存，然而我必定憑藉社會而生存，所以我和社會是分不開的。社會就是許多的我的集合而成，所以我應該替社會謀利益；為社會謀利益，就是為我謀利益。」[103]每個人創造的福利，不僅由個人享受，同樣也由累積而成的社會享受；不僅此世享受，未來的人類社會也將從中獲得利益。五四時期功利主義內在的豐富含義以及它對於道德重塑的意義，在本書之後的篇章中將得到更深入的闡釋。

五四時期的功利主義，在改變了傳統儒家德性倫理的同時，也建立了一套新的人生觀。如前所述，傳統儒家的人生觀是德性論，人生的意義在於成就「仁人君子」。而到了五四時期，當儒家的德性倫理衰微之後，如何過一種有價值的生活，需要轉向世俗的功利

---

[102] 陳獨秀：〈人生真義〉，見《新青年》第4卷第2號。
[103] 王星拱：〈奮鬥主義之一個解釋〉，見《新青年》第7卷第5號。

與快樂,才能尋找到答案。這是五四時期德性之善的重大轉變,其基本體現就是戴季陶(1891-1949)所講的「自己保存欲」和「自己發展欲」[104]取代了超越的德性價值。這使得五四的道德世界呈現出與傳統道德本質上的差別。隨著「仁」的道德觀的衰退,現代個人不再把自己看成在一個神聖的宇宙秩序中純粹道德義務承擔者,而是將基於世俗慾望的「趨利避害」的功利原則,作為日常生活的道德出發點與歸宿。作為現代文明最有影響力的觀念之一,以世俗化形式出現的功利主義,改變了人們對於人類生命的完整性及高貴性的自我理解,也讓五四時期的中國進入了一個更加徹底的世俗時代。

第三節　呼喚「穆姑娘」：迷亂之現代人心

如同第一章對儒家道德所描述的那樣,古典形式的道德觀,與一種目的論的宇宙觀聯繫在一起。它通過人的完善,來看待道德事務和政治事務。在傳統的儒家那裡,「善」與「祖傳美德」是等同的。按照梁漱溟的分析,對於倫理本位的中國社會而言,儒學具有「以道德代宗教」和「以倫理組織社會」的泛文化整合功能[105]。然而,從晚清到五四,隨著超越世界的逐步解體,中國進入了一個世

---

[104] 戴季陶:〈悲哀寂寞的享樂者〉,見《星期評論》第 18 號,1919 年 10 月 5 日。轉引自唐文權、桑兵編:《戴季陶集》,武漢:華中師範大學出版社,1990 年,第 1031 頁。

[105] 梁漱溟:《中國文化要義》,第 95 頁。

俗化的時代。受到功利主義和個性主義思潮更深的影響,「五四」時期的道德價值觀念,較晚清發生了更本質的轉變。

　　一方面,五四是一個「個性」至上、「個人」崛起的時代,「自我」成了道德世界的重心和源泉。強調意志自主的個人主義思想得到長足發展。每個人都有權利依據個性,對自己的人生「自作主宰」。另一方面,現世的「快樂」與「功利」,開始取代傳統儒家倫理中超越的「善」,成為五四時期道德價值觀中的「新德性」和新人生觀。從此,傳統儒家道德觀的德性倫理逐漸解紐。人生的意義與價值,擺脫了形而上的、超越的德性規約,轉由可以多元選擇、屬於個人的世俗幸福和快樂取而代之。較之晚清的公理世界觀,道德的超越性內涵大為淡化。所以,王國維感歎說:「哲學上之說,大都可愛者不可信,可信者不可愛」,「求其可信者,則寧在知識論上之實證論,倫理學上之快樂論,與美學上之經驗論」。無疑,在世俗時代暢行無阻的實證主義、快樂主義(功利主義)以及經驗主義,都屬於因果關係主宰的工具理性範疇,不再具有形而上的超越價值和迷人魅力。這和傳統社會崇尚的「偉大的形而上學,高嚴之倫理學,與純粹之美學」格格不入。所以,身處轉型時代,王國維深感「知其可信而不能愛,覺其可愛而不能信,此近二三年中最大之煩悶」[106]。

　　「五四」時期的道德狀況,也在一定程度上印證了余英時的判斷:從戊戌變法到五四,「只有四分之一世紀的時間,但五四時期已沒有人講『仁』了」[107]。這樣的結果,反證了五四啓蒙知識分子有意識、有系統地「重新估定一切價值」的成功。「五四」時期是

---

[106] 王國維:〈海寧王靜安先生遺書・自序〉,轉引自楊光編:《最後的名士──近代名人自傳》,第62頁。
[107] 余英時:〈中國近代個人觀的改變〉,見《中國思想傳統及其現代變遷》,第25頁。

道德價值觀轉變的關鍵時期。知識分子延續並深化了戊戌以來的道德革命。在這場顛覆儒家德性倫理的革命中，支配中國社會兩千年多年的儒家倫理，逐漸陷入瓦解的境地。

　　然而，社會的急遽轉型和道德觀念分化，必然帶來價值認知的分歧和思想的紊亂。在五四運動當年，魯迅曾形象地描述當時古今中外彼此交織的時代特徵：「中國社會上的狀態，簡直是將幾十世紀縮在一起：自油松片以至電燈，自獨輪車以至飛機，自鏢槍以至機關炮，自不許『妄談法理』以至護法，自『食肉寢皮』的吃人思想以至人道主義，自迎屍拜蛇以至以美育代宗教，都摩肩挨背的存在。……四面八方幾乎都是二三重以至多重的事物，每重又各各自相矛盾。一切人便都在這矛盾中間，互相抱怨著過活。」[108]1921年，隱居山中的周作人在寫給孫伏園（1894-1966）的信中也說：「我近來的思想動搖與混亂，可謂已至其極了，托爾斯泰的無我愛與尼采的超人，共同生活主義與善種學，耶佛孔老的教訓與科學的例證，我都一樣喜歡尊重，卻又不能調和統一起來，造成一條可以實行的大路。」這種精神世界的新舊雜糅與中西交織，讓周作人感歎道：「我只將這各種思想，凌亂地堆在頭裡，真是鄉間的雜貨一料店了。——或者世間本來沒有思想上的國道，也未可知。」[109]

　　1918 年，在發表於《新青年》上的一篇〈非「君師主義」〉的文章中，高一涵注意到，共和中國似乎與西方世俗化進程走著同樣的路，那就是通過個人德性和社會規範的分離，來解決社會多元價值困境。所以，他特別強調在共和國家裡，「國家與道德，元

---

[108] 魯迅：〈熱風·隨感錄五十四〉，見《魯迅全集》第一卷，第 344-345 頁。
[109] 周作人：〈山中雜信〉，見《自己的園地·雨天的書》，北京：人民文學出版社，1988 年，第 190 頁。

首與道德，法律與道德，久已互相分開了」[110]。他說，「政治的道德」只是愛國與愛平等，而「倫理的道德」屬於人類內部的品德，屬於感情與良知的範疇。國家的權力，只能支配人類外部的行為，卻不能干涉人類的思想、感情與信仰。事實上，這一情境與西方啓蒙運動導致的道德問題大體相似。麥金太爾（Alasdair Chalmers MacIntyre）曾說：「一方面，擺脫了等級制度和目的論的各個道德行為者，把自身構想為個人道德的權威統治者……另一方面，必須為已部分改變了的道德規則找出某些新的地位。」[111]麥氏認為，由此產生了一種必須證明道德正確性的壓力：要麼發明某種新的目的論，要麼為之找到某種新的絕對地位。

可是，隨著儒家德性倫理的解紐，一個道德權威危機的時代也隨之來臨。無論功利主義還是個人主義，都無法取代中國傳統的宇宙天命觀，也無法成為道德價值和心靈秩序的超越之源。因此，文化的失範和道德的混亂與失意成為歷史的必然。李璜那時感慨說：「自『五四』以來，這十二三年間，我們真是受不了！十五六世紀的文藝復興所有『人性』的要求，十七八世紀啓明運動所有『個性』的要求，及十九世紀『國性』要求，三樣東西一齊來，怎不令青年朋友要發狂了呢！」[112]李璜所說的尊重「人性」與張揚「個性」的時代要求，恰好是五四時期道德觀中功利主義與個人主義的現實體現。但是，在一個喪失了道德權威性的時代，在一個道德從公共領域撤退到私人生活的時代，功利主義和個人主義中避苦趨樂、滿足

---

[110] 高一涵：〈非「君師主義」〉，《新青年》第 5 卷第 6 號。

[111] 麥金太爾：《德性之後》，北京：中國社會科學出版社，1995 年，第 80 頁。

[112] 李璜：〈李璜致胡適〉，見耿雲志編：《胡適遺稿及秘藏書信》第 31 冊，合肥：黃山書社，1994 年，第 100 頁。轉引自羅志田：〈士變——二十世紀上半葉中國讀書人的革命情懷〉，見《新史學》十八卷四期，2007 年 12 月。

慾望的人性衝動，在物質主義的誘惑面前必然無法自抑，真的要讓人「發狂」了。

　　一個以倫理代宗教、強調道德價值「內在超越」的社會，為什麼會在 19、20 世紀之交道德崩盤、人心敗壞？《新青年》的作者之一高硎石注意到，這和以「生存競爭」為核心的「天演公理」在社會上的加速擴張密切相關。如前所述，晚清以來，進化論所包含的自信、樂觀和向上的希望，對於任何一個具有歷史感和使命感的人來說，都是至關重要的。從它傳入中國的那一天起，清末的知識分子就被這一理論所激勵、鼓舞。無論是康有為、梁啟超還是嚴復、譚嗣同，他們從中發現了一種新的歷史觀，而這正是他們急於擺脫民族國家生存困境所採取的一切社會行動的價值依據。梁啟超興奮地說：「自達爾文出，然後知地球人類，乃至一切事物，皆循進化之公理，日赴於文明。前人以為天賦人權，人生而皆有自然應得之權利。及達爾文出，然後知物競天擇，優勝劣敗，非圖自強，則絕不足以自立。此義一明，於是人人不敢不自勉強者為優者，然後可以立於此物競天擇之界。無論為一人為一國家，皆向此鵠以進。」[113]

　　然而，當傳統道德蘊含的「禮的秩序」，被進化論所包含的去價值、去精神的「力的秩序」所取代，生存競爭就不可避免地演變為國與國、人與人之間關係的常態[114]。而且，生存競爭所必需的自私性，與道德律格格不入。赫胥黎很早就意識到，宇宙的秩序與道德的秩序常常處於永恆衝突之中。而善良或美德，與使人在生存中獲得成功的特性，是截然相反的。衝突、爭奪必然成為社會的主

---

[113] 梁啟超：〈論學術之勢力左右世界〉，見《梁啟超全集》第一冊，第 557 頁。
[114] 許紀霖：〈競爭觀念與力的秩序──社會達爾文主義在中國〉，《史學月刊》，2010 年第 2 期。

流，宇宙間的目的、人生的價值與理想，都變得不再重要了。一切如同約瑟夫・伍德・克魯奇（Joseph Wood Krutch 1893-1931）於1929 年出版的《現代趨向》一書所描述的那樣：「人類將不得不要麼通過去適應現實世界而放棄我們所謂的人性，要麼就必須在這個與其本性最需要的東西相悖的宇宙中過某種悲慘的生活。」[115]事實也確實如此。進入 20 世紀以來，科學昌明，物質豐富，但是人的慾望也日益膨脹，「日用其爭，日用其競」。特別是進入民國之後，隨著傳統政治秩序的瓦解和心靈秩序的崩潰，物慾的功利主義與極端個人主義憑藉著民初的政治亂局甚囂塵上。一度為建構強大民族國家提供理論支持的進化理論，在一個德性沉淪、規範失序的世俗時代裡，竟然異化為兩個赤裸裸的內容：「勝人」的力和「利己」的欲。對此，高硒石痛心疾首地說：

> 「舉凡足以勝人者，詐虞相尚，殘酷不顧；舉凡足以利己者，蠅營狗苟，廉恥不恤。昔日目為罪惡者，今殆視為當然。無形之制裁亡，密法嚴刑，不足濟其窮。舊道德既因是而廢，新道德亦因是而不立。舉國機關，幾盡為罪惡之藪；舉國上下，幾近為罪惡之人。個人之處境以危，社會之秩序以亂。……蓋生存競爭者，自然之趨勢，非人力足以挽回。道德者，根基於罪惡。消極固然，積極亦然。生存關係既異，罪惡觀念以殊。」[116]

「昔日目為罪惡者，今殆視為當然」，這顯然不是民初啟蒙思想家所期待的結果。1919 年在美國哈佛大學讀書時，吳宓就發現，

---

[115] 轉引自大衛・格里芬編：《後現代科學──科學魅力的再現》，北京：中央編譯出版社，1995 年 8 月，第 8 頁。

[116] 高硒石：〈生存競爭與道德〉，見《新青年》第 3 卷第 3 號。

東西方社會轉型期裡，道德流離失所的狀態居然驚人的相似。西洋中古的時候與傳統中國一樣，宗教與道德禮法足以維繫人心。然而，隨著崇尚物質享樂和肉體慾望的功利主義的興盛，當前在中國最風行的就是「快樂」二字。「解放」、「自由」等等美好的言辭，都打著「快樂」的招牌，在中國暢行無阻。「昔日之淡泊修養之功夫，不可復見。眾惟求當前之快樂，縱慾而不計道理。」最令吳宓覺得憤激而不可思議的是，今日中國對於歐美的「惡俗缺點，吸收尤速」。他舉流行小說為例說：「讀英文十八世紀之小說，則殊類《兒女英雄傳》《儒林外史》等。近三十年，Zola（按，即左拉）之流派盛行，無非工女被汙、病院生產等事；而吾國亦有《黑幕》《女學生》等書迭出。感召之靈，固如是哉！」[117]

吳宓對於中國道德觀念的抨擊，顯然深受同在哈佛大學留學的好友陳寅恪的影響。這位歷史學家批評當前中國的知識分子「專趨實用者，則乏遠慮，利己營私，而難以團結，謀長久之公益」。陳寅恪將批評的矛頭同樣指向缺乏約束的功利主義：「今人誤謂中國過重虛理，專謀以功利機械之事輸入，而不圖精神之救藥，勢必至人慾橫流、道義淪喪，即求其輸誠愛國，且不能得。」[118]

在一個功利主義嚴重扭曲的時代裡，崇尚自我的個人主義也必然異化。這讓《新青年》的作者之一郭仁林看到一個「險惡益屬」的「滑頭世界」：「我聞人言，居位今人，其入世第一方法，惟在要於練滑頭，以今日世界，已完全成為一個滑頭世界。」[119]一位署名「淮山逸民」的作者給《新青年》寫信，描繪自己所在的學校，「學

---

[117] 吳宓：《吳宓日記》第二冊，北京：三聯書店，1998 年，第 25-27 頁。
[118] 同上，第 101 頁。
[119] 郭仁林：〈告青年〉，《新青年》第 5 卷第 1 號。

生百人中，好冶遊與好觀劇、好鬥雀牌者，亦皆各占其四分之一（此指中學以上之學生，正青年有志之時也）。所餘四分之一，僅廿五人，謂其能勤修血液，終日不怠者，猶恐未必。」這位學生憂心忡忡地說：「以吾學生界，尚且如是。以此類推，其他各界，亦必如是。嗚呼！如此現象，豈可以已乎？吾中國民族果自今而墮落乎？有心人當痛心疾首者也。」[120]當時還在北京的吳宓顯然是當中「痛心疾首」的有心人之一。他也注意到，由於缺乏德性的引領與規範，「國愈文明，其普通人愈頑昧無情」。他在當年的日記裡寫道：「今世人罪惡多不勝道，而最大者即欺侮正直有德之人，而行卑鄙利己之事，且從而為之說曰：彼人無用，故受欺也。宜我自有用，故能作惡也。」面對這種只論結果、不講手段的極端功利主義主張，吳宓的感觸是敏銳的。他洞察到了一個人倫大義的價值逐漸失序時代的來臨：「嗚呼，使『禍善福惡』果成定律，則孰復為善？使優勝劣敗，果以不道德之才力為標準，則如余之為善者，又何樂生此世也？」[121]其實，即便是與陳寅恪、吳宓等人在文學實踐和道德觀念上針鋒相對的陳獨秀，也不能不注意到民初儒家德性瓦解後帶來的後果：

> 「現代青年的誤解，也和醉人一般。你說要鼓吹主義，他就迷信主義底名詞萬能。你說要注意問題，他就想出許多不成問題的問題來討論。你說要改造思想，他就說今後當注重哲學不要科學了。你說不可埋頭讀書把社會共問題漠視了，他就終日奔走運動把學問拋在九霄雲外。你說婚姻要自由，他

---

[120] 淮山逸民：〈論破壞「大家族」和「舊道德」〉，見《新青年》第 3 卷第 1 號。
[121] 吳宓：《吳宓日記》第一冊，第 327 頁。

就把專門寫情書尋異性朋友做日常重要功課。你說要打破偶像，他就連學行值得崇拜的良師益友也蔑視了。你說學生要有自動的精神，自治的能力，他就不守規律、不受訓練了。你說現在的政治法律不良，他就望向廢棄一切法律政治。你說要脫離家庭壓制，他就拋棄年老無依的母親。你說要提倡社會主義、共產主義，他就悍然以為大家朋友應該養活他。你說青年要有自尊底精神，他就目空一切、妄自尊大、不受善言了。你說反對資本主義的剩餘勞動，他就不尊重職務觀念連非資本主義的剩餘勞動也要詛咒了。你說要尊重女子底人格，他就將女子當做神聖來崇拜。你說人是政治的動物不能不理政治，他就拿學生團體底名義干預一切行政、司法事務。你說要主張書信秘密自由，他就公然拿這種自由做誘惑女學生底利器。長久這樣誤會下去，大家想想，是青年的進步還是退步呢？」[122]

在「你說」和「他就」之間，是失去道德規範之後思想與行為的脫節。顛覆了儒學規範倫理之後，究竟如何妥善處理瀕臨破產的「仁」的德性內涵？當道德革命進一步瓦解了儒學的德性倫理，人們又將以什麼思想觀念或價值規範，來取代中國社會和中國文化的精神超越資源？1917 年，作為對民初道德格局有著深刻洞察與深刻反思的知識分子，《東方雜誌》主編杜亞泉敏銳地注意到，中華民國成立未滿六年，「凡法蘭西大革命後九十年間經過之事實及其恐怖，吾國一一步其後塵」，而且「今日中國，禍猶未艾」[123]。他通

---

[122] 陳獨秀：〈青年底誤會〉，見《新青年》第 9 卷第 2 號。
[123] 杜亞泉：〈今後時局之覺悟〉，見《東方雜誌》14 卷 8 號，1917 年 8 月。

過對政客偉人、名流碩彥和種種社會現狀的細緻觀察後指出：「吾
國國體改革，雖已六年，而人心之積垢，則與六年前所異無幾。」
這一判斷，從文化與道德的角度，印證了辛亥革命其實只是一場「以
形式言，固成功矣，以精神言，則猶未也」[124]的變革。民國初年的
中國，正如歐尼斯特・P・楊（Ernest.P.Young）所描述的那樣：軍
閥主義開始了，政治統一解體，軍事統治出現，一種「不講道德的、
背信棄義的潰散情緒」在當權者中間蔓延[125]。

　　1918 年 4 月，杜亞泉發表《迷亂之現代人心》，把近代以來出
現的種種社會失衡、價值觀念歧異、思想界之紛爭，歸咎於西洋學
說輸入後，因思想界五花八門而缺乏統整。「吾人得其一家之學說，
信以為是，棄其向所以為是者而從之；繼更得其一時一家之學說，
信以為是，復棄其適所以為是者而從之。卒之固有之是，既破棄無
遺，而輸入之是，則又恍焉惚焉而無所守。於是吾人之精神界中種
種龐雜之思想，互相反撥，互相抵消，而無復有一物之存在」，以
致造成現代人心的迷亂和「精神界之破產」[126]。

　　民國革命改變的只是國體，並非人心，這一點令杜亞泉深感憂
慮。而當時「人心迷亂」的集中表現，正是杜亞泉所說的導致「國
家致亡之由」的「國是之喪失」。所謂國是，「即全國之人，皆以為
是者之謂」，「乃經無數先民之經營締造而成，此實先民精神上之產
物，為吾國文化之結晶體」[127]。顯然，在杜亞泉看來，當西方學說

---

[124] 見《民國經世文編》第 40 卷。轉引自胡逢祥：《社會變革與文化傳統──中國
　　近代文化保守主義思潮研究》，上海：上海人民出版社，2000 年，第 101 頁。
[125] 歐尼斯特・P・楊：〈革命後的政治風雲：袁世凱時代，1912-1916〉，見費正
　　清編：《劍橋中華民國史》（上卷），第 232 頁。
[126] 杜亞泉：〈迷亂之現代人心〉，見《東方雜誌》15 卷 4 號，1918 年 4 月。
[127] 同上。

尚未輸入之時，正是因為有「國是」的「規矩可循」，傳統中國「雖論事者有經常權變之殊，講學者有門戶異同之辨，而關於名教綱常諸大端，則吾人所以為是者，國人亦皆以為是，雖有智者，不能以為非也，雖有強者，不敢以為非也」。至於清議與輿論，也都「基本於國是，不待議不待論而自然成立者也」。然而，時至今日，杜亞泉沮喪地指出，國家的狀況是「理不一理，即心不一心」，「樂事赴功之念，每不敵其希榮弋利之心。自物競論輸入以來，更引之以為重。利己主義，金錢主義，日益磅礴；而責在人先，利在人後之古訓，轉蕩焉無存。革命以還，此風尤熾」[128]。

　　杜亞泉所處的正是 20 世紀初期，傳統帝制所依賴的儒家道德約束力及其禮儀形式逐漸失去作用，現代信仰和統治體制——不論是相互競爭的政黨還是政黨專政——還沒有確立的時代。在這樣的環境中，杜亞泉覺察到，「如斯政治下之人民，除依自暴自棄之肉慾刺戟以外，無以求精神之慰安，風俗愈趨於頹壞，則人心愈向於壓制」[129]。而導致政府的腐敗、人民的苦難，以及中國社會陷入軍閥混戰的直接原因，正是「精神界之破產」。杜亞泉用了一個形象的比喻，形容這情形「譬有一人，其始以祖宗之產業，易他人之證券，既而所持證券忽失其價值，而祖宗之產業已不能回復」。更為嚴重的是，「破產而後，吾人之精神的生活，既無所憑依，僅餘此塊然之軀體、蠢然之生命，以求物質之生活，故除競爭權利、尋求奢侈以外，無復有生活的意義」[130]。

---

[128] 杜亞泉：〈國民今後之道德〉，見《東方雜誌》10 卷第 5 號，1913 年 11 月。

[129] 杜亞泉：〈精神救國論〉，見《東方雜誌》10 卷 3 號，1913 年 7 月。

[130] 杜亞泉：〈迷亂之現代人心〉，見《東方雜誌》15 卷 4 號，1918 年 4 月。

　　「國是喪失」導致國民心靈秩序「無所依憑」，由此產生的強大刺激，直接推動杜亞泉從道德和文化上，為民國的共和秩序尋找倫理精神和內在價值規範。他對政治秩序與道德關係的基本判斷，在下面這句話中表露無遺：「國民無道德，則政治失接續，此由因生果也。政治之接續愈破裂，則國民之道德愈墮落，此又由果生因也。」[131]

　　對於當時的中國而言，「人心龐雜而無折衷之公理，眾志分歧而無共循之途轍」。因此，國民概念也隨之紛紜錯雜，變幻離奇，而不可究詰。在杜亞泉看來，其中根本原因就在於，中國國運衰頹之際，正是外來新興理論聯翩輸入之時。換言之，西方矛盾衝突「歷時態」的現代性思想演進，在五四時期形成了「共時態」的現代性典範衝突[132]。加之中國人「未嘗為有條理之貫串，有統系之吸收」，最終導致「國民概念，遂蒙其弊」。當然，「共同概念」並非「必始終篤定而不可改易也，時勢所趨，會逢其適，未嘗不可易轍改弦，但必為有步驟之變更，得大多數之贊許，則仍可穩健進行，而不失共同之本旨」[133]。對於知識界「言新道德者」顛覆民族精神傳統所造成的價值失范，杜亞泉深表憂慮。他認為，文化傳統之形成，絕非一朝一夕之功。「國民性之為物，毀之易而成之難。既毀矣，而欲復其舊觀，更非易事。且當毀壞之時，社會秩序驟然變更，必發生無數之紛擾，經歷無數之痛苦」[134]。

　　另一方面，對於杜亞泉來說，中國的儒家道德與中國文化緊密聯繫在一起。它不僅是一套約束慾望的倫理規範，更是一個中

---

[131] 杜亞泉：〈接續主義〉，見《東方雜誌》11 卷 1 號，1914 年 7 月。
[132] 高力克：《五四的思想世界》，第 15 頁。
[133] 杜亞泉：〈國民共同之概念〉，見《東方雜誌》12 卷 11 號，1915 年 11 月。
[134] 杜亞泉：〈歐戰後中國所得之利益〉，見《東方雜誌》16 卷 2 號，1919 年 2 月。

國人安身立命之本和文化之根；不僅是當下應急的道德預案，更是中國人文化自豪感和自尊心永不枯竭的源泉。換言之，杜亞泉對於儒家道德的重視，不僅是基於倫理學上的學理辯難，而是對中國社會在世俗時代如何重建一套文化哲學的深刻思考。隨著西方對中國入侵程度的加深，深重的民族文化及精神危機四處彌漫。第一次世界大戰爆發後，歐洲國家暴露出的種種弊端所導致的文化回歸情緒，也引燃了杜亞泉及其同時代人對西方現代文明的信仰危機。這些複雜的因素交織在一起，促使杜亞泉以東方文化匡救西方文化的偏失，通過復興道德來重建中國人的文化認同。

在杜亞泉看來，西方思想的最大缺陷在於，只談生物性需要的滿足、不談以宇宙論為基礎的道德自律；「惟以智巧武力相尚，無道德之為標準，彼此相接，常存驕慢自負之心，而無克己自制之力」。因此，一旦中國與西洋文明接觸，稍有不慎，「其結果不但不能採取他人之道德，而常模擬他人之罪惡」。杜亞泉甚至措辭嚴厲地指出：「今方以大戰爭之血洗之，吾人模擬西洋之罪惡者，其將何以自贖乎？」[135]杜亞泉傾向於認為，中國文化的核心，在於它秉持人有良知的信念。正是良知，使人和廣大無邊、不可名狀的萬物之源凝成一體，並從那裡獲得精神和道德方面自我改造的強大力量[136]。

正因為杜亞泉注意到，「舊道德之強制的協力，與宗教之超理的制裁，既不能復施於今日之社會」，所以他明確表示，「吾儕今日，惟有喚起吾儕之精神，以自挽救而已。」[137]正是這一思想

---

[135] 杜亞泉：〈社會協力主義〉，見《東方雜誌》12 卷 1 號，1915 年 1 月。

[136] 許華茨（史華慈）：〈思想史方面的論題：五四及其後〉，見費正清編：《劍橋中華民國史》（上卷），第 492 頁。

[137] 杜亞泉：〈精神救國論（續二）〉，見《東方雜誌》10 卷 3 號，1913 年 9 月。

的興起，使得近代以來西方文化中心論，在中國思想界的地位發生動搖。而文化價值多元的主張，則借此獲得相對活躍的空間和發展契機。這一切的輪廓，大致就像列文森描繪的那樣：「在價值層面上，西方文化已經威風掃地，中國在做出任何價值的選擇時，突然得到了一個重新考慮的機會，那種假想之觀念中的最重要部分，即西方入侵問題，似乎可以通過極有根據的譴責得到解決。」[138]。

面對著「國民彷徨於唯物論之魔障中，述達爾文、斯賓塞之緒餘，局脊於此慘酷無情之宇宙中，認物質勢力為萬能，以弱肉強食為天則，日演日劇」[139]，杜亞泉在哀惋的同時，一直試圖努力說明，那些目前形塑中國人生活方式的所謂「新文明」，並非中國的真正精神。而中國文化的真正要素，一直遭遇曲解、壓制，以至於隱而不彰。文化忠誠的問題只有與社會變革的問題相聯繫，才能產生持久的活力。杜亞泉相信，如果中國的真精神被重新喚起並得到認同，那麼中國文明足以與西方並駕齊驅。

在一個個人主義和功利主義主宰的時代裡，德性已經不再具有整全性，而是分解為從屬於個人的價值多元的「善」。查爾斯·泰勒在《自我的根源》一書中，借助認同問題，將現代的自我與道德建立了關聯。他說：「我的認同是由提供框架或視界的承諾和身分規定的。在這種框架和視界內，我能夠嘗試在不同的情況下決定什麼是好的或有價值的，或者什麼應當做，或者我應贊同或反對什麼。換句話說，這是我能夠在其中採取一種立場的視界。」[140]如同

---

[138] 列文森：《儒教中國及其現代命運》，第 99 頁。

[139] 杜亞泉：〈精神救國論〉，見《東方雜誌》10 卷 3 號，1913 年 7 月。

[140] 查爾斯·泰勒：《自我的根源──現代認同的形成》，南京：譯林出版社，2001 年，第 37 頁。

本章所描述的那樣，隨著晚清以來超越宇宙觀的瓦解，先前賴以自我認同的道德價值逐漸「祛魅」。一方面，追求世俗幸福與快樂的功利主義和強調個人意志自主的個人主義，扮演著五四時期道德轉型的主角，也成為推進中國社會深度世俗化的動力。另一方面，擺脫了道德「框架」和「視界」的功利主義和個人主義，又異化為唯利主義和唯我主義，帶來的必然是人心的迷亂和道德價值的渙散。

1923 年，就在五四運動剛剛結束 4 年後的「科學與人生觀」論戰中，吳稚暉提出：「我們中國已迎受到兩位先生——『賽先生』、『台[德]先生』——迎之固極是矣。但現在清清楚楚，還少私德的迎受。」他認為，「賽先生」關注的是智識，「德先生」雖涉及道德，卻是公德。因此，吳稚暉希望迎受「穆勒爾」（moral）姑娘來「主中饋以治內」，挽救道德的危亡[141]。吳稚暉的看法未必完全準確，但對「穆姑娘」的呼喚，意味著五四知識分子需要直面新的道德命題：在 20 世紀最初的 20 年裡，當個人主義和功利主義逐漸主宰了中國人的心靈秩序，如何超越二者帶來的異化，通過塑造新的認同來保持社會的同一性？中國人和中國文化怎樣才能在一個充滿信仰危機的世界裡，重塑道德和精神的內在價值？

---

[141] 吳稚暉：〈一個新信仰的宇宙觀及人生觀〉，見《科學與人生觀》，瀋陽：遼寧教育出版社，1998 年，第 380 頁。

第三章

個人德性的重建

　　從民初到五四，隨著功利主義與個人主義的強勁崛起，中國社會道德世俗化的程度大大加深。心靈秩序與社會政治秩序的價值源頭，不再來自於「天」所賦予的德性，而是根據個人的自由意志來「重估一切價值」。德性倫理出現了從「善」到「快樂」的重大轉變──世俗的功利逐漸取代傳統的德性，成為五四時期新人生觀的重要內容。基於超越世界的儒家「共同之善」解體了，分化為個體之間的多元之善，由現代個人來「自作主宰」。

　　於是，個人似乎從傳統倫理道德的牢籠之中得到了徹底解放。然而，在一個政治與社會的亂局之中，由於儒家道德傳統的解紐，功利主義與個性主義必然失去約束。1915 年，杜亞泉在《東方雜誌》上寫道，當時的中國，「倫理道德，風俗迷信，均已破壞而無餘，又別無相當者出承其乏，而利祿主義，物質潮流，復乘其虛而肆其毒」[1]。在功利主義「趨利避害」的刺激之下，個人主義包含的對於自然人性的追求，迅速與物質主義結合，形成非精神性的物質功利主義和唯我主義，在民初市民階層的世俗生活中風靡一時。人們熱中於享受今生今世的快樂，認為人生的價值就在於滿足當

---

[1]　杜亞泉：〈國民共同之概念〉，見《東方雜誌》第 12 卷第 11 號，1915 年 11 月。

下、及時享樂。吳宓注意到，民初的中國與西方近代歷史的進程頗為相似：伴隨著功利主義和個人主義的興盛，民眾「惟求當前之快樂，縱慾而不計道理」，「惟功利財貨是圖，無暇問及是非」[2]。而統治者的「專制橫恣」，則較之清末有過之而無不及。當政治制度與心靈秩序失去了「道理」與「是非」的規約，社會公共的核心價值也必然隨之衰退。一個杜亞泉眼中「人心迷亂」的時代來到了。

然而，在五四時期，道德問題不但沒有因為傳統道德的崩潰而徹底消解，反而變得更加突出。儒學的價值秩序和意義世界喪失了現實基礎之後，世界觀和人生觀如何重建，成為五四以來思想界關切與探索的重心。世俗時代面對的價值危機和文化認同的困境，促使知識分子從不同的角度，深入探詢世俗時代的意義所在。因此，五四時期在呼喚「德先生」與「賽先生」的同時，也發出了「迎受穆姑娘」以反思人生價值的聲音。如果說，西方的世俗化進程以個人德性和社會規範的分離為最終方案，來解決自由主義的多元價值困境；那麼，在中國的轉型時代，對道德的德性（好）與規範（正當）之間良性互動的探討，仍是五四時期知識分子關注的焦點。一方面，接受功利主義的道德觀念，但是拒斥純粹的物質主義和感官享受，成為五四一代大多數知識分子的人生信念；另一方面，通過五四時期廣泛的社會運動，知識分子超越了晚清以來的民族國家的觀念。他們在「大我」的「社會不朽觀」的影響下，將自我的人生價值與實現一個美好社會的強烈責任感緊密聯繫，體現了更為深廣的人類意識和世界情懷。

---

[2] 吳宓：《吳宓日記》第二冊，第 25 頁。

第一節 五四的功利主義： 「精神的」超越「物質的」

與西方思想史的發展脈絡相似，功利主義在中國社會的出現，出於兩個基本原因：一是超越世界瓦解之後，人們對於世俗生活的確認；二是隨著公理世界觀的形成，人們相信，科學法則和理性，能夠指明一條通向幸福生活的出路。正是在這樣一個事實與價值兩分的機械世界觀基礎上，人們開始探究世俗的人類道德的可能性。以幸福與快樂為人生歸宿的功利主義，也因此在清末民初興起，並成為五四時期影響最大的思潮之一。從《新青年》到《新潮》，從陳獨秀、高一涵到傅斯年、羅家倫，知識分子依據「最大多數人的最大幸福」的功利主義原則，來解釋人生的價值。陳獨秀在〈人生真義〉中的表述，最能體現當時知識分子對於功利主義的態度與熱情：「社會是個人集成的，除去個人，便沒有社會；所以個人的意志和快樂，是應該尊重的。」「執行意志，滿足慾望（自食色以至道德的名譽，都是慾望），是個人生存的根本理由，始終不變的。」[3]

1.快樂的「質」與「量」：兩種「功利主義」

在中國思想傳統中，心靈秩序與宇宙秩序具有同一性，人格的塑造首先取決於對世界本質的理解。反過來說，世界觀的變化，則

---

[3] 陳獨秀：〈人生真義〉，見《新青年》第 4 卷第 2 號。

必然帶來人生觀的重大轉型。功利主義者認為，人類生活本身能夠變得有價值，這一切和超越世界沒有關聯。所以，他們才把世俗人生的目的歸結為快樂或幸福。「一切行為，對此標準有利的，即為善。對此有害的，即為惡。判別善惡的等級，也以快樂涉及的人數的多少和快樂的大小為準」[4]。晚清到五四的知識分子，也將「功利主義」稱為「樂利（快樂和福利）主義」。快樂之外的東西，如金錢、名譽、權力等等，要麼是其本身包含快樂，要麼是實現快樂的手段。同時，功利主義追求的最大多數人的最大快樂，既是人生的理想，也是行為的目的，或者說是道德的標準。這就像高一涵所描述的個人利益與社會公益的關係那樣：「至共和國家，乃合人人之利益，以成社會之利益者，人己交際之間，必俱益俱利，乃不違社會公益之原則。」[5]

然而，當功利主義取代了德性之善，當個人生存的理由從實現「君子之德」一變而為「執行意志，實現慾望」，作為一個功利主義的現代個人，物質慾望的滿足、感官的享受以及精神層面的快樂，是否都可以等量齊觀？「精神的」愉悅與「物質的」快樂，在人生價值的目標序列之中，究竟何者更具有優先性呢？

1919 年《新潮》雜誌第 1 卷第 3 號上，傅斯年在回應一位讀者的來信時，直言不諱地說道：「記者（按，指傅斯年）是崇拜物質的人，對於『超於物質』一種話非常懷疑。我那人生的觀念，也是純粹物質家的說話。」傅斯年推崇「為公眾的福利自由發展個人」[6]的功利主義原則，主張道德上一切標準，都有賴於拿人生的福利

---

[4]　賀麟：〈功利主義的新評價〉，見氏著：《文化與人生》，北京：商務印書館，1988 年，第 210 頁。

[5]　高一涵：〈共和國家與青年之自覺〉，見《新青年》第 1 卷第 2 號。

[6]　傅斯年：〈人生問題發端〉，見《新潮》第 1 卷第 1 號。

（Welfare）和人生的效用（Effect）去解決。但顯然，在這位五四時期功利主義思想的領軍人物看來，「超越物質的精神論」並不可信，人生的意義與價值最終應該落實在「崇拜物質」之上，福利與效用就在於物質慾望的滿足。

有意思的是，傅斯年的回答與這封來信中的看法卻大相逕庭。這位叫余裴山的讀者語氣委婉，卻敏銳地洞察到功利主義的困境。用他的話說，那就是，如果沒有「哲學的」觀念、沒有「超人的」觀念，人類的喜怒哀樂也就「限於他的肉體」或「止於他的肉體」了，「決沒有能夠享這個精神上永久的快樂」。正是出於這一思考，余裴山強調：「這種人只顧肉體上一時的快樂，那種快樂是易得易消滅的，亦並不是真有益於自己，至於無益於人，那格外不必說的了。」[7]在余裴山看來，在一時的物質慾望、感官刺激的快樂之上，還應有更為永恆的純潔精神，這才是舉國青年亟待提倡的高尚的人生觀念。

發生在余裴山和傅斯年之間的討論，雖然篇幅不長，卻包含了非常深刻的思想史內容。顯然，即使對於在五四知識分子那裡已成共識的功利主義，它所包含的「福利」與「快樂」，也並非一個勻質的整體，而是存在著內在緊張與價值的高下。當道德革命和道德重建進入「深水區」，五四知識分子對於功利主義的思考也日趨多元和深刻。這直接決定了他們對於人生觀念和德性目標的選擇。

正如第二章所述，功利主義倡導的是一套目的論的道德理論[8]。它不僅把福利與快樂看成是具有內在價值的東西，而且試圖按照行

---

[7]　〈余裴山致傅斯年、傅斯年答余裴山〉，見《新潮》第 1 卷第 3 號。

[8]　關於功利主義在西方思想史上的演變脈絡，相關的倫理學著述大多有所涉及。本文關於功利主義的學理界定及其理論內涵的分析，部分地採用了亨

動對人們的幸福的影響來決定一個行動的價值正確性。在早期的功利主義者那裡，這個價值論是享樂主義的，那就是唯一具有根本價值的東西是幸福，而幸福就在於獲得快樂和避免痛苦。因此，它往往按照人的某種特定的心理狀態，即「快樂」與「痛苦」來定義幸福。

作為一項道德理論，功利主義立足於一種道德心理學的考量，即把追求快樂和避免痛苦看成人們行動的根本動機。他們將快樂是看成唯一的善，將痛苦視作唯一的惡。因此，趨利避害、趨樂避苦的功利主義主張，就成為包括邊沁和穆勒在內的 18 世紀經典功利主義者的基本觀點。根據邊沁的觀點，只有擺脫了偏見迷信和受過教育的頭腦才能認識到，由自我的趨樂避苦心理所支配的對幸福的追求，與對最大多數人的最大幸福的追求，實際上是完全一致的。穆勒也相信：「接受功利主義（或最大幸福原理）為道德之根本，就需要堅持旨在促進幸福的行為即為『是』，與幸福背道而馳的行為即為『非』這一信條。幸福，意味著其中的快樂，意味著與痛苦的遠離。不幸福，則代表了痛苦，代表了快樂的缺失。……功利道德所基於的『生活理論』，那就是追求快樂、擺脫痛苦是人唯一渴望達到的目的；所有為人渴望的東西之所以為人所渴望，要麼是因為其本身固有的快樂，要麼是因為它們可以作為一種手段來催生快樂，阻止痛苦。」[9]

利・西季威克和徐向東對於這一問題的規範性解釋。見亨利・西季威克：《倫理學方法》第四編〈功利主義〉，廖申白譯，北京：中國社會科學出版社，1993 年；徐向東：《自我、他人與道德》第 6 章〈功利主義〉，北京：北京大學出版社，2007 年。

[9] 約翰・斯圖亞特・穆勒：《功利主義》，北京：九州出版社，2007 年，第 17-19 頁。

　　那麼，如何來規定快樂和痛苦的內容呢？邊沁採用了一種定量的方式，通過對強度、延續時間、確定性等七個方面的指標，借助一套「享樂主義的演算」方式來測量快樂與痛苦。應該說，邊沁的主張非常直觀貼切，定量的形式也顯得十分「科學」，但很明顯，他對於人類的諸種價值作了過於簡單的估價：一方面，在邊沁看來，人類有且僅有兩種動機，而且在任何既定條件下，人們必須在兩種行為下進行選擇。但事實是，除開快樂以外，人世間顯然還存在其他內容的價值，比如正義；另一方面，不同種類的價值之間又該如何精確定量，邊沁的方法存在著理解和操作上的困難[10]。

　　為了把功利主義從困境之中拯救出來，在《功利主義》一書中，穆勒對幸福的定義作出了反思與改造。最根本的一點是，他把幸福與單純的感官快樂區分開來。同時，在《論自由》這本小冊子裡，穆勒又將人的幸福的增加與個人創造能力的擴大聯繫在一起。很明顯，面對邊沁那種近乎自然主義的價值目的論，穆勒盡可能地提升了功利主義的道德層次，也豐富了功利主義的理論內涵。從哲學上看，他將功利主義道德，從邊沁眼中的那個「心理命題」轉向了一個「倫理命題」。穆勒不再按照純粹的感官快樂來為幸福下定義，而是按照某些高層次的快樂或滿足（比如智力層面的、感情的、想像力的樂趣）來詮釋幸福。在這裡，穆勒區分了兩種類型的快樂——高級快樂和低級快樂，或者純粹感性的快樂和精神的快樂。他認為，純粹感性的快樂能夠給人帶來更強烈的快感，但如果過分沉溺於那種快樂，那麼它們也會導致痛苦；相比較，精神快樂則能更加持久、更加穩定，也更具有道德價值上的優越性。所以穆勒才說，人類比動物具有更高的官能，「對於那些熟悉不同快樂且有條

---

[10] 徐向東：《自我、他人與道德》，第 275 頁。

件欣賞和享受不同快樂的人而言，自然會優先選擇可以發揮它們更高一級觀念的生活方式。」[11]

2.德性目標：人生境界的追求

由此可見，對於快樂的「量」和「質」的區分，成為邊沁與穆勒在功利主義主張上的一道分水嶺。其實，早在 1902 年，梁啟超就曾經介紹邊沁的功利主義。梁啟超雖然欣賞邊沁為「人類公益」的功利主義道德，卻並不贊同他對於快樂重「量」不重「質」的看法。在梁啟超看來，人與動物不同，「故於普遍快樂之外，當有所謂特別高尚之快樂也。」所以，梁啟超更欣賞穆勒的看法，「必以肉慾之樂為下等，以智德之樂為高度者也」[12]。到了五四時期，穆勒這一修正式的功利主義主張，與當時個人觀念中強烈的意志自主性融合，對於個人德性即新人生觀的建構，賦予了更加重大的理論意義。接受功利主義的道德觀念，但是拒斥純粹的物質主義和感官享受，成為五四一代大多數知識分子的共同看法。

留學德國期間，蔡元培（1868-1940）在其編著的《中學修身教科書》中，特別談到功利主義之中的核心概念「慾望」。他說，所謂慾望，無非是追求名譽、創造財富和享受快樂。無疑，蔡元培認為遏制慾望與人情相悖，因為人之為人，追求慾望和快樂具有天然的合理性。但是，蔡元培的論述重心，落在了反對過度滿足一己之欲的立場之上，特別是「以身體之快樂為鵠的者，其悖謬蓋不待言」。他強調，「精神之快樂，清白高尚」，才真正「足以鼓勵人生」。

---

[11] 約翰・斯圖亞特・穆勒：《功利主義》，第 23 頁。
[12] 梁啟超：〈樂利主義泰斗邊沁之學說〉，見《梁啟超全集》第一冊，第 1046-1048 頁。

而且,「快樂之高尚者,多由於道德理想之實現,故快樂者,實行道德之效果,而非快樂即道德也。」[13]

對於「慾望」與人生觀的關係,深受白璧德(Irving Babbitt, 1865-1933)人文主義思想影響的吳宓,也持有與蔡元培近似的看法。在日記中,吳宓將慾望分為「形而下」與「形而上」兩類。其中,「精神之愛,至為高尚清潔;而形體之愛,則不足語此」。他說,當今時代是一個「機械時代」,政治、學問,甚至宗教、文學,以及人的立身行事,都被一個機械論的宇宙觀所統攝,意義系統從中抽離。吳宓痛惜「精神的科學,與形而上之觀感,幾於泯滅」,因此,「修德而安命」的努力就尤其顯得迫在眉睫。

對此,吳宓當年在哈佛大學的同仁,大都認同他對時代與人生的價值判斷。他們將重建個人德性和復興儒家人文精神,作為拯救心靈秩序的一劑良方。湯用彤(1893-1964)曾多次和吳宓談及自己將來的志向,那就是「專以提倡道德,扶持社會為旨呼號」。這位未來的哲學家竭力提倡開設學社,社員實行「完全之道德」,以期為世人樹立模範,「使知躬行道德未盡無用,且終致最後之成功」[14]。與吳宓風誼在師友之間的陳寅恪也主張,救國經世必須以「精神之學問(謂形而上之學)」為根基。他認為過分強調功利主義中去價值、去德性的物質慾望,「勢必至人慾橫流、道義淪喪」[15]。

《新青年》的作者李亦民在〈人生唯一之目的〉一文中,一方面強調「去苦就樂」的自然人性與天賦權利,但另一方面,他也注意到,快樂只是「一時」的,而幸福才可以「永久」。所以,他不

---

[13] 蔡元培:《中學修身教科書》,見高平叔編:《蔡元培全集》第二卷,北京:中華書局,1984年,第177頁、247頁。

[14] 吳宓:《吳宓日記》第一冊,第441、515、312頁。

[15] 吳宓:《吳宓日記》第二冊,第101頁。

惜篇幅，強調「制肉體過分之享樂，為防將來之害壽也。其進步之跡，初由肉體感情，進於美的感情，再進於智的感情，更進於道德感情」。很明顯，在李亦民看來，道德情操的陶冶與智性的愉悅，較之肉體慾望的滿足更加高尚，在人生價值的遞進排序中也佔據上位。因此，「不能以肉體之快感為滿足，必於社交、家族、智術、技能各方面，尋永久不變之快樂」[16]。

　　五四時期深受尼采、柏格森（Henri Bergson, 1859-1941）思想影響的李石岑，倡導的是一種意志化的個人主義。這位《民鐸》雜誌的主編在演講中提到的人生「境界」說，與李亦民的說法也頗為相似。在李石岑眼裡，第一境界是「生之無限」，這是人的本來面目，也是人們不斷欲求的開端。為了達到生之無限所需要的功利現象是第二境界。而超越第一、第二境界的「道德宗教等的威嚴」，才是更高的第三境界[17]。所以，李石岑才特別強調尋求人生的「新意義」。何謂人生「新意義」？新意義源自豐富的思想，而非世俗的物質生活慾望。「我們生在世界上，不需論年齡的多寡，但當論『新意義』的多寡。若是醉生夢死，雖活千百年也沒有什麼趣味，如果能日新又日新，即是短命，亦大可創造成特種樣式的生活。」李石岑說，「如果飽食終日，無所用心，這種人不僅生活平凡，而且會感著寂苦，因為無事的苦，必什麼苦痛還要感著沒趣，還要感著悲哀。」[18]

---

[16] 李亦民：〈人生唯一之目的〉，見《青年雜誌》第 1 卷第 2 號。

[17] 李石岑：〈教育與人生──在上海滬江大學教育研究會講演〉，見《李石岑講演集》，第 85 頁。

[18] 李石岑：〈青年與我──在鎮江第六中學及醴陵縣教育會講演〉，見《李石岑講演集》，第 122 頁。

　　以《現代倫理學》、《人生觀 ABC》、《道德哲學》聞名的哲學家張東蓀則認為，人生一方面是生活，一方面是理想，在一個精神超越世界逐漸瓦解的時代，靠虛懸的理想顯然難以支持現實的生活。不過，在〈由自利的我到自制的我〉一文中，他也注意到：「舊日道德的傳說一旦而墮其權威，則自然容易陷入利己思想。因為舊日的道德標準既皆動搖，人的一切行為便無所拘束了。」[19]在張東蓀看來，對於這種物慾式唯我主義的克服，只能依靠每一個人對於自己理智的培養。因此，如何運用人的理智追求文化價值，在張東蓀的人生觀念之中佔據了重要一席。在他看來，人之為人，就在於他在宇宙進化之中擁有了「價值層」。於是，人不再是叢林之中的「自然人」，而成了有價值追求的「文化人」。

　　張東蓀說，對於人而言，基於傳宗接代的色欲與自我保全的自利，固然有其生理學上的本能衝動的一面，但是道德有「創造」與「抑禁」的兩面。因此，慾望衝動與「文化理想」之間相互衝突而產生的惡，必須通過道德與理智予以抑制。在張東蓀看來，道德是文化最重要的組成部分，「故道德實為超越現實生活之理想，其超越之進也無窮」。所以，張東蓀說，人生最大的問題就在於「用自己的力量去改造自己，使其內部不但不生糾紛，而且還得進步」，從而使人性向善的方向前進，實現意志的自由[20]。

　　C・謝・弗蘭克在《社會精神基礎》一書中說，當我們用「怎麼辦」來表示人生的意義問題的時候，唯一合理的含義，就是「尋

---

[19] 張東蓀：〈由自利的我到自制的我〉，見克柔編：《張東蓀學術文化隨筆集》，北京：中國青年出版社，2000 年，第 302 頁。

[20] 見張東蓀在《人生觀 ABC》與《道德哲學》兩書中的相關論述，轉引自郭湛波：《五十年來中國思想之演變》，上海：上海古籍出版社，2005 年，第 136-138 頁。

求達到某個早已公認的、無庸置疑的目的的道路或方法」。按照這一說法，尋找人生的意義，實際上就是生活被賦予意義、揭示生活意義並將意義引入生活之中[21]。從 1913 年主張「精神救國論」起，杜亞泉一直倡導中西道德價值的整合，對於五四的人生觀有著整全性的思考。《人生哲學》一書也正是杜亞泉多年探求價值與意義重建的理論總結。根據該書的〈編輯大意〉，杜亞泉自陳編輯此書的旨趣在於：「吸取西洋現代的新潮，整理我國固有的國粹，以統一國民的思想。」[22]

在緒言中，杜亞泉首先談到正是哲學與人生的關係。他認為，人本主義的興起，為近代哲學的開端。隨著時代的發展，根據人性的要求，現代哲學也發生了新的取向，人本主義不斷地走向自由和解放。可以說，「以前的哲學，求諸自然的法則，今後的哲學，反諸生命的本原」[23]。因此，現代哲學的一個重要特徵，就是以生命為研究中心，尤其以人類的生命為研究的中心。他說，「哲學即人生，人生即哲學者」，這兩句話足以表明現代哲學和人生的關係了──那就是：「人生哲學，即把促吾人生命的真相，而與以說明的。」

杜亞泉說，人生的目的是探究人生意義的首要問題，人生的意義與價值，也源於人生的目的。他指出，人生是人類種種行為的統一體，種種行為目的統一而成的總目的，就是人生的終極目的。人生終極目的是人生的最高目的，其餘種種目的都是實現這一最高目的

[21] C・謝・弗蘭克：《社會的精神基礎》，北京：三聯書店，2003 年，第 198 頁、264 頁。
[22] 杜亞泉：〈人生哲學・編輯大意〉，見田建業編：《杜亞泉著作兩種》，北京：新星出版社，2007 年，第 3 頁。
[23] 杜亞泉：〈人生哲學・緒言〉，見《杜亞泉著作兩種》，第 11 頁。

的手段。有趣的是，在杜亞泉看來，人類大概只有較低的人生目的，而最高的人生目的常常不能自知。大多數平凡的人往往根據較低的目的度過一生。少數傑出的人，即使把「立功名成事業，振興國家，改良社會」作為自己的人生目的，也沒有明白，其實這些貌似宏大的目的，也不過只是人生終極目的的一種手段。杜亞泉在總結現代哲學家的研究成果時說，人生目的是現代哲學探求的主題。認識人生終極目的，正是現代哲學的一大特色，因為「目的論者，大抵就各人的經驗，構成理想，目為至善，以為人生的究極目的」[24]。

杜亞泉所謂的現代人生哲學發展脈絡，以叔本華（Arthur Schopenhauer, 1788-1860）的意志哲學和斯賓塞的進化哲學為基礎，經詹姆士（William James, 1842-1910）的實用主義和尼采的超人哲學，最後發展到倭鏗和柏格森的生命哲學。叔本華的哲學源自康德的主意說，斯賓塞的哲學則來自達爾文的進化論。但按照杜亞泉的看法，從發展結果看，這兩家哲學均不能視為現代的人生哲學——因為叔本華以盲目的生活意志為萬有的根源，以致於以否定意志告終，成為厭世哲學；而斯賓塞的進化哲學，發源於達爾文的進化學說，歸本於適者生存的原則，也傾向於唯物哲學和機械論。兩者和現代人生哲學的傾向都不相同，然而現代的人生哲學，卻正是由這兩家學說熔鑄而成[25]。

在現代哲學中，詹姆士的實用主義哲學和尼采的超人哲學，對人生哲學影響較大。前者以人生目標為標準，哲學的學理都以是否適合這一標準而決定其真偽。另外，實用主義哲學推崇「情意主義」，以情意作用為根本。它認為一切知識，都是由情意的利害關

---

[24] 杜亞泉：《人生哲學》，見《杜亞泉著作兩種》，第 129 頁。
[25] 同上，第 131 頁。

係而生。同時,實用主義看重人的奮鬥和主觀改造世界的努力。尼采的學說則強調超人哲學,主張權力意志。尼采認為一切生物,「不但欲求生活,且欲充實自力,這是生活的本能」。在尼采看來,人生當然的目的,在於無限制擴張一己的權力,以求生活本能的十分滿足,這就是超人的理想[26]。

杜亞泉說,現代的人生哲學,以倭鏗和柏格森的思想為代表。倭鏗的哲學又稱新理想主義,認為精神生活和自然生活(即物質生活)相對峙,自然生活達到一定程度時,精神生活才開始。人類一方面是自然生活圈中的一種動物,一方面又有超越自然的精神生活。這種精神生活從內部驅策人們離開自然生活,開拓精神生活。而柏格森的哲學則以意識作為生命的中心。生命的活動,就是引導意識,進入物質世界之中,並支配物質世界,實現創造的進化。所以人類最為自由,能夠衝破障礙,以延續其生命的活動於無窮。總之,在杜亞泉看來,倭鏗所謂開拓精神生活、實現理想,柏格森所謂創造的進化,都是指生命的發展。生命的維持和發展,雖然同為人類與動植物共同的目的,但人類超越動植物的地方,就在於能夠努力於生命的發展。所以,人生哲學就是以發展精神價值,拒斥物質享樂和肉體慾望,以完善自我為主義的哲學[27]。

3.道德實踐:探詢「內在價值」

在評論功利主義道德觀念時,麥金泰爾曾經使用「內在利益」與「外在利益」,來區分快樂的質地。在麥金泰爾看來,「外在利益」與個人的財產、物質佔有與慾望的滿足密切相連,從本質上是社會

---

[26] 同上,第 133 頁。
[27] 同上,第 133-134 頁。

競爭的對象。但是，內在利益卻與德性的實踐與理解相關，是在追求德性實踐活動本身的卓越過程中獲得的。他說：「一種德性是一種獲得性品質，這種德性的擁有和踐行，使我們能夠獲得對實踐而言的內在利益，缺乏這種德性，就無從獲得這些利益。」[28]

通過區分快樂的質地和層次，功利主義在五四知識分子那裡獲得了更有深度的倫理內涵和和更嚴肅的價值訴求。那就是，高尚的人生境界的實現，在於一個人通過行使自己的能力，來完成自我的全面實現和精神上的完善，從而實現「內在利益」。五四的知識分子相信，一旦人們認識到一些生活方式比另一些生活方式更可取、更有價值，他們就會重新塑造他們對幸福和美好人生的理解，並以此作為抵禦世俗時代物質性功利主義的防腐劑。

五四時期，楊昌濟（1871-1920）曾任教於湖南第一師範和北京大學。在一次赴宴時，他注意到當時席間座客所談，「多賭錢漁色招權納賄之事」。更讓他感到震驚的是，「此皆中上等社會，宜為國民之模仿者，乃腐敗惡濁如此」。在修身日記《達化齋日記》中，這位留學英國的倫理學家寫道：「聖賢所以能樂者，一則慾望不奢，能安分知足也；二則出言行事悉循天理，仰不愧俯不怍也；三則研究有素，事來悉有以應之也；四則有聞道之樂也。」他把中國道德復興的希望，寄託在年輕一代精神氣質的培養之上，「惟與青年之天良尚未斵喪者講明義理，使未入腐敗社會以前，即知此等事之為俗惡，庶將來入社會時不為所動。」[29]

青年毛澤東是五四時期受到楊昌濟影響的重要人物，也是楊昌濟當年視為「天良尚未斵喪」的青年。針對哲學家泡爾生的《倫理

---

[28]　麥金泰爾：《德性之後》，第 241 頁。

[29]　楊昌濟：《達化齋日記》，長沙：湖南人民出版社，1978 年，第 27、41 頁。

學原理》中評價「惡之原型有二：曰肉慾，曰我欲」，毛澤東在批註中寫道：「肉慾關乎個人，我欲及於交際；肉慾關私德，我欲關公德。」在毛澤東看來，「肉慾」注重感官的衝動，「我欲」損人利己，是貪欲和惡意的淵藪，都應予以摒棄。所以，他才說：「予謂人類只有精神之生活，無肉體之生活。試觀精神時時有變化，肉體則萬年無變化可知也。」在毛澤東看來，精神之為人生目的，足以使「人類人生觀意義為之一變」。毛澤東認為，以前的功利主義主張多看重事情的結局，「莫不以為事未至最終之目的，即為無甚價值」。實際上，一旦意識到精神層面的愉悅，則「無往不樂。有一日之生活即有一日之價值，使人不畏死，上壽百年亦可也，即死亦可也。」[30]

隨著五四運動之後平民運動和社會運動的空前高漲，陳獨秀、惲代英（1895-1931）、毛澤東等人，都極其熱中於通過個人、學會、社團的道德實踐，讓個人德性與每一個人的全部生活，建立起一種意義與價值上的關聯，從而實現對人生境界的追求[31]。1918 年成立於湖南長沙的新民學會，強調自身的宗旨是「革新學術，砥礪品行，改良人心風俗」，要求會員「不虛偽，不懶惰，不浪費，不賭博，不狎妓」，以塑造一種「奮鬥的和向上的」人生觀。一年後，新民學會對於自身的態度仍是「潛在務實，不務虛榮，不出風頭」，「純潔」與「誠懇」是學會同人介紹新會友的首要條件。對於會友，

30　見《毛澤東早期文稿》，第 156、168、183 頁。

31　在民初的知識界，不少青年人和社團力行傳統的修身辦法。「談修身時，理學的空氣相當濃厚，但是新知識分子們其實是高舉反理學大旗的」。王汎森：〈近代中國私人領域的政治化〉，見氏著：《中國近代思想與學術的系譜》，第 172-173 頁。實際上，五四時期影響甚大的克魯泡特金的互助進化論，對知識分子的修身行為也起到很大的理論推動作用。

「宜有真意；宜懇切；宜互相規過；勿漠視會友之過失與痛苦而不顧；宜虛心容納別人的勸戒；宜努力求學」[32]。

當時在武昌的青年惲代英，有感於基督教前輩「辦事的活潑、立言的誠摯、律己的純潔、助人的恒一」，發誓要做一個「最好的非基督徒」。幾乎與新民學會成立同時，他與其餘三位青年發起成立了以「修養且為社會服務」為宗旨的武昌互助社。惲代英認為，互助社將要研究一種「善良之方法而實行之，以為修身淑世之一助」。互助社採用了基督教聚會「分享」的形式，又結合傳統理學的內容，形成一整套修身的儀式。「凡入社者，必每日報告其自助助人之成績，報告其成功之事，以資鼓舞；報告其失敗之事，以相儆戒」。「每次開會首靜坐，數息百次（後多改為靜坐五分鐘），繼續前會記錄，繼每人報告一日經過，並討論一切事畢，誦〈互勵文〉散會」。這種通過分享個人經驗，互相評判，彼此勸勉的「檢束身心之法」，讓社員感到「極有益處，精神亦很愉快」[33]。

其實，通過拒斥感官享受和物質主義，通過人格的砥礪以實現精神的愉悅與充實，並非未來共產主義者獨有的人生觀念，在五四知識分子那裡具有相當的普遍性。據《吳宓日記》記載，新文化運動時期，在美國攻讀教育學碩士的陳鶴琴（1892-1982），「以道德之修養、品行之砥礪，為同學中最要之事」，發起成立了「日日警鐘」的小組。「各擇古人格言名訓，可資警戒服膺而尤足砭同學之時病者，日書一紙，於每晨懸青年會通告牌中，以期同學見之觸目驚心，不無小補」[34]。五四時期出現歷史最久、會員最多、分佈最廣、

---

[32] 張允侯等編：《五四時期的社團》第一冊，北京：三聯書店，1979 年，第 574-580 頁。

[33] 同上，第 123 頁。

[34] 吳宓：《吳宓日記》第一冊，第 323 頁。

分化最明顯的少年中國學會，也將「堅忍」與「簡樸」納入了學會信條，將「純潔」、「奮鬥」放進徵求會員的標準之中。

宗白華（宗之櫐）當時是少年中國學會的第一批成員之一。在他看來，缺乏更高的價值訴求，人生必定變得淺薄無聊。因此，在宗白華眼裡，「精神與肉體的奮鬥」，簡直就像一場人生的戰爭。他說：「普通一班根性淺、意志弱的青年，一定是拜倒肉慾生活之下，不敢稍有違抗，昏昏沉沉過一種庸俗機械的生活，滿足生理上的慾望，盡了自存傳種的責任就算是有幸福的了。」[35]宗白華最看不起「上海一班少年，終日放蕩佚樂」。這位態度溫和的作家甚至將他們譴責為「沒有生機的行屍走肉」。在寫給北京大學新潮社的康白情（1896-1956）等友人的信中，宗白華熱情地呼籲青年朋友們：「我們的生活是創造的。每天總要創造一點東西來，才算過了一天，否則就違抗大宇宙的創造力，我們就要歸於天演淘汰了。」[36]

五四時期，田漢（1898-1968）、郭沫若曾與宗白華就人生、文藝、社會等問題熱情通信，三人的書信後來合編為一冊《三葉集》出版。田漢對於宗白華關於人生觀的看法頗有同感。在寫給郭沫若的信裡，他轉述了這位好朋友的看法，並且激動地說：「我以為一個人總是在 Good 和 Evil 中間交戰的。戰得勝罪惡的便為君子，便算是個人；戰不勝罪惡的人，便為小人，便算是個獸！人禽關頭，只爭毫髮，是不容有中性的！」[37]

深受自由主義的影響的胡適，在 1929 年 4 月 27 日的日記裡有一段懇切的話，對於五四時期個人德性問題的描述最為貼切：「傅

---

[35] 宗白華：〈中國青年的奮鬥生活與創造生活〉，見《少年中國》第 1 卷第 5 期。

[36] 宗白華：〈致康白情等書〉，見《少年中國》第 1 卷第 3 期。

[37] 見《三葉集》，上海：上海亞東圖書館，1920 年。轉引自宗白華：《宗白華全集》第一卷，合肥：安徽文藝出版社，1994 年，第 258 頁。

孟真說，孫中山有許多很腐敗的思想，比我們陳舊的多了，但他在安身立命處卻完全沒有中國傳統的壞習氣，完全是一個新人物。我們的思想新，信仰新；我們在思想方面完全是西洋化了；但在安身立命之處，我們仍舊是傳統的中國人……孟真此論甚中肯。」[38]胡適轉引傅斯年的看法和自己的評語，顯然表明他自己對這段自我解剖也深有同感。傅斯年所說的「安身立命之處」，也就是現代人常常思考的「終極關懷」和人生價值的來源。實際上，傅斯年也相信：「人的精神的大小簡直沒法量它出來，以強意志練他，他就可以光耀歷史。」[39]

在《人生哲學》一書中，杜亞泉曾指出，所謂人生的價值，其意義與人格的價值大致相同。因此，作為道德上評價的對象，除開倫理的行為以外，更重要的其實是個人的「品性」。最初的品性是下次行為的根源，而下次行為所獲得的經驗，又影響於最初的品性。所以，品性既是行為的結果，也是行為的根源，可以從過去的行為論定，又可以從將來的行為推定。在杜亞泉看來，品性之所以能夠成為道德的評價對象，是因為品性由一個人的「心意」（自由意志）反覆習練而形成。不過，品性一旦形成以後，雖然能左右「心意」的傾向，但是「心意」仍然沒有失去自由。所以人們對於自己的道德品性，仍可以通過自由意志，加以努力持守或矯正。所以他才說，「吾人當內省自己的個性和品性，外察環境和生活的關係」，從而依據理性的指導，抑惡揚善[40]。這種「內省」就是品性的修養工夫，也是實踐倫理最為注重的一點。古來賢哲所謂的「學問」，

---

[38] 曹伯言整理：《胡適日記全編》（第五冊），合肥：安徽教育出版社，2001年，第404頁。

[39] 傅斯年：〈歐遊途中隨感錄〉，見《傅斯年全集》第一卷，第382頁。

[40] 杜亞泉：《人生哲學》，見《杜亞泉著作兩種》，第81-82頁。

都集中在品性的修養上面。另一方面，品性也是道德人格的重要內容。體現在裡面是品性，體現於外面則是人格。品性既然可以作為評價的對象，那麼，人格當然也可以當成評價的對象。我們通常說的善人或惡人，就是對於一個人的人格評價。所以，我們的修養工夫，就在於回復理性，養成高尚的情意，實現良心，同時「使良心握有偉大的權威，以支配其本能」。正因為如此，所以「性善的學說，實為吾國倫理及教育的基礎」[41]。

因此，生活的發展為人生必然的終極目的；而人格的實現，為人生當然的終極目的。既然如此，那麼終極的目的，就是至善，而從至善的理想出發為實現至善而不可不為的行為，就稱為「本務」。人生的意義與價值，就在於完善人格，實現至善。這就是杜亞泉說的：「吾人當依據至善的理想，隨時隨地地衡量審察，認明本務，躬行實踐，習熟以後，即成種種的德。品性因此確定，人格亦由此實現了。」[42]

正像五四時期倡導新人生觀的代表人物蔡元培所指出的那樣：「人類之義務，為群倫不為小己，為將來不為現在，為精神之愉快而非為體魄之享受。」[43]毫無疑問，蔡元培讚賞穆勒式功利主義關於個人自由的主張，但他始終沒有放棄對個人德性的培養。他不相信，如果沒有德性的培養，單單依靠個人的快樂和慾望的滿足，可以確保社會的進步[44]。事實上，在辛亥革命前，蔡元培就格外注重

---

[41] 同上，第 139、144 頁。

[42] 同上，第 162 頁。

[43] 蔡元培：〈世界觀與人生觀〉，見《蔡元培全集》第二卷，第 290 頁。

[44] 有趣的是，根據蔣夢麟的回憶，蔡元培早年參加鄉試的時候，文章裡曾寫過「觸目的」一句「夫飲食男女，人之大欲存焉」，而蔡元培又正是以這篇文章中了舉人。蔣夢麟說：「有一位浙中的老前輩，曾經把這篇文章的一大

個人德性對人生觀的引領作用。面對當時精神界「遷流之速，孳乳之繁」，多方學說紛至遝來以至於「幾成衝突」，在他撰述的《中國倫理學史》的序例中，他特別談到「精神科學史」的重要性，認為「苟不得吾族固有之思想系統以相為衡准，則益將旁皇於歧路」[45]。

1912 年，蔡元培與汪精衛（1883-1944）、張繼成立了「進德會」，對於個人的道德作出了嚴格的限定，試圖借此表明，新的政治秩序與傳統的儒家精神內涵並行不悖。正如狄百瑞（William Theodore de Bary）所說的：「在對聖賢的最高理想和獻身人類的追求中」，這位堅持理與心的研究的五四知識分子，仍然「堅決維護道德意志和嚴格的自我克制，進行極端的自我反省」[46]。

因此，蔡元培一直通過與人生觀塑造關係緊密的教育，來實踐自己溫和的道德主張和漸進式的社會變革。在他入主北大，成為這所中國近現代史上最有名望的大學的掌門人時，他所倡導的教育模式，正是他在德國留學時熟悉的洪堡（Wilhelm von Humbolat, 1767-1835）的理論。其中很重要的一點，就是對人文學科的偏愛以及對道德文明的高度重視。1917 年 1 月 4 日，當一輛四輪馬車載著這位北京大學的新校長進入北大校園時，他摘下帽子，向校園馬路兩旁朝他敬禮的工友鞠躬回禮。這一舉動讓在場的人深感震

段背誦給我聽過，可惜我只記得這一句了。」蔣夢麟：〈試為蔡先生寫一篇簡照〉，見《中央日報》，1940 年 3 月 24 日，轉引自關鴻、魏平主編：《現代世界中的中國——蔣夢麟社會文談》，上海：學林出版社，1997 年，第 179-180 頁。

[45] 蔡元培：《中國倫理學史》，見《蔡元培全集》第二卷，第 1 頁。

[46] 狄百瑞：《理學正統與理心說》，紐約：哥倫比亞大學出版社，1981 年，第 68 至 69 頁。轉引自魏定熙：《北京大學與中國政治文化（1898-1920）》，北京：北京大學出版社，1998 年，第 118 頁。

驚，「這麼高身分的人向卑微的雜役表示敬意是罕見的」。顯然，蔡元培希望通過自己的德行，改變彌漫在社會甚至大學校園之中的不良風氣。「此後，每天早晨進校時，他都要向站在大門旁的雜役鞠躬致敬。久而久之，這已經變成他的習慣」[47]。

1917 年 1 月 9 日，在蔡元培的北大就職演說中，如下的內容也就毫無疑問地具有相當重的分量：「諸君肄業大學，當能束身自愛。然國家之興替視風俗之厚薄。流俗如此，前途何堪設想。故必有卓絕之士，以身作則，力矯頹俗。諸君為大學學生，地位甚高，肩次重任，責無旁貸，故諸君不惟思所以感己，更必有以勵人。苟德之不修，學之不講，同乎流俗，合乎汙世，己且為人輕侮，更何足以感人。」[48]

不難理解，為何一年後蔡元培迅速發起成立了「北京大學進德會」。進德會成立的宣言表明，在蔡元培看來，腐化墮落的風氣仍是改革的最大的絆腳石。而對於自我道德的修行，比成為一流學者更為重要。他甚至認為，中華民族的命運，與知識分子是否願意進行重大的道德改革休戚相關[49]。

如前所述，在建立新的個人德性方面，五四的知識分子強化了穆勒修正式功利主義的思想精髓，用來平衡邊沁式功利主義中非精神性的傾向。在 19 世紀到 20 世紀人生觀的轉變過程中，如下觀念成為了五四知識分子的普遍共識：精神層面的快樂、個人道德情操的陶冶、為全體公眾謀求利益的快樂，在價值上遠高於個人感官享樂與物質慾望的滿足。因此，在功利與快樂成為新的倫理目標的

---

[47] 同上，第 141 頁。

[48] 蔡元培：〈就任北京大學校長演說詞〉，見《蔡元培全集》第三卷，第 6 頁。

[49] 蔡元培：〈北大進德會旨趣書〉，見《蔡元培全集》第三卷，第 127 頁。

時代裡，五四啟蒙知識分子倡導的德性倫理，擺脫了低層次的物質功利主義，直接指向傳統人生觀的「創造性轉化」。對於精神性的人生境界的追求，構成了個人德性重建的價值目標。

第二節　五四的個人主義：
從「小我」到「大我」

五四時期是一個現代個人崛起的時代，也是人生觀念變革的高潮。隨著天理世界觀面臨公理世界觀的挑戰，一個以超越德性為核心的宇宙觀衰微了，代之而起的是以人類自我為中心的世俗社會和目的論的歷史觀。在前現代社會，人們通過超越的「天」來確證德性之善。然而，當中國社會在清末民初的時候進入世俗時代，崇尚意志自主的個性解放、追求功利與快樂的個人自由，一躍成為五四時期道德觀念中重要的時代特徵——這也是五四時期的個人觀念相對於傳統社會而言變動最大的一面。

不過，五四時期崛起的現代個人，並非蘇格蘭啟蒙傳統所產生的「原子式」個人。五四時期的個人，雖然具有強烈的道德自主性，能夠自證價值，但是，在五四的知識分子看來，個人的意義與人生境界，仍然需要放置到更廣闊的社會時空和人類命運之中，才能得以延續與提升。因此，五四啟蒙思想中的新道德觀，依然保持著個人主義與群體意識的內在互動。對於五四的知識分子來說，個人人格的道德自覺，雖然已經與傳統儒家的人格理想拉開了距離，卻依舊包含著「修齊治平」的「群己」判斷——這是五四的個人觀念

相對於傳統社會不變的一面。這意味著，在五四的知識分子那裡，人生的意義與價值，不僅僅在於滿足一己私利，而是要為「社會」乃至「全人類」的福祉而奮鬥。

1916 年，在談到新文化運動這場「精神界除舊佈新的大革命」時，陳獨秀特別指出「人生歸宿」的解決之道就在於：「內圖個性之發展，外圖貢獻於其群。」[50]陳獨秀這一「群己」並提的表述，清晰地描繪出在「變」與「不變」的歷史圖像之中，五四個人觀的基本內容與時代特徵。用傅斯年的話說，那就是五四知識分子的人生觀是「為公眾的福利而自由發展個人」[51]。這意味著，「自我」雖然是充分發展個性的現代「自由人」，但自我的終極價值，仍要放到社會的幸福和人類的美好未來之中評估。

1.「群」的嬗變：「無中生有造社會」

五四時期的「群」的觀念，與「大我」的關係十分密切。五四的「群」與晚清的「群」雖然具有本質上的區別，卻是由後者發展而來。在晚清，特別是甲午戰爭之後，知識分子表述中的「合群」觀念，除了包括個人聚合成集體的意義外，主要想表達加強社會動員能力，形成強有力的整體的呼籲。不過，在當時急迫的政治情境之下，「群」的觀念與建構強大的民族國家的努力不可避免地直接相關[52]。當時知識分子受斯賓塞社會有機體論影響較大，在他們看來，社會的部分與整體之間，存在著有機的關聯。嚴復在他翻譯的《群己權界論》中，特別強調個人自由是促進「民智民德」以及達

---

[50] 陳獨秀：〈新青年〉，見《新青年》第 2 卷第 1 號，1916 年 9 月 1 日。

[51] 傅斯年：〈人生問題發端〉，見《新潮》第 1 卷第 1 號，1919 年 1 月 1 日。

[52] 王汎森：〈「群」與倫理結構的破壞〉，見氏著：《章太炎的思想——兼論其對儒學傳統的破壞》，臺北：時報文化出版企業有限公司，1985 年，第 244 頁。

到國家目的的手段[53]。1896 年，梁啟超在《說群》的序言當中講得更清楚：「啟超問治天下之道於南海先生。先生曰，以群為體，以變為用。斯二義立，雖治千萬年天下可已。」[54]按照張灝的分析，「群」的概念，在梁啟超那裡包含著三個層次：一是整合問題，二是政治參與問題，三是新的政治共同體的範圍問題。而這三個層次的核心，就是如何在民族國家的框架下，「將中國人集合成為一個有凝聚力的組織良好的共同體」[55]。1903 年，在《外交報》上一篇題為「論外交之進化」的文章中，作者更是將國家視為「群」的進化：「國者，人類之群之進化者也。而人者，又物質之群之進化。凡群之進化，恒與其所以為群之進化為比例。」[56]可見，在當時國家主義至上的風氣之下，晚清的個人被整體性地視為近代的「國民」，與近代的民族國家同構。

　　1911 年之後，中華民國雖然成立，共和國的政治秩序也得到初步認同，但是軍閥混戰、強人政治、稱帝復辟等一系列政治亂像，卻意味著新生的民國背離了共和精神。這使得民初的知識分子，對於晚清以來一直苦苦追求的國家政治集體失望。二次革命以後，由政治改造轉向社會改造，成為中國思想界一個相當重要的轉變。杜亞泉當時注意到，「向之以政治改造為唯一之希望者，今則以改造社會為唯一之鵠的矣」[57]。1914 年 4 月，張東蓀在文章中總結政治革命與社會革命的關係，指出「社會革命者，政治革命之本根也，政治革命之後盾也」。在他看來，政治革命的發生基於無形

[53] 史華慈：《尋求富強：嚴復與西方》，南京：江蘇人民出版社，1990 年，第 96 頁。
[54] 梁啟超：〈《說群》序〉，見《梁啟超全集》第一冊，第 93 頁。
[55] 張灝：《梁啟超與中國思想的過渡（1890-1907）》，第 53 頁。
[56] 〈論外交之進化〉，見《辛亥革命前十年間時論選集》第一卷上冊，324 頁。
[57] 傖父：〈命運說〉，見《東方雜誌》第 12 卷第 7 號。

的社會革命，政治革命應當為社會革命掃清障礙。所以，他說：「惟斤斤於簡單之政治革命者，擾亂社會之安寧，增加社會之厭惡心，其結果反有礙於社會革命之進行。」[58]1915 年 2 月，他更明確地指出：「中國國運之興也，不在有萬能之政府，而在有健全自由之社會，而健全自由之社會惟由人民之因人格優秀以成立……易言之，中國之存亡惟在人民人格之充實與健全」[59]。與此同時，梁啓超也提出了類似思想。他說，社會是政治的基礎，實現現代政治必須具備的諸多條件，「舍社會教育之外，更有何途可致者」[60]。黃遠庸（1884-1915）在《懺悔錄》中，則把改造社會和改造個人聯繫在一起：「欲改革國家，必須改造社會。欲改造社會，必須改造個人。社會者，國家之根底也，個人者社會之根底也」，並且提出要提倡獨立自尊，提倡神聖職業，提倡人格主義[61]。

從政治革命到重視個人人格和社會的改造，這一轉變正是五四倫理革命的前奏。所以，年輕一輩的傅斯年才憤激地稱中華民國是個「水窮山盡」的「滑稽的組織」。其原因就在於，「思想不變，政體變了。以舊思想運用新政體，自然弄得不成一件事」[62]。在他看來，單純的政治運動不能有效地形成良善的社會，而只能對「造社會」起到激活的作用。因為，「凡相信改造是自上而下的，就是以政治的力量改社會，都不免有幾分專制的臭味；凡相信改造是自下

---

[58] 張東蓀：〈政治革命與社會革命〉，見《正誼》第 1 卷第 4 號。

[59] 張東蓀：〈根本救國論〉，見《正誼》第 1 卷第 7 號。

[60] 梁啓超：〈政治之基礎與言論家之指針〉，見《梁啓超全集》第一冊，第 2796 頁。

[61] 黃遠庸：《懺悔錄》，見《遠生遺著》第 1 卷，北京：商務印書館，1984 年，第 134 頁。

[62] 傅斯年：〈白話文學與心理的改革〉，見《新潮》第 1 卷第 5 號，1919 年 5 月 1 日。

而上的，都是以社會的培養促進政治，才算有徹底的覺悟」[63]。由於國家主義的暫時衰歇，使得五四時期知識分子對「群」的追求不再指向「國家」，轉而投向目標更為高遠的「社會」、「世界」乃至「全人類」。

　　1917 年，在杭州主編《新教育》雜誌的蔣夢麟，就將雜誌的主旨定位在「養成健全之個人，創造進化之社會」[64]。1919 年，蔡元培在為《國民雜誌》所作的序言中，也明確說：「積小群而為大群，小群之利害，必以不與大群之利害相抵觸者為標準。」在蔡元培看來，國民同時也是世界人類之一分子，「苟倡絕對的國家主義，而置人道主義於不顧，則雖以德意志之強而終不免於失敗，而況他乎」[65]。可見，在五四的知識分子那裡，現代的個人實際上具有兩個面向：一方面，現代個人的解放，本身就是目的而非手段，但另一方面，解放個人又是實現更大的群體目標的一個階段性步驟。也就是說，五四時期實際上存在著「以解放個人為目的而非手段」和「解放個人但目的仍為群體」兩種傾向。[66]根據當時章太炎「大獨」為「大群之母」的說法，前一傾向之中的「個人」與「社會」可以相通；而後一傾向，則與傳統儒家從個人修身到「治國平天下」的道德主張暗合。按照胡適的判斷，1923 年前，是「維多利亞時代，從梁任公到《新青年》，多側重個人的解放」，此後則是集團主義傾向，那是「無論為民族主義運動，或共產革命運動，皆屬於這反個人主義的傾向」[67]。實際上，胡適劃分的這一界限也較為模糊。歷史地看，

63　傅斯年：〈時代的曙光與危機〉，見《傅斯年全集》第一冊，第 346 頁。
64　蔣夢麟：《西潮》，第 101 頁。
65　蔡元培：〈《國民雜誌》序〉，《蔡元培全集》第三卷，第 255 頁。
66　魯萍：〈「德先生」和「賽先生」之外的關懷〉，《歷史研究》，2006 年第 1 期。
67　曹伯言編：《胡適日記全編》第六冊，第 257 頁。

從晚清以來，除開新文化運動時期個人解放成為主要目標以外，在這之前和之後，個人倫理革命仍沒有離開「群」的宗旨和前提。

1917 年，陶履恭已經注意到，「社會」一詞，是「此近來最時髦之口頭禪」[68]，並且社會還涵蓋了個人的種種關係。因此，新文化運動時期一個引人注目的現象，自然是不少知識分子認為中國「無社會」，所以需要「造社會」。王汎森指出，「這代表了當時青年一種模糊的感覺，覺得當時中國除了『德先生』與『賽先生』之外，還有比這兩者更為迫切的社會問題」[69]。1919 年 1 月 1 日，在〈《新潮》發刊旨趣書〉中，傅斯年說：「中國社會形質極為奇異。西人觀察者恒謂中國有群眾而無社會，又謂中國社會為二千年前之初民宗法社會，不適於今日。尋其實際，此言是矣。蓋中國人本無生活可言，更有何社會真義可說？」他抱怨說，「中國一般的社會，有社會實質的絕少」，更多的是群眾的集合，「有群眾無社會」。傅斯年認為，作為「有能力的社會，有機體的社會」，重要的標誌是「密細的組織，健全的活動力」。如果僅僅是散沙一盤，那只能說是「烏合之眾」。他以官署為例，認為這樣的「政治上的社會」，「何嘗有活動力？何嘗有組織？不過是無機物罷咧」[70]。

然而，民初共和精神的沉淪，在五四知識分子看來，恰恰需要具備社會責任心的公民精神來挽救。對於這一深層次的問題，傅斯年看得非常清楚：「假使中國有社會，決不會社會一聲不響，聽政府胡為，等學生出來號呼。假使中國有社會，決不會沒有輿論去監

---

[68] 陶履恭：〈社會〉，見《新青年》第 3 卷第 2 號，1917 年 4 月 1 日。

[69] 關於五四的「重建社會」，參見王汎森：〈傅斯年早期的「造社會」論〉，《中國文化》，1996 年第 14 期。

[70] 傅斯年：〈《新潮》發刊旨趣書〉，見《新潮》第 1 卷第 1 號，1919 年 1 月 1 日。

督政府。假使中國有社會，決不會糟到這個樣子。」正因為如此，傅斯年才說，如今「無中生有的去替中國造有組織的社會，是青年的第一事業」[71]。可以看到，對社會的自我理解與建構，使得五四時期個人與社會之間建立起了一個邏輯關係：個人不僅要發展自己的個性，而且必須承擔社會和人類的責任。當時的知識分子意識到，「一般的社會裡，總有若干公共遵守的信條」；而這些信條的作用，「全是為增進社會的幸福起見」[72]。

因此，傅斯年號召年輕人，為了「公眾的福利」來「自由發展個人」也就不足為奇了。他闡釋說：「怎樣叫自由發展個人？就是充量發揮己身潛蓄的能力，卻不遵照固定的線路。怎樣叫做公眾的福利？就是大家皆有的一份，而且是公共求得的福利。為什麼要為公眾的福利？就是因為個人的思想行為，沒有一件不受社會的影響，並且社會是永遠不消滅的。」[73]他在 1919 年五四運動發生後興奮地寫道：「五四運動可以說是社會責任心的新發明，這幾個月黑沉沉的政治之下，卻有些活潑的社會運動，全靠這社會責任心的新發明……所以從 5 月 4 日以後，中國算有了『社會』了」。[74]

與此同時，羅素、杜威等西方學者在中國的訪學，也對中國知識界的「社會」觀念的成熟產生了催化作用。杜威在〈美國之民治的發展〉和〈社會哲學與政治哲學〉的演講中，強調經濟平等的社會經濟的民治主義，已經突破了古典自由主義的立憲民主觀念，而融入了社會主義的價值訴求。羅素為中國自由主義發展，也提出了

---

[71] 傅斯年：〈青年的兩件事業〉，見《傅斯年全集》第一卷，第 385 頁。

[72] 傅斯年：〈社會的信條〉，見《新潮》第 1 卷第 2 號，1919 年 2 月 1 日。

[73] 傅斯年：〈人生問題發端〉，見《新潮》第 1 卷第 1 號，1919 年 1 月 1 日。

[74] 傅斯年：〈時代與曙光與危機〉，見《傅斯年全集》第一卷，第 355 頁。

「國家社會主義之路」的方案[75]。可以說，西方學者解決中國問題的看法，與當時中國思想界的訴求非常接近，或多或少趨向某種形式或流派的社會主義。作為比國家更加廣闊的概念，「社會」與「造社會」說的興起，也伴隨著對社會大眾平等觀念的認同與接受[76]。

　　1920 年，來華訪學的杜威注意到：「中國現在的社會，已知打破階級制度，求自由，求平等；提倡群眾運動，謀互助，謀合力」[77]。而在傅斯年看來，社會運動不僅是一個比政治革命更高的層次，同樣也意味著一場範圍更廣的平民運動。他說：「近兩年裡，為著昏亂政治的反響，種下了一個根本大改造的萌芽。現在仿佛像前清末年，革命運動、立憲運動的時代一個樣，醞釀些時，中國或又有一種平民運動。」[78]他甚至預言，今後人人以「社會為家」將成為時代精神，而其中平等佔據了重要的地位：「人人以『社會為家』……據我分析看來，有幾層意思，第一，負社會的責任，拿做當唯一的責任，遠在個人的家庭責任心之上；第二，覺得社會有和家庭同樣的戀愛力，不特不能離，且斷乎不忍離，為他出力，不專希望成就取得報答，有不止不倦的心境；第四，把家族的親密誠實無間、無拘無偽的意味推到社會上。有這番理解，然後人的動力可以充量發洩，而換到要求平等的效果。」[79]

---

[75] 馮崇義：《羅素與中國──西方思想在中國的一次經歷》，北京：三聯書店，1994 年，第 148-151 頁。

[76] 金觀濤、劉青峰：〈從「群」到「社會」、「社會主義」──中國近代公共領域變遷的思想史研究〉，見氏著：《觀念史研究──中國現代重要政治術語的形成》，香港：香港中文大學當代中國文化研究中心，2008 年，第 184 頁。

[77] 杜威：〈新人生觀〉（1920 年 4 月 11 日杜威在南京的講演），見《學生雜誌》第 7 卷第 6 號，1920 年 6 月 5 日。

[78] 傅斯年：〈《新潮》之回顧與前瞻〉，見《新潮》第 2 卷第 1 號，1919 年 10 月 30 日。

[79] 傅斯年：〈時代的曙光與危機〉，見《傅斯年全集》第一卷，第 346 頁。

　　可見，五四時期的個人解放的最終目的，仍要歸結到社會的解放與改革。特別是五四學生運動以後，這一為了社會這個「大群」而解放個人的傾向已經相當明顯。胡適一方面指責社會最大的罪惡，莫過於摧折人的個性，但同時也指出，「個人是社會上種種勢力的結果。我們吃的飯，穿的衣服，說的話，呼吸的空氣，寫的字，有的思想……沒一件不是社會的」[80]。傅斯年也說：「五四運動過後，中國的社會趨向改變了。有覺悟的添了許多，就是那些不曾自己覺悟的，也被這幾聲霹靂，嚇得驚醒。北大的精神大發作。社會上對於北大的空氣大改變。以後是社會改造運動的時代。我們在這個時候，處這個地方，自然造成一種新生命。」[81]

　　傅斯年對於「造社會」的理解，源於對所處時代的判斷。他認為，「現在的時代」正是「在一步一步以理性為根據、要求平等的長時期中的一級」。這使得當時的青年一代，將「社會」看成解決一切問題的關鍵。而且，這個社會基本上不是從傳統社會那裡繼承過來的，而是通過人的理性能力規範建設起來的「新社會」。所以，他充滿自信地呼籲：「我們必須建設合理的新信條，同時破除不適時的舊信條。」[82]如果參照他同時期對「真我」的強調，可以注意到，五四運動之後，傅斯年感到「新道德觀念必然要自動的即刻從個個青年腦中溢出，而社會道德必成此後這個時代的一個最大問題」[83]。實際上，傅斯年敏銳覺察到的「社會道德」問題，已經折射出「社會」在當時人心目中的主體地位，並且漸漸取代幾年前的

---

[80] 胡適：〈非個人主義的新生活〉，見《新潮》第 2 卷第 3 號，1920 年 2 月。

[81] 傅斯年：〈《新潮》之回顧與前瞻〉，見《新潮》第 2 卷第 1 號，1919 年 10 月 30 日。

[82] 傅斯年：〈社會的信條〉，見《新潮》第 1 卷第 2 號，1919 年 2 月 1 日。

[83] 傅斯年：〈時代與曙光與危機〉，見《傅斯年全集》第一卷，第 355 頁。

「個人」觀念。五四運動之後，各種各樣的社會運動，如新村實踐、工讀互助、平民教育講演團等等風起雲湧。知識分子試圖通過「社會」，重新尋回共和的精神和自我的價值。

五四的現代個人解放的潮流，與西方的個人主義無法完全劃上等號，與英美式的自由主義也不盡相同。在「五四」一代看來，對於社會運動和不久以後的救國目的來說，個人解放與維護個人權利的作用大體一致。因此，「五四」時期的個人解放與「造社會」的目標緊密聯繫在一起。在強調「小我」的個人價值的同時，知識分子特別重視個人對「大我」也就是社會的責任。那是一種較之個人和國家更加高遠的人生價值所在，也是「五四」啟蒙知識分子的人生觀所繫。

2.人生價值：在「小我」與「大我」之間

從晚清的「國家有機體」到五四時期的「社會有機體」，「群」的觀念在一個世俗時代裡有了歷史性地延續與深化。與晚清知識分子建構強大民族國家的價值訴求不同，由於國家主義的衰落，五四時期的「個人」不再是與國家一體化的整體性「國民」，而是成為獨立的、具有內在深度的自我。另一方面，五四時期的個人解放和倫理革命，雖然擺脫了民族國家的框架和儒家的超越德性，卻並沒有導向一種權利式的原子個人。在五四知識分子的道德觀當中，個人價值的實現與德性重建，和創造一個美好社會的目標緊密聯繫，平衡了唯利的功利主義和唯我的個人主義傾向。羅家倫在《新人生觀》一書中認為，整個人生的目的，就在求「自我的實現」，也就是「充分的發展自己，充實自己，以求達到盡善盡美篤實光輝的境地」。但另一方面，他又強調，「這一切的一切，都非在大社

會中實現不可。所謂大社會，就是整個的大我。」[84]可見，在張揚個人能力、充分發揮意志自主性的同時，五四的知識分子堅信，一個自由發展的個人，決非「為我」而獨自存在，同時也肩負著對於人類社會的神聖責任。這正是五四時期啟蒙知識分子的人生觀——「小我」只有在「大我」的實現中，才能完成人生價值的最終定位。

　　「小我」與「大我」的區分，與自我認知中對於超越價值的追求密切相關。雖然它們是晚清出現並在五四時期擴展與流行的一對概念，但在傳統儒家關於自我的觀念中，卻已經形成類似二分的思想，比如私人與公共、慾望與精神、自利與公義、個體與群體等。相對而言，「小我」的個性特徵大多表現為前一類描述，而「大我」的內涵則與後一組概念密切相關。在中國古代，自我是關於一個人的身份和關係的共有意識。從價值論的角度看，古代中國的「小我」之善，來自於對超越性源頭「天」的道德追求。孔子以「仁」為最高的道德意識，這個意識內在於人性，其源頭仍在天。在孟子看來，學習成「仁」的方法，首先是心的醇化和滋養。他認為，如果人們能充分擴充「小我」的心，我們就能徹底實現我們的人性；如果我們能徹底實現一己「小我」的人性，我們就能「知天」。按照杜維明的解釋，「人作為天的創造過程的不可分割的組成部分，不僅被賦予了宇宙『中心性』（最精緻的品質），而且也擔負著使宇宙完成轉化的使命。人知天的唯一途徑，就是深深地滲入人自己的存在的基礎。」[85]

――――――――――――

[84]　羅家倫：《新人生觀》，瀋陽：遼寧教育出版社，1997年，第81頁。

[85]　杜維明：《儒家思想新論：創造性轉換的自我》，南京，江蘇人民出版社，1995年，第71頁。

　　既然人性來自於天，因此，在自我與家、國以及天下建立關係的過程，也正是「小我」通過道德的自我修養逐漸實現「大我」的過程。根據社會學家米德（George Herbert Mead, 1863-1931）的分析，自我的統一性和結構，反映了作為一個整體的社會過程的統一性和結構。「因此，如果心靈是由社會造成的，那麼任何一個個體心靈的區域或中心必定擴展到形成它的任何一個社會活動或機構或社會關係擴展到的地步，因此這種區域不可能被它所屬的個體機體的外表所限制」[86]。所以，「小我」的擴展最終達到與普遍性的「天」的一致。在這一過程中，自我經歷了與一系列不斷擴展的社會人際交往的具體道路。可見，《大學》中所講的「身修而後家齊，家齊而後國治，國治而後天下平」，意味著儒家堅信，自我的完善性可以擴展到家庭、國家乃至天下。

　　正是由於這一過程是由人的主體性不斷深化的過程，因此，在這一過程中，最終的自我轉換與社會相聯繫的行為之間，存在著一系列的張力。所以，以「克己復禮」為核心內容的修身努力，也就是不斷壓抑私欲和克制自我的鬥爭。具體地說，在齊家、治國、平天下的脈絡之中，人們必須超越「小我」。因為「小我」的價值不是自明的，需要在對「大我」的追求與實踐中才能證明其價值與意義。而且，「大我」的擴展空間越大，其意義與價值也就越大。即使到了五四時期，儒家的超越價值已經衰微，現代個人開始在功利目的之下「自作主宰」，但這種中國式的群己觀念，在一個世俗時代仍然深深地影響著知識分子的人生觀和德性重建。

---

[86]　郝大維、安樂哲：《漢哲學思維的文化探源》，南京：江蘇人民出版社，1999年，第 47 頁。

在近代中國，最早提出並區分「大我」與「小我」這一對概念的是梁啟超[87]。他在寫於 1900 年的〈中國積弱溯源論〉一文中，特別談到「大我」是「一群之我」，「小我」是「一身之我」[88]。四年後，梁啟超又指出：「何謂大我？我之群體是也。何謂小我？我之個體是也。」「死者，吾輩之個體也；不死者，吾輩之群體也。」[89]1906年，在日本的宋教仁也談到，自我要實現真正的「為我」，則「我」的「範圍不可不大，時間不可不長，程度不可不高」。因為，「有大之『自我』之人類能容小之『自我』之人類，而有小之『自我』之人類則不能容大之『自我』之人類者也」。宋教仁注意到，只有「合此三者，而又加之以利害關係」，才能將個人「推之極真且大」，徹底超越「小我」的唯我主義的流弊[90]。從梁啟超和宋教仁的描述中不難看到，晚清知識分子把對於「大我」與「小我」的理解，放到了一個群與己、國家與國民的空間性框架之中。與此同時，這一對概念又與晚清最為強勁的進化論思潮結合，伴隨著「小我」的消亡與「大我」的永存，自我觀念具有了「通向未來」的時間性歷史維度。透過時間與空間的雙重視域，晚清的知識分子大大深化了對於「個人」以及個人價值的自我理解。

到了五四時期，「大我」與「小我」的理念，在陳獨秀、胡適、蔡元培、傅斯年等人的大力倡導之下，成為當時知識分子之中最具有感召力的人生觀念。五四的啟蒙知識分子究竟怎樣理解「大我」與「小我」？在〈自治與自由〉一文中，高一涵援引哲學家鮑桑葵

---

[87] 許紀霖：〈個人主義的起源──「五四」時期的自我觀研究〉，《天津社會科學》，2008 年第 6 期。

[88] 梁啟超：〈中國積弱溯源論〉，見《梁啟超全集》第一冊，第 417 頁。

[89] 梁啟超：〈余之死生觀〉，見《梁啟超全集》第二冊，第 1373 頁。

[90] 宋教仁：《宋教仁日記》，第 275 頁。

（Bernard Bosanquet, 1848-1923）的話說:「自治者,勉小己以赴大己,克私利群之謂也。」在他看來,「小己者何?離群獨處之身,偏頗奇特之用,孤立而外於群者也;大己者何?由歷史以觀,即立國以來世世相承之民族性;由人道以觀,則人類眾生心心相印之公同。」[91]顯然,在五四時期,「小我」所蘊含的私欲、孤立、偏執的負面因素,在知識分子眼中仍是需要予以克服與平衡的對象。而「大我」的範圍、時間與程度,則較之晚清時代大大擴展,成為一個世俗歷史的時間維度下民族和人類的公益。羅家倫在《新人生觀》中對於「大我」人生觀的描述,則以文學化的筆法,讓「大我」與「小我」之間的關係,顯得既真切全面又透徹感人:

> 「我們不要看得人生太小了,太窄了。太小太窄的人生是發揮不出來的。……我們所以有現在,是多少人的汗血心血培成的。……我們負於大社會的債務太多了。只有藉他們方能充實形成小我。反過來也只有極力發揮小我,擴充小我,才能實現大我。為小我而生存,這生存太無光輝,太無興趣,太無意識。必須小我與大我合而為一,才能領會到生存的意義。必須將小我來提高大我,推進大我,人群才能向上,不然小我也不過是洪流巨浸中間的一個小小水泡,還有什麼價值?」

張灝曾深刻指出五四思想所具有的「兩歧性」,其中之一就是「個人主義與群體意識」的並立[92]。其實,五四時期個人與群體之

---

[91] 高一涵:〈自治與自由〉,見《青年雜誌》第 1 卷第 5 號,1916 年 1 月 15 日。

[92] 張灝:〈重訪五四:論五四思想的兩歧性〉,見余英時等:《五四新論》,第 54 頁。

間「兩歧」的張力，如果從知識分子「大我」與「小我」的人生觀角度來看，卻體現為兩者之間「有機」無礙的彼此融通。1915 年，陳獨秀發表〈東西民族根本思想之差異〉，極力頌揚西方文明，認為西方文明的一大特色和優點，就是西洋民族以個人為本位，「舉一切倫理、道德、政治、法律，社會之所嚮往，國家之祈求，擁護個人之自由權利與幸福而已」[93]。在 1918 年的〈人生真義〉一文中，陳獨秀又不惜筆墨強調了一種「群體為主，個人為輔」的社會有機體的思想：「人生在世，個人是生滅無常的，社會是真實的存在。」「社會是個人的總壽命。社會解散，個人死後便沒有連續的記憶和知覺，所以社會的組織和秩敘【序】，是應該尊重的。」「個人之在社會好像細胞之在人身，生滅無常，新陳代謝，本是理所當然，絲毫不足恐怖。」在文章中，陳獨秀更以一種創造美好未來的歷史語氣，號召青年：「個人生存的時候，當努力造成幸福，享受幸福；並且留在社會上，後來的個人也能夠享受，遞相授受以至無窮。」[94]

在後來所寫的〈自殺論──思想變動與青年自殺〉一文當中，陳獨秀說：「我們個體的生命，乃是無空間時間區別的全體生命大流中底一滴；自性和非自性，我相和非我相，在這永續轉變不斷的大流中，本是合成一片，永遠同時存在，只有轉變，未嘗生死，永不斷滅。如其說人生是空是幻，不如說分別人我是空是幻；如其說一切皆空，不如說一切皆有；如其說『無我』，不如說『自我擴大』。物質的自我擴大是子孫，民族，人類；精神的自我擴大是歷史。」[95]

[93] 陳獨秀：〈東西民族根本思想之差異〉，見《青年雜誌》第 1 卷第 4 號，1915 年 12 月 15 日。

[94] 陳獨秀：〈人生真義〉，見《新青年》第 4 卷第 2 號，1918 年 2 月 15 日。

[95] 陳獨秀：〈自殺論──思想變動與青年自殺〉，見《獨秀文存》，合肥：安徽

　　對於「小我」與「大我」，《新青年》的作者易白沙有著頗為別緻的看法。他強調以「先後」論，「我為先，世界次之，國家為後」，但若以「輕重」論，則是「世界為重，國家次之，我為輕」。為什麼兩者會存在價值序列上的差異？易白沙的回答是：「有犧牲個體小我之精神，斯有造化世界大我之氣力；有我溺我饞之心，斯有惟我獨尊之概。」所以，在易白沙看來，「個體之小我亡，而世界之大我存」，也就意味著「小我」與「大我」在一個巨大的時空中融合為一：「去軀殼之我，留精魂之我也；化有數之我，為無數之我也。壽此數十百年之我，為千百世紀無終之我也。非我無以驗世界，非世界更無以儲我。我與世界，實未有分。我亡而世界未亡，故我之我亡，世界之我不亡。」[96]

　　在五四時期以倡導「新村的精神」與實踐的周作人，也特別談到新村的目的就在於「過正當人的生活」。其內涵有兩條，其中之一就是，只有「盡了對於人類的義務，卻又完全發展自己的個性」，道德上才不愧為「正當的新人」。在周作人看來，生存與幸福，是個人目的，也是人類的意志。作為五四時期新人的道德正當性，就在於首先承認人類是一個整體，個人是整體的單位。所以，這位五四時期以呼籲「人的文學」而名震一時的作家，在〈新村的生活〉中寫道：「先在世上為了生存而勞動，更為發展自己的天賦的才能而生存。……我望將來有這一個時代，各人須盡對於人類的義務，又能享個人的自由。」周作人相信，個人的生長與人類的生長，同時並重，彼此之間是協力與自由、互助與獨立的互動關係。「在這樣的生活裡，才覺得我是『唯一者』的所有，卻又是人類的一員，

<hr>

人民出版社，1987年，第272頁。
[96]　易白沙：〈我〉，見《青年雜誌》第1卷第5號，1916年1月15日。

互相維繫著」[97]。周作人相信，只有在「人類」這一「大我」渾融的感情之下，五四的道德改革才能真正擁有精神的力量與自身的特色，才能改變過去謬誤的人生觀，建立新道德的根本。

從高一涵、羅家倫到陳獨秀、周作人的表述中可以看到，首先，五四時期的「大我」由「自我」延伸而來。在五四的知識分子這裡，「小我」已經從一個大的共同體（如家庭、宗族、國家）之中分離出來，具有了「自我擴大」的能力和獨立的價值。其次，「小我」價值的輕重與高下，仍需要放置到社會這個「大我」的平臺上衡量。民國初年，戴季陶撰文談「世界國民」時說：「人生於宇宙之間，生生死死，存存無無，其生活所系者，世界而已，社會而已，而更何必又此等級界限之國家存乎其間，以破壞人類之大同精神耶？」戴季陶注意到，在現代社會中，人的交往的廣度和深度，較之傳統社會已經大大擴展，形成了一種「世界之大勢」。因此，「國民之責任，世界之責任也，國民之幸福，世界之幸福也，國民之道德，世界之道德也。苟有一念離乎世界者，則不合乎人道者也」[98]。到了五四運動當年，戴季陶明確地談到個體之「小我」與「群體」之「大我」之間的有機聯繫：「群體是個體的總和，一切個體都是為群體而生，群體也是因個體而有。各個體在群體生存的基礎上，人人負擔一個為群體的責任，全群體對於各個體，同時也擔負一個使各個體充分發展的責任。」[99]因此，五四時期的「大我」，既是一個由世俗歷史目的論塑造的時間概念，指向的是人類

97　周作人：〈新村的精神〉，見《新青年》第 7 卷第 2 號，1920 年 1 月 1 日。

98　戴季陶：〈世界國民論〉，見《民立報》1910 年 10 月 14 日-16 日。

99　戴季陶：〈舊倫理的崩壞與新倫理的建設〉，見《星期評論》第二十、二十五號，1919 年 10 月 19 日-11 月 23 日。

的美好未來；同時，也是一個超越民族國家之上、屬於「人類社會」和「世界」的空間概念，具有更高的普世價值內涵。

3.「不朽」：從「真我」到「真社會」

由「大我」與「小我」所構建的道德坐標系，也成為五四知識分子理解「真實的」自我、他人與社會，丈量個人主義與功利主義內在深度與廣度的一把標尺。1917 年，對於剛剛在湖南發起的新民學會而言，共同的感想就是追求「個人及全人類生活向上」。毛澤東在《湘江評論》創刊宣言中寫道：「自文藝復興，思想解放，『人類應如何生活』成了一個絕大的問題。」[100]根據新民學會的成員回憶，當時舊思想舊倫理和舊文學，在他們心目中已經「一掃而空」，「頓覺靜的生活與孤獨生活之非，一個翻轉而為動的生活與團體的生活之追求」[101]。武昌的互助社和利群書社，幾乎與新民學會同時成立。社員們在彼此的通信中也相信「只要真正的不自私自利，用全副精神到社會上，無論怎樣的犧牲都可」。對他們來說，「共同生活的團體為維持我們個人合理的生活和發展懷抱的唯一利器」，而集合「小我」的力量去征服環境，「我們的目的是在造一個圓滿歡樂的黃金世界。」[102]

在五四時期，與各種學會和學生社團一起迅速擴張的，還有遍佈北京、四川、湖南、浙江等地的各種青年刊物。1919 年，由北平新學會出版的《解放與改造》雜誌在宣言中說：「既然文化普遍

---

[100] 毛澤東：〈《湘江評論》創刊宣言〉，見劉宏權、劉洪澤主編：《中國百年期刊發刊詞 600 篇》，北京：解放軍出版社，1996 年，第 132 頁。

[101] 張允侯等編：《五四時期的社團》第一冊，第 574-575 頁。

[102] 同上，第 168、177、197 頁。

了所有的各階級各民族，就應該把人類全體做一個目標去求全人類均衡的幸福，不應該把一個階級一個民族做目標去求他們的幸福。」同年在天津出版的《新生命》也呼籲「犧牲一切虛榮心、利己心」，去創造一個「以自由、平等、博愛、互助為基礎的新社會」。而《浙江新潮》發刊詞則明確表示，要「謀人類——指全體人類——生活的幸福和進化」。[103]當時由少年中國學會在四川創辦的《星期日》，同樣明確表示了「小我」對於「大我」的美好期待：「從這黑暗的世界裡，促起人人的覺悟，解脫了眼前的一切束縛，根據著人生的究竟，創作人類公同享受的最高幸福的世界。」[104]北京大學的《新潮》雜誌，則在其發刊的旨趣書中寫道：「（吾校）所培植皆適於今日社會之人也；今日幸能漸入世界潮流，欲為未來中國社會作之先導。」[105]

在一個超越價值衰微的世俗時代，五四知識分子對於個人德性的重建，正是在這樣的理性思辨與社會實踐之中，引領著「小我」努力朝社會、世界和人類的「大我」新境界昇華。就像傅斯年在《新潮》創辦一年以後鄭重其事地談到的：「我只承認大的方面有人類，小的方面有『我』是真實的。『我』和人類中間的一切階級，若家族、地方、國家等等，都是偶像。我們要為人類的緣故，培成一個『真我』。」[106]

時任北大教授的王星拱，在談到五四時期人生觀的時候，特別強調，「我」雖然不是為社會而生存，但是「我」必定憑藉社會而

---

[103] 劉宏權、劉洪澤主編：《中國百年期刊發刊詞600篇》，第141-146頁。

[104] 張允侯等編：《五四時期的社團》第一冊，第255頁。

[105] 傅斯年：〈《新潮》發刊旨趣書〉，見《新潮》第1卷第1號，1919年1月1日。

[106] 傅斯年：〈《新潮》之回顧與前瞻〉，見《新潮》第2卷第1號，1919年10月23日。

生存，所以「我」和「社會」是分不開的。「社會就是許多的我集合而成，所以我應該替社會謀利益；為社會謀利益，就是為我謀利益。」「人」的思想在王星拱這裡，也因此獲得了一種更豐富的理解。那就是作為「小我」之我，對於「大我」之社會的服務，是一種屬於個人意志自決的權利──為大眾謀貢獻，應當成為每一個「小我」的自身使命。反過來說，「社會應該有讓我替社會謀利益的機會。若是社會沒有這個機會給我，就是剝奪我的生存，就是不良的社會。不良的社會，我就應該和他奮鬥，就應該改造他。因為每一個我，都有專長。若是每一個我不能發揮它的專長，那社會是不會好的。所以我和不良的社會奮鬥，一方面是為我爭生存的權利，一方面是為【我】爭『應該服務社會』的義務。這樣的思想，才是『人』的思想。」[107]

只有在「大我」和「小我」的框架下，才能真正實現「真我」和「真社會」，個人的價值才能因社會的不朽而不朽。在五四時期的知識分子當中，就個人理念而言，胡適無疑是與西方個人主義思想契合最深的人。他所倡導的「易卜生主義」的人生觀，主張「真正純粹的為我主義」，「須使個人有自由意志」，「須使個人擔干係、負責任」，在五四時期的道德變革中掀動一時。不過，胡適也承認，「易卜生主義」雖是「為我主義」，其實是「最有價值的利人主義」。它既主張個人充分發揮自己的個性，但落腳點卻又在於「靠個人的情願和精神上的團結做人類社會的基本」[108]。面對民國初年物慾主義和唯我主義風氣的盛行，胡適試圖通過對真假個人主義的區分，實現對個人價值觀念更深層次的理解。他在文章

---

[107] 王星拱：〈奮鬥主義之一個解釋〉，見《新青年》第 7 卷第 5 號，1920 年 4 月 1 日。
[108] 胡適：〈易卜生主義〉，《新青年》第 4 卷第 6 號，1918 年 6 月 15 日。

中寫到：「假的個人主義就是為我主義（egoism），他的性質是自私自利，只顧自己的利益，不管群眾的利益。」[109]唯利的功利主義導致唯我的個人主義甚囂塵上，這樣的狀況顯然讓胡適感到不安：「『為全種萬世而生活』就是宗教，就是最高的宗教；而那些替個人謀死後的『天堂』、『淨土』的宗教，乃是自私自利的宗教。」[110]

　　為了抗衡「假的為我主義」，建立一套五四時期的新人生觀，胡適宣稱他的「宗教信仰」乃是「社會不朽論」。很明顯，其思想來源一方面是杜威自由主義中的淑世精神，另一方面則和傳統儒家的群己觀密切相關。無論從時間的縱軸還是空間的橫軸來看，胡適的「社會不朽論」都可以視為一種社會、世界乃至歷史的有機體的觀念。在這個有機體裡，個人獨立的價值淡化了，「小我」只有在作為社會一員時，才有終極的價值。同時，值得注意的是，在胡適那裡，通過「大我」實現個人德性的「不朽」論，也可以看成是「人人皆可為堯舜」的一次世俗化翻版。傳統社會立德、立功、立言的「三不朽」，屬於那些建功立業的英雄人物，但在一個超越價值祛魅的時代，「不朽」的光環同樣可以籠罩在一個個生命短暫、身份卑微的芸芸眾生頭頂。這就是社會根據其對個人功績的判斷所能賦予的「不朽」[111]。也就是說，不論「小我」的事業功德、社會地位如何，只要在個人意志自主性之下「自作主宰」，其言語行動「一一都留下一些影響在那個『大我』之中，一一都與這不朽的『大我』一同永遠不朽」。因此，在這樣一種「社會不朽論」影響下，「小我」對於「大我」的社會責任，就成為新的德性之源。

---

[109] 胡適：〈非個人主義的新生活〉，見《胡適文存》第二卷，第 564-565 頁。
[110] 《科學與人生觀》，第 22 頁。
[111] 格里德（J.B. Grieder）：《胡適與中國的文藝復興——中國革命中的自由主義（1917-1937）》，南京：江蘇人民出版社，1996 年，第 114 頁。

這既是五四時期知識分子人生觀的價值預期，也是對個人道德的重新理解：「我這個現在的『小我』，對於那永遠不朽的『大我』的無窮過去，須負重大的責任；對於那永遠不朽的『大我』的無窮未來，也須負重大的責任。我須要時時想著：我應該如何努力利用現在的『小我』，方才可以不辜負了那『大我』的無窮過去，方才可以不遺害那『大我』的無窮我未來？」[112]

胡適的「社會不朽論」是「易卜生主義」朝向「大我」的一次延伸。易卜生主義的側重點在於，強調自由的個人是敢於「擔干係、盡責任」的個人，但在「社會不朽論」裡，「盡責任」的對象不僅是一己「小我」，而是延伸到了人類社會和美好未來這個不朽的「大我」。這一強調社會責任的「社會不朽論」對於五四時期人生觀的建構影響巨大。陳獨秀在寫〈自殺論〉的同時，發表了一篇〈歡迎湖南人底精神〉。在這篇文章裡，大我「不朽」的意識有了更加強烈的流露。陳獨秀說：「個人的生命最長不過百年，或長或短，不算什麼大問題，因為他不是真生命。大問題是什麼？真生命是什麼？真生命是個人在社會上的永遠生命，這種永遠不朽的生命，乃是個人一生底大問題。」他又說：「Oliver Schreiner 夫人底小說有幾句話：『你見過蝗蟲他們怎樣渡河麼？第一個走下水邊，被水沖去了，於是第二個又來，於是第三個，於是第四個；到後來，他們的死骸堆積起來，成了一座橋，其餘的便過去了。』那過去底人不是我們的真生命，那座橋才是我們的真生命，永遠的生命！因為過去底人連腳跡也不曾留下，只有這橋留下了永遠紀念底價值。」[113]

---

[112] 胡適：〈不朽——我的宗教〉，見《新青年》第 6 卷第 6 號。
[113] 陳獨秀：〈歡迎湖南人底精神〉，見《獨秀文存》，第 434 頁。

　　而學生輩的羅家倫則敏銳地注意到，「實現權利」與「完成責任」是五四人生觀建構中需要妥善處理的兩個問題。顯然，前者只是「小我」價值的起點，而後者才是人生不朽的最終歸宿。因此，他特別指出，個人的人生價值，不在於權利的享受，而在於對社會「盡責任」。如果「小我」不能承擔社會的責任，只知道一味自我保全和享受個人權利，權利的範圍只會越來越小。羅家倫說：「一個人能夠替大我盡責任，才能夠實現自我。」在他看來，充分發揮「小我」的自由意志，就能夠創造新的價值，也才能夠享受和擴大新的權利。「所以我們唯有投身於大我中，盡人生所盡的責任，充實自我以擴張大我，乃有真正的權利可言」[114]。

　　從五四時期功利主義的視角來看，「大我」的終極追求實現，也意味著「小我」為了「最大多數人的最大幸福」擔當責任。穆勒曾試圖以道德情感的培養為基礎，對功利主義提出一個論證：

> 「從本質上而言，沒有任何理由來否定所有出生於文明國度的人應被賦予一定程度的道德文化……人類發展的內在要求，絕不是讓人成為自私自利之徒，只專注於可憐的自我存在而對其他一切麻木不仁；而是在於某種更高的追求，即充分體現人何以為人的實質──這一點在如今這個社會已經相當普遍了。誠摯的私人感情和對公共利益切實的關心，於任何一個在正確教育下成長起來的人而言都是可能具備的，充其量只在程度上有所差別而已。」[115]

---

[114] 羅家倫：《新人生觀》，第 89 頁。

[115] 約翰・斯圖亞特・穆勒：《功利主義》，第 35 頁。

　　如前所述，五四時期的個人主義與功利主義之間，存在相當緊密的互動關係。功利主義與個人意志相結合所產生的合理利己主義，對於瓦解儒家倫理對自由人格的壓制與束縛，產生了巨大的歷史推動力。而在這裡，穆勒明確地指出，基於人類全面發展的內在要求，即使在一個超越價值衰微的時代，功利目標的終極追求，仍舊落實在對公共利益的普遍關懷。因此，對於五四知識分子而言，功利主義不是單純趨利避害的個人享受與保全。「為了最大多數人的最大幸福」的追求作為五四時期的「大我」，溝通了個人存在與公共利益之間的關係；而功利主義中重視精神快樂、拒斥物質慾望的面向，又與「大我」之中指向美好未來、追求生命不朽的精神超越性一面彼此銜接。就像李石岑所講的：「最大多數是他的一個大我，他自己不過是大我中的小我；小我的一切是非善惡無不影響於大我，大我的一切盛衰榮辱亦無不影響於小我；但小我是死亡的，大我是永存的。大我是有人格的，小我是附著大我才發生人格的；因此，我們不能不勉為大我中的一個善良因數。」[116]

　　正是從這一點出發，杜亞泉對柏格森、詹姆士倡導的人格實現說非常欣賞。他認為，所謂人格就是社會的自我，所謂人格實現，從一方面說，是自己的完成，從另一方面說，目的是為了社會的進步發達。所以人格實現說，包括個人完成與社會完成兩個層面。同時，人格是漸次發展的，一方面為自我發展，一方面即為自我犧牲。我們所謂的倫理問題，實際上無非自愛與他愛的衝突，也就是自我發展和自我犧牲的衝突問題。而且，自我發展與自我犧牲，也決非兩回事。我們平日勞心勞力，以供給社會，無非犧牲自我，亦無非

---

[116] 李石岑：〈我的生活態度之自白〉，見《李石岑講演集》，第 5 頁。

發展自我。古往今來的自我，大我逐步發展，小我逐步犧牲，理想的自我逐步實現，習慣的自我逐步消滅。這種人格的實現，才是道德上的善[117]。

　　杜亞泉說，其實，我們的生活並沒有目的。生活是自然的，並不是為了某種目的而生活。只不過已經生活以後，就有生活意志來發展生活。生活的發展，是一切生物所共同具有的意志。生物的一切動作，都從這意志出發。意識明瞭的動物，意識中就能體現知情意的心意作用。而人類的心意作用，特別發達。情從主觀方面，導引意志。我們的行為，要麼為感情所引導，以快樂為目的；要麼為知識所引導，以合理為目的；要麼以心意為立足點，以完成為目的。其實，這種種目的，都附於生活意志之下。也就是說，我們是因生活而快樂，非因快樂而生活；為生活而合理，非為合理而生活；以發展其個人和社會的生活，求個人及社會的完成，並非求個人及社會的完成，發展其個人和社會的生活[118]。

　　所以，談到人生的終極目的，杜亞泉說，當然就是生活的發展。倫理學中的種種主義或學說，也只不過是人生終極目的之下較為接近的目的。唯有人生的終極目的，即生活的發展，才是「必然的目的」，而不是「當然的目的」。必然的目的，就它本身而言，沒有善惡的價值可言。但是，當然的目的因為來自我們的理想，為的是合乎必然的目的，所以可以將必然的目的作為標準來評定其價值。而種種主義是「當然的目的」中最高的目的，也就是倫理學上所謂的至善或最高的善（Highest Good）[119]。

---

[117] 杜亞泉：〈倫理標準說〉，見《東方雜誌》第 5 期，1905 年 5 月以及《人生哲學》，第 156 頁。
[118] 同上。
[119] 杜亞泉：《人生哲學》，第 157 頁。

　　五四時期新人生觀的倡導者蔡元培，在他編訂的《中學修身教科書》中，將發展人格、建構個人德性，與增進社會福利連成一體。在蔡元培看來，人格的壽命沒有限量，他說：「蓋社會者，人類集合之有機體。故一人不能離社會而獨存，而人格之發展，必與社會發展相應。不明乎此，則有以獨善其身為鵠，而不措意於社會者。豈知人格者，謂吾人在社會中之品格，外乎社會，又何所謂人格耶？」蔡元培在這裡區分了「消極道德」和「積極道德」兩種形式，前者對應的正是「小我」的獨善，但「獨善君子」卻不是「完人」的標準，只是自我保全的犬儒；而「積極道德」才真正指向「大我」人格的發展和完善，那就是「洞悉夫一身與世界種種關係，而開拓其能力，以增進社會之福利」[120]。可見，功利主義正是從強調「小我」人格的保持，到通過實現「大我」達到人格的拓展；從消極的個人人格修養，到積極的大眾福利的促進，從「消極道德」進而為「積極道德」。以最大多數人的最大幸福為人生的目標，自然地使人去私心，實現「己欲立而立人，己欲達而達人」的人生目標。

　　正如羅家倫所言，五四的中國不再是一個「氣息奄奄的靜的」中國，而是進入了一個「天機活潑的動的」時代[121]。李大釗正是以一種充滿青春活力的人生觀，實現了對於不朽「大我」內在精神超越性的把握。在李大釗那裡，宇宙獲得了一種永恆流動、生生不息的觀念。在這個充滿生命動力的宇宙時空之中，「無限的『過去』，都以『現在』為歸宿。無限的『未來』，都以『現在』為淵源。『過去』『未來』的中間，全仗有『現在』以成其連續，以成其永遠，

---

[120] 蔡元培：《中學修身教科書》，見《蔡元培全集》第二卷，第 249、255 頁。
[121] 羅家倫：〈一年來我們學生運動底成功失敗和將來應取的方針〉，見《新潮》第 2 卷第 4 期附錄。

以成其無始無終之大實在」。李大釗把「社會不朽論」與一種把握當下生存狀態的道德實踐聯繫在一起。他以「現在」來統一「過去」與「未來」，為「小我」在世俗的人類歷史尺度下追求「不朽」，提供了一個時間意義的路標，也使得世俗的歷史成為意志自主的個人可以把握的對象。

所以，他說：「吾人在世，不可厭『今』而徒回思『過去』，夢想『將來』，以耗誤『現在』的努力；又不可以『今』境自足，毫不拿出『現在』的努力，謀『將來』的發展。」正是因為「小我」生命的短暫，李大釗通過張揚個體強大的意志自主性，著意宣揚一種「宇宙即我，我即宇宙」的人生觀念。這樣一來，「小我」的生命雖然如白駒過隙，但宇宙無盡，即意味著自我無盡。「人生本務，在隨實在之進行，為後人造大功德，供永遠的『我』享受、擴張、傳襲，至無窮極，以達『宇宙即我，我即宇宙』之究竟」[122]。用李大釗的話說，就是「人生茲世，更無一剎那不在青春，為其居無盡青春之一部，為無盡青春之過程」。正是因為宇宙有「無盡之青春」，人生也就有了「無盡之青春」，才能以無盡之青春，努力創造無盡青春之事業，享受無盡青春之幸福。「以青春之我，創建青春之家庭，青春之國家，青春之民族，青春之人類，青春之地球，青春之宇宙，資以樂齊無涯之生，乘風破浪，迢迢乎遠矣！復何無計留春望塵莫及之憂哉！」[123]可見，李大釗〈青春〉的道德觀念，就在於建構起了一種動態的宇宙觀和強大的精神主體性——從時間上看，「青春之我」與「現在之我」，既是克服「黑暗」、「過往」的塵世歷史的起點，也是不斷自我革新的起點；從空間上看，正因為「小

---

[122] 李大釗：〈今〉，見《新青年》第 4 卷第 4 號，1918 年 4 月 15 日。
[123] 李大釗：〈青春〉，見《新青年》第 2 卷第 1 號，1916 年 9 月 1 日。

我」包含於更大的宇宙之中，與它一道循環流轉，從而擁有無窮的精神力量，去創造一個日新月異的社會[124]。從「小我」走向「大我」也就成為李大釗必然主張的道德選擇，所以他說：「由今以後的新生活新社會，應是一種內容擴大的生活和社會──就是人類一體的生活，世界一家的社會。我們所要求的新道德，就是適應人類一體的生活，世界一家的社會之道德」，即「人的道德、美化的道德、實用的道德、大同的道德、互助的道德、創造的道德」[125]。

民國初年是一個功利主義和個人主義盛行的時代。可以看到，李大釗、胡適、蔡元培以及年輕一代的羅家倫、毛澤東等五四啓蒙知識分子，深受穆勒式功利主義的影響，拒斥了功利主義中純粹的物質慾望滿足，強調人生觀之中精神價值的內涵，並致力於道德實踐。另一方面，五四的知識分子承續了傳統儒家的「群己觀念」，在他們的個人自由和精神獨立的「小我」背後，有著更高層面的社會責任意識和對人類、對世界文明博大的愛。「慨當以慷」的社會情懷與充滿青春活力的蓬勃朝氣，就這樣渾然一體地融合於他們的人生觀之中。雖然身處一個超越德性日漸衰微的世俗社會，五四的知識分子卻永葆精神層面的「大我」的人生價值訴求。功利主義中崇尚物慾的一面與個人主義中「唯我」的一面，只能更多地影響到市民階層的世俗生活，而無法在知識界真正獲得道義上的正當性。

---

[124] 日本學者近藤邦康則注意到了李大釗的《青春》與譚嗣同的《仁學》之間的思想關聯。他認為譚嗣同用「以太」觀念概括全體生命，揭露儒教綱常正是阻礙「以太」一體性與「日新」的「網羅」，而李大釗的「青春」繼續了這一思想，「青春」就是宇宙與生命的一體化，把促進宇宙運轉的「我」的活動作為人類本質。見近藤邦康：《救亡與傳統──五四思想形成之內在邏輯》，太原：山西人民出版社，1988 年，第 185、189 頁。

[125] 李大釗：〈物質變動與道德變動〉，見《李大釗全集》（第三卷），第 402-403 頁。

第四章

公共倫理的證成

　　如前所述，前現代的中國社會，是一個基於超越宇宙觀和儒家精神價值之上的社會。人們安身立命的心靈秩序和以普世王權為核心的政治秩序，其正當性都來源於天命、天道或者天理。與西方現代社會的歷史進程相似，伴隨著晚清以來世界格局的變化和科學觀念的輸入，傳統的天理世界觀逐漸被科學的公理世界觀所取代。人們的精神價值所依附的超越宇宙觀從此瓦解，代之而起的是可以通過理性法則來掌控的物質世界。一個馬克斯・韋伯所謂的「價值祛魅」的世俗時代來到了。世俗化意味著知識、思想和信仰世界的正當性，不再來自超越的價值之源。人們可以運用理性設計美好的未來，並且通過自由意志決定自己的命運、自證人生的價值。

　　19、20 世紀之交的中國，正是處於這樣一個超越世界解體的世俗時代。對於「以倫理代宗教」的儒家社會而言，超越世界觀瓦解所導致的連鎖反應，最直接的就是道德觀念的急劇轉型。晚清以來，獲得意志自主性的個人，開始掙脫傳統鄉土社會中家庭、村社、宗族、社群等血緣的紐帶。在晚清知識分子「沖決網羅」的努力下，以「禮」為核心的儒家綱常倫理逐漸瓦解。到了五四時期，道德觀念發生了更大的變化。慾望的合理性得到更廣泛的承認，趨樂避苦的「功利」和「快樂」，取代了超越的仁學世界觀，成為

世俗時代新的德性。杜亞泉在《人生哲學》一書中寫道：「人類的生活，若是善的，就是合理且快樂的。」[1]陳獨秀也指出：「執行意志，滿足慾望（自食色以至道德的名譽，都是慾望），是個人生存的根本理由，始終不變的（此處可以說『天不變道亦不變』）。」[2]隨著社會世俗化程度進一步加深，以「仁」為核心的儒家德性倫理隨之解紐。同時，獲得充分意志自主性的現代個人，也在五四時期強勁崛起，開始重估價值、自作主宰。功利主義與個人主義彼此交織，使得五四時期的人們相信，人的慾望與價值，都可以依據世俗的功利滿足得以最大實現。所以傅斯年說：「『善』是從『個性』發展出來的，沒有『個性』就沒有了『善』。……要是沒有了『個性』，『善』也成了僵死的，不情的了。僵死的，不情的，永遠不會是『善』。所以摧殘個性，直不啻把這『善』一件東西，根本推翻。」[3]

世俗化是一個現代性事件。現代性最大的特點之一，就是人的主體性獲得極大解放，每一個人都能自主決定屬於自己的價值和良善的生活方式。借用奧克肖特（Michael Oakeshott, 1901-1990）的說法，五四時期的中國，正經歷著一場類似近代歐洲從「共同體道德」向「個體道德」的大轉變[4]。傳統社會強調，個人的地位、權利、義務取決於共同體的慣例和道德標準，人與人之間共用著來自超越世界的道德價值和倫理關係。也就是說，自我之善、他人之善和共同體之善，在本質上是一致的。然而，隨著現代性的發生，具有意志自主性的個人，對自己的行為和信仰方向有了選擇和

---

[1] 杜亞泉：《人生哲學》，見《杜亞泉著作兩種》，第 165 頁。
[2] 陳獨秀：〈人生真義〉，見《新青年》，1918 年 2 月 25 日。
[3] 傅斯年：〈萬惡之原（一）〉，見《傅斯年全集》第一卷，第 104-105 頁。
[4] 奧克肖特：《哈佛演講錄──近代歐洲的道德與政治》，上海：上海文藝出版社，2003 年，第 19-24 頁。

追求的自由。這樣，人類社會也從一個「共同體」，成為個人的「聯合體」，「共同的德性」分解成了「多元的德性」。

「五四」正是處於這樣一個道德和文化價值多元化的世俗時代。然而，多元分為有序與無序的多元。無休無止、互不相容的道德衝突，只能證明一個時代的道德精神處於嚴重的無序狀態。本世紀初，梁啟超對於中國社會因道德權威喪失而導致多元價值的不可通約，表示出深深的憂慮：「今日正當過渡時代，青黃不接，前哲深微之義，或淹沒而未彰，而流俗相傳簡單之道德，勢不足以範圍今後之人心，且將有厭棄陳腐而一切吐棄之者……苟不及今急急斟酌古今中外，發明一種新道德者而提倡之，吾恐今後智育愈盛，而德育愈衰。」[5]那麼，在一個日趨功利和個性化的世俗時代裡，對於五四時期的中國社會而言，「發明一種新道德」的動力來自何方？公共道德價值的普遍性，又將建立在何種基礎之上呢？

第一節　「公德」、「私德」與共同體

「公德」的觀念，在中國近現代思想史上具有深刻的意義。歷史地看，這一觀念與「群」的關係非常緊密。根據研究者的考察，「公德」一詞最早出現於梁啟超的筆下。他第一次使用「公德」，是在1902年2月8日刊佈的〈新民叢報章程〉。該文第一章第一條開宗明義：「中國所以不振，由於中國公德缺乏，智慧不開」[6]。而

---

[5]　梁啟超：〈新民說・論公德〉，見《梁啟超全集》第二冊，第662頁。
[6]　丁文江、趙豐田編：《梁啟超年譜長編》，上海：上海人民出版社，1983年，

他系統地對公德觀念作進一步闡釋，則可以詳見他在同年 3 月 10 日發表的《新民說》第五節〈論公德〉。值得注意的是，寫作《新民說》的時候，梁啓超正因戊戌政變失敗而流亡日本，而當時也正是日本知識界討論公德議題的高潮。西方的價值觀念與梁啓超頭腦中固有的儒家思想相互激發，讓他在《新民說》之中催生出一套培養新國民的人格理想與價值觀念。

　　《新民說》的核心道德價值，反映在梁啓超對「利群」與「合群」的不懈追求之上。如前所述，受到社會進化論和「優勝劣敗」的國際時勢的強烈刺激，在梁啓超、嚴復等晚清知識分子的價值理念中，「群」與一個強大民族國家的目標建構密切相關。柳詒徵（1880-1956）也觀察到：「方清季初變法之時，愛國合群之名詞，洋溢人口，誠實者未嘗不為所動。」[7]在寫於《新民說》之前兩年的〈十種德性相反相成義〉中，梁啓超把建立「群德」的意義，放置在一個「天演」公理的框架之上。他強調，「合群之德者，以一身對一群，常肯絀身而就群；以小群對於大群，常肯絀小群而就大群」。他相信，「合群之力愈堅而大者，愈能占優勝權於世界」。反過來說，「國民未有合群之德，欲集無數不能群者強命為群，有其形質無其精神也」[8]。因此，基於「養群德」的深刻思考，兩年後，梁啓超把「新民」的目標，落實到「利群」、「合群」之上，也就自在情理之中了。就像張灝所指出的那樣，此前「他（梁啓超）將合

　　第 272 頁。

7　柳詒徵：〈論中國近世之病源〉，見《學衡》1922 年 3 月第 3 期，轉引自孫尚揚、郭蘭芳編：《國故新知論──學衡派文化論著輯要》，北京：中國廣播電視大學出版社，1995 年，第 150 頁。

8　梁啓超：〈十種德性相反相成義〉，見《梁啓超全集》第二冊，第 429 頁。

群作為道德體系主要功能的反映，現在合群概念同樣是他道德思想的核心。」[9]

在《新民說》中〈論公德〉的開篇，梁啟超就對「公德」作了如下定義：「我國民所最缺者，公德其一端也。公德者何？人群之所以為群，國家之所以為國，賴此德以成立者也。人也者，善群之動物也，……而遂能有功者也，必有一物焉，貫注而聯絡之，然後群之實乃舉。若此者謂之公德。」之後，他對公德的性質也有進一步的說明：「道德之本體一而已。但其發表於外，則公私之名立焉。人人獨善其身謂之私德，人人相善其群謂之公德，二者皆人生所不可缺之具也。」公德觀念之所以在梁啟超的「新民」理論中具有一種價值論上的認同，根本原因就是因為它能夠「固其群，善其群，進其群」。因此，公德的基礎——「群」，也就成為道德法則的試金石：「公德者，諸德之源也，有益於群者為善，無益於群者為惡」[10]。

在完成於 1903 年之前的《新民說》當中，梁啟超特別強調的是公德與國家倫理緊密相連。在他看來，政治生活就是個人成德的場所，政治參與具有完善個人德性與公共道德的內在價值。因此，緊接著〈論公德〉一節，梁啟超自然地轉向〈論國家思想〉也就不足為奇了。很明顯，作為他的「新民」理論的一部分，在這一時期，梁啟超思想中對「群」的理解，大致接近於一種共和主義的國家認同：一方面，國家不僅僅是實現個人權利的工具，也是公民自治的共同體。國民對於所在共同體的政治參與程度，直接決定共同體的興衰成敗。另一方面，在梁啟超那裡，國家觀念並未像黑格

---

[9]　張灝：《梁啟超與中國思想的過渡（1890-1907）》，第 88 頁。
[10]　梁啟超：〈新民說・論公德〉，見《梁啟超全集》第二冊，第 660-662 頁。

爾所理解的那樣，通過道德化或神聖化的途徑，成為共同體的最高之善，而是體現為一種馬基雅維利（Niccolo Machiavelli, 1469-1527）式的世俗的國家理性。梁啟超的「公德」觀念，也正是建立在這一中國式的國家理性之上，集中表現為公民對民族國家的忠誠、認同與尊重。在《新民說》中，〈論公德〉一節總論新國民所需要的道德。隨後的〈論國家思想〉一節，則具體論述國家觀念的樹立是實現「公德」的首要方法，也是形成民族凝聚力的有效途徑。

所以，在論及公德問題時，梁啟超對於中國傳統倫理偏於私德而公德闕如的現象予以批評。在他看來，正是因為「束身寡過」成為傳統德育的中心，直接導致了漠視「本群本國之公利公益」，「國民益不復知公德為何物」。梁啟超敏銳地注意到，一方面，中國傳統的君臣、父子、兄弟、夫婦、朋友等「五倫」多為私德，處理的是「一私人對一私人」的私人關係，而非新倫理倡導的「一私人對一團體」的公共交往；另一方面，私德強調的是個人基於「自愛」的「私人之資格」，而非新倫理倡導的基於「兼愛」的「完全之人格」。正因為如此，當時的中國放眼望去，都是唯利是圖的楊朱和潔身自好的犬儒，唯獨難以見到具有公共觀念、勇於擔當國家責任的新國民。所以，梁啟超指出：「凡人對於社會之義務，決不徒在相知朋友而已。即已絕跡不與人交者，仍於社會由不可不盡之責任。」在《新民說》的〈論合群〉一節中，梁啟超區分了「一人之我」和「一群之我」，「同是我也，而有大我小我只別焉」。梁啟超相信，公德意識使得人人都意識到「吾一身之上，有大而要者」即國家的存在。用他自己的話說，公德成了「人群之所以為群，國家之所以為國」所依賴的共同價值。所以，從國家倫理的層面來看，梁啟超筆下的「公德」改變了傳統「私德」對私人關係

的維繫，代之以一套普遍性的公共倫理關係，直接聯繫「個人」與「群」[11]。另一方面，「公德」又並非一套整全性的倫理，也不再具有如傳統儒家道德那樣的超越價值，而是體現為政治性的公共美德：尚武、進取、自尊、忠誠、堅毅和合群[12]，重視公民對公共事務的參與和對公共福祉的奉獻。

耐人尋味的是，1903 年從美國訪問歸國之後，梁啟超的公德觀念卻發生了重大改變。在此前完成的《新民說》諸篇之中，梁啟超對於「公德」的理解，是把個人私德和社會倫理，編織進一個更具價值優先性的「公德」（政治美德）之中，從而構建起共和主義的公共價值認同。然而，從他續寫《新民說》的〈論私德〉開始，儒家「修齊治平」的觀念，在梁啟超的道德世界裡重新崛起：「是故欲鑄國民，必以培養個人之私德為第一義；欲從事於鑄國民者，必以自培養其私德為第一義。」在梁啟超看來，公德固然重要，卻也只是「私德之推」，「知私德而不知公德，所缺只在一推」；但是，如果藐視私德的培養而謬托公德，則「並所以推之具而不存也」[13]。

就像黃遵憲（1848-1905）在寫給梁啟超的信中所說的那樣，這一轉變更大程度上基於梁啟超「自悔功利之說、破壞之說之足以誤國，乃壹意反而守舊」[14]。梁啟超在〈論私德〉之前的小序中也承認，這一轉變正是因為「舉國囂囂靡靡，所謂利國進群之事業，

---

[11] 黃克武：《一個被放棄的選擇——梁啟超調適思想之研究》，北京：新星出版社，2006 年，第 70-71 頁。

[12] 許紀霖：〈政治美德與國民共同體——梁啟超自由民族主義思想研究〉，《天津社會科學》，2005 年第 1 期。

[13] 梁啟超：〈新民說・論私德〉，見《梁啟超全集》第二冊，第 714 頁。

[14] 丁文江、趙豐田編：《梁啟超年譜長編》，第 340 頁。

一二未睹，而末流所趨，反貽頑鈍者以口實，而曰新理想之賊人子而毒天下」[15]如前所述，梁啓超在〈論公德〉一節中，認為應通過對「公德」的闡揚，來拓展中國的「私德」，試圖「擇其所本無而新之」。但是，當他寫作〈論私德〉的時候，面對的卻是中國社會因政治秩序和心靈秩序失序帶來的整體性精神潰敗：「自由之說入，不以之增幸福，而以之破秩序；平等之說入，不以之荷義務，而以之蔑制裁；競爭之說入，不以之敵外界，而以之散內團；權利之說入，不以之圖公益，而以之文私見；破壞之說入，不以之箴膏肓，而以之蔑國粹。」[16]自由、平等、競爭、權利等學說，正是梁啓超眼中「新國民」所必需具備的政治美德，然而，當傳統的超越價值被「功利之說」和「破壞之說」瓦解之後，「新國民」必然在世俗時代裡異化。這恰恰是梁啓超最初撰寫《新民說》時始料未及的。因此，面對一個去價值、去道德的世俗社會的興起，梁啓超的論述底線，回到對傳統道德「淬勵其所本有而新之」上面，重新提倡「保國粹以固國本」[17]。

可見，「公德」與「私德」作為梁啓超新民思想中的重要組成部分，在各個時期，其重心顯然是不同的。在寫作《新民說》的前期，梁啓超的側重點在前者，而在《新民說》的寫作後期，他對於後者的思考更深。此時的梁啓超已經意識到，「群」不只意味著一個在政治層面上有著共識的國民共同體，也是一個基於特定社會性質、有著共同道德精神的倫理共同體。「苟欲行道德也，則因為社會性質之不同，而各有所受。其先哲之微言，祖宗之芳躅，隨

---

[15] 梁啓超：〈新民說・論私德〉，見《梁啓超全集》第二冊，第 714 頁。

[16] 同上。

[17] 丁文江、趙豐田編：《梁啓超年譜長編》，第 341 頁。

此冥然之軀殼，以遺傳於我躬，斯乃一社會之所以為養也」。也就是說，共同體的認同，僅僅依靠政治美德和國家理性是不夠的，必須憑藉一個具有超越價值的精神來源，那就是共同體特定的歷史文化、傳統習俗、道德信仰以及先哲的遺訓。所以，「今日所恃維持吾社會於一線」的，正是「吾祖宗固有遺傳之舊道德」[18]。人格理想的建構乃至公共倫理的證成，仍然需要個人通過一套傳統的內聖外王的修身途徑方能最終實現。因此，梁啟超對於公共倫理的態度，從《新民說》前一部分所側重的共和主義式的價值觀，轉向了後一部分著意強化的社群主義價值認同。1905 年以後，梁啟超編撰《德育鑑》和《明儒學案》的節本，試圖將王陽明和曾國藩式的修身行為作為心靈之鏡，通過個人正本、慎獨、謹小的自我策勵，實現人格的圓滿並達成社會公共倫理的塑造[19]。不過，在《德育鑑》之中，梁啟超仍以相當多的篇幅，把傳統理學的範疇與概念，置換為現代社會政治的理念，以期培養新國民。在他的筆下，對個人「良知」的錘煉，其目的仍在實現愛國合群的「公德」，培養現代國民的愛國心。

---

[18] 梁啟超：〈新民說・論私德〉，見《梁啟超全集》第二冊，第 719 頁。

[19] 根據陳弱水的研究，1900 年代中葉，中國討論公德問題的基本趨勢是，把它理解為個人和社會生活的倫理關係，但認為這種倫理關係的培養，有助於國家社會集體意識的形成。值得注意的是，中國初期公德觀念的主流方向，與梁啟超的《新民說》略有出入。梁啟超強調的是公德與國家意識的關聯，對於公德的社會倫理一面較少涉及。大約在 1904 年以後，中國一般的公德思想恰與之相反，較為重視社會倫理問題。1903 年，馬君武在日本發表的《論公德》，其公德內容完全是社會文化性的，與一年前梁啟超所論截然不同，但梁啟超的社會影響力無疑更加強大。陳弱水：〈中國歷史上「公」的觀念及其現代變形〉，見氏著：《公共意識與中國文化》，北京：新星出版社，2006 年，第 110 頁。

在寫於 1912 年的〈中國道德之大原〉中，這種對於儒家道德「善美之精神」的忠誠，得到更全面的確認。在梁啟超看來，中國文化之所以歷數千年而不墜，正是因為有共同的道德「主宰之，綱維之」。因此，「夫既有此精神，以為國家過去繼續成立之基，即可用此精神，以為國家將來滋長發榮之具」[20]。正因為儒家道德倫理「內發於心，而非可以假之於外，為千萬人所所共同構現」。所以梁啟超才特別強調，儒家綱紀倫常的現實意義，就在於能讓「人人各審其分所在，而各盡其分內之職」，使得社會成為一個有序而理性的共同體。

這種對於國家獨特文化價值的理解，到了民國初年，首先體現於梁啟超對於「國性」問題的高度關注——這也是盤旋在當時如梁濟（1858-1918）、章士釗、張東蓀等知識分子頭腦中的一個重大課題。所謂國性（國本），就是國家賴以存在之本，即政治共同體最共同的原則、義理和規範。1912 年，梁啟超在〈國性論〉一文中，將國性看做一個國家獨一無二的靈魂，通過數千年傳統凝結而成「國語」、「國教」和「國俗」體現出來，是一個國家公認的立國原則。因此，「國性可助長而不可創造也，可改良而不可蔑棄也」。如果一個國家與過去決裂，那後果無疑是災難性的。共同體公共價值的喪失，必然導致個人對個人的行為、個人與社會之行為，「一切無復標準，雖欲強立標準，而社會制裁力無所復施，馴至共同生活之基礎，日薄弱以即於消滅」。

而「一戰」結束以後梁啟超對歐洲文明的反思，大大強化了他對儒家道統「至善美而足以優勝於世界」的認同。面對被工具理性掌控的西方文明，梁啟超的筆尖撥開歐洲上空戰爭的陰雲，將他

---

[20] 梁啟超：〈中國道德之大原〉，見《梁啟超全集》第四冊，第 2474 頁。

批判的矛頭指向科學所建立的「純物質的純機械的人生觀」。在〈歐遊心影錄〉中，梁啟超認為，正是這套冷冰冰的理性，把人的一切內外生活都歸結到物質運動的「必然法則」之下，造成「一種變相的運命前定說」，完全否認了人類精神的自由意志。意志既然不自由，善惡的責任也就與人的自我無關。結果物質上雖是大大進步了，但「人類不惟沒有得著幸福，倒反帶來許多災難」。缺乏善惡道德的約束，樂利主義、唯我主義、強權主義甚囂塵上。個人的、國家的慾望無法滿足，彼此之間必然弱肉強食，結果只能是生靈塗炭。「歐洲人做了一場科學萬能的大夢，到如今卻叫起科學破產來，這便是最近思潮變遷的一個關鍵了」。梁啟超的目光是犀利的，他洞察到因價值理性與工具理性的分離而導致的心靈危機和文明失序。而對於每一個人來說，其最直接的表現就是人生觀的物質化與機械化。其後果必然是道德上的滅頂之災：「這不是道德標準應該如何變遷的問題，真是道德這件東西能否存在的問題了。」

另一方面，基於文化民族主義和多元主義立場，梁啟超也指出：「近來西洋學者，許多都想輸入些東方文明，令他們得些調劑。我仔細想來，我們實在有這個資格。」因為西洋文明往往將理想實際分為兩截，唯心與唯物各走極端，以致出現今日的種種弊端。實際上，中國傳統文化如孔、老、墨諸家則皆主「理想與實用一致」，正好補西洋文化之不足。為此，他不無樂觀地說：「大海對岸那邊有好幾萬萬人，愁著物質文明破產，哀哀欲絕地喊救命」，中國文化理應承擔起「超拔」對方的歷史責任[21]。

可以看到，在梁啟超那裡，作為共同體的公共倫理，政治美德與文化價值彼此交織卻又具有內在的緊張。在《新民說》早期，梁

---

[21] 梁啟超：〈歐遊心影錄〉，見《梁啟超全集》第五冊，第 2968-2984 頁。

啟超基於一種接近於共和主義的理想，將「國家」與「國民」視為一個水乳交融的整體。他試圖通過塑造國民的政治美德，培養他們對於國家利益與福祉的參與感與榮耀感，也借此強化國家作為一個公民自治共同體所具備的「公共意志」。但是，對於有著獨特歷史文化傳統的中國社會而言，單純基於政治美德意義上的公共道德，顯得淺薄而又脆弱。在超越價值衰微的世俗時代裡，它無法支撐起一個民族國家共同體「不能承受之重」──精神價值與倫理文化。於是，從《新民說》的後期直至「一戰」前後，在梁啟超的反思中，一種社群主義式的公共倫理觀開始佔據了主流。他意識到，共同體僅僅依靠政治層面上的共識是不夠的，還需要有其獨特文化和公共價值認同作為道德基礎。從一種文化多元主義和文化民族主義的視角著眼，梁啟超確信，現代共和國不僅是一個具有共同政治理念的「政治聯合體」，更應該是一個分享公共道德的「倫理共同體」。

從晚清的《新民說》到民初的〈國性論〉再到「一戰」時期的〈歐遊心影錄〉，梁啟超思想中關於公共倫理的多元思考，為五四的知識分子論證社會與國家的公共倫理，推進政治秩序與心靈秩序的深度互動，提供了豐厚的理論資源──其前期重視政治美德的共和主義思想脈絡，在章士釗和李大釗等投身憲政實踐、致力於建構「法的共同體」的思想家那裡得到了「創造性的轉化」；而他後期關於共同體的社群主義式倫理觀念，則由陳寅恪、梁濟、杜亞泉、吳宓等力主復興傳統道德價值的知識分子發揚光大。

第二節　從個人德性到公共倫理：
「三綱」的抽象繼承

　　1918 年 11 月 10 日，一位前清的小官員，同時也是一位真誠的儒者——梁濟，在北平城外積水潭自沉。自殺前一個月，梁濟在〈敬告世人書〉中說明了自己自殺的理由：「吾今竭誠致敬以告世人曰：梁濟之死，係殉清朝而死也。吾因身值清朝之末，故云殉清。其實非以清朝為本位，而以幼年所學為本位。」無疑，在梁濟看來，迫使他「不容不殉」的根本原因，並不在於清朝作為一個統治政權的滅亡，而是這一政權賴以依託的儒家道德文化的徹底淪喪。這種道德文化，用他自己的話說，就是「幼年所學」的「吾國數千年，先聖之詩禮綱常，吾家先祖先父先母之遺傳與教訓」，「以對於世道有責任為主義」[22]。

　　正如梁濟的兒子梁漱溟在《中國文化要義》中所描述的，傳統中國秉持的是一種「天下」主義的理想。「它不是國家至上，不是種族至上，而是文化至上。」中華帝國的認同基於超越種族的文化中心主義。只要統治權力承認儒家的文化理想和政治理念，就具有統治上的正當性。而在儒家「修身齊家治國平天下」的價值認同序列中，以「仁」為核心的儒家道德秩序是最本質的。所以，政治的根本法則與倫理道德彼此交織，兩者的共同價值基礎，都來源於超越的天命、天道與天理。在一個「以倫理代宗教」的中國社會，「融

---

[22] 梁濟：《梁巨川遺書》，上海：華東師範大學出版社，2008 年，第 51 頁。

國家於社會人倫之中，納政治於禮俗教化之中，以道德統括文化，確為中國的事實」[23]。

　　然而，當清末民初中國社會進入世俗時代，隨著超越價值世界的衰微，梁濟所賴以安身立命的儒家道德文化，陷入了無可挽回的境地。儒家綱常倫理的「本位」喪失之後，崇尚物質享樂、感官滿足的功利主義和個人至上、漠視義務的唯我主義，在神州大地暢行無阻。梁濟注意到，「今人為新說所震，喪失自己權威。自光、宣之末，新說謂敬君戀主為奴性，一般吃俸祿者靡然從之，忘其生平主意。苟平心以思，人各有尊信持循之學說。彼新說持自治無須君治之理，推翻君專制，屏斥奴性，自是一說。我舊說以忠孝節義范束人心，一切法度綱紀，經數千年聖哲所創垂，豈竟毫無可貴？」在梁濟看來，自幼所受的道德教育，使他無法容忍世道人心的混亂和道德的流離失所。精神上的急迫感和焦慮感，讓他和 9 年後以同樣方式棄世的王國維一樣，同為「此文化精神所凝聚之人，安得不與之共命而同盡」。於是，梁濟決定去殉自己的文化，為不能實現的道德理想而自我犧牲，以此警世。

　　梁濟棄世後，當時的知識分子各有評價。舊派文人如北大教授、桐城派傳人姚永樸（？－1939）為梁濟寫了〈梁君巨川傳〉，認為梁氏之死，「非徒殉清，實殉所志」。但耐人尋味的倒是《新青年》知識分子的看法。雖然對於梁氏極端的行為有所保留，但陳獨秀表示了對梁濟真誠純潔、言行一致的精神的讚賞；陶孟和也認為梁氏果斷不屈、清正廉潔，不過，他從功利主義的立場出發，認為梁氏是「誤送性命」；胡適則覺得，梁濟的死因不在精神先衰，而是因為知識思想不能調劑補助他的精神。1925 年，詩人徐志摩

---

[23] 梁漱溟：《中國文化要義》，第 17 頁。

（1897-1931）在讀了該年度出版的《桂林梁先生遺書》後，在北京的《晨報》副刊撰文，對梁濟的去世提出了自己獨特的看法：「這因為他全體思想的背後還閃亮著一點不可錯誤的什麼──雖你叫他『天理』、『義』、信念、理想，或者康德的道德範疇──就是孟子說的『甚於生』的那一點，在無形中制定了它最後的慘死。」正是出於對道德良知的崇敬與尊重，徐志摩由梁濟的死，發出了對於功利主義的反思：「梁巨川先生的自殺，……是精神性的行為，它的起源與所能發生的效果，決不是我們常識所能測量，更不是什麼社會的或是科學的評價標準所能批判的。在我們一班信仰（你可以說迷信）精神生命的癡人，在我們還有寸土可守的日子，絕不能讓實利主義的重量完全壓倒人的性靈的表現，更不能容忍某時代迷信（在中世是宗教，現代是科學）的黑影完全淹沒了宇宙間不變的價值。」[24]

梁濟的自沉是悲劇性的，但在這一悲劇的背後，卻包含著梁濟對於世俗化時代公共倫理的深刻思考。從歷史上看，「禮」最初用來建立和維持人與神明之間的聯繫，隨後延伸為人與有規則的存在之間的和諧，以及與外部環境的不可分割的關係[25]。雖然「禮」的重心和應用範圍時有變化，但它把特定的人和整體融為一體的公共道德功能卻一以貫之。中國社會各階層以「禮」來規範他們的生活，通過適應道德文化和人際活動，達到個人與整體在德性上的融洽一致。因此，「禮」既是一種道德形式，也是內涵著意義的文化傳統。從個人的內省到政治的演進，它在古代中國社會共同體的每一個層次，都建立起了規定和聯繫。通過「禮」提供的道德實踐性框架，中國社會獨特的文化傳統才得以延續。

---

[24] 《梁巨川遺書・附錄》，第 291-315 頁。
[25] 郝大維、安樂哲：《孔子哲學思微》，第 62 頁。

　　然而，如前所述，晚清以來的知識分子極力摧毀以「三綱」為核心的儒家規範倫理「禮」，認為「三綱」是專制的基礎和個人不自由的原因，也是建立強大民族國家最大的絆腳石。但是，五四時期的梁濟、陳寅恪、杜亞泉以及吳宓等知識分子卻認為，在規範現代社會人際關係、確立共同體的倫理底線上，三綱的理念仍有抽象繼承的意義[26]。借用陳寅恪評價同時代另一位「殉文化」者王國維的話來說，就是「吾中國文化之定義，具有白虎通三綱五常六紀之說，其意義為抽象理想最高之境，猶希臘柏拉圖所謂 Idea 者。……其所殉之道，與所成之仁，均為抽象理想之通性，而非具體一人一事」[27]。顯然，梁濟和陳寅恪都相信，以「忠孝節義」為代表的儒家規範倫理──「禮」，從實踐個人單方面的道德義務而言，帶有絕對道德命令的義務論色彩，指向個人道德行為和人格的完善。另

---

[26] 實際上，受到儒家思想的影響，《新青年》知識分子也保存著對儒家綱常倫理的「同情之理解」。如陳獨秀在給吳虞（又陵）的信中承認：「如儒術孔道，非無優點，而缺點甚多。」（見陳獨秀：〈復吳又陵〉，《新青年》第 2 卷第 5 號）。他答復讀者：「記者非孔，非謂其溫良恭儉讓信義廉恥諸德及忠恕之道不足取；不過謂此等道德名詞，乃世界普遍實踐道德，不認為孔教自矜獨有者耳。士若私淑孔子，立身行己，忠恕有恥，固不失為一鄉之善士，記者敢不敬其為人？（見陳獨秀：〈答《新青年》愛讀者〉，《新青年》第 3 卷第 5 號）。儒家倡導的「忠恕」之道，此時也得到了胡適的欣賞與推崇。他將「己所不欲，勿施於人」的「恕道」，與基督教的「金律」和康德的絕對律令相比較（見胡適：〈藏暉室箚記〉，《新青年》第 3 卷第 5 號，1917 年 7 月）。常乃惪在《我之孔道觀》中，則認為應當「袪尊孔與詆孔之一念」，將孔子主張的「絜矩之道」與後人抨擊的「三綱五常」區分開來，歷史地對待孔子的思想與學說（見常乃惪：〈我之孔道觀〉，《新青年》第 3 卷第 1 號，1917 年 3 月）。有研究者也注意到，五四新文化運動與晚清儒學變遷在學術史上存在的內在關聯，見歐陽軍喜：〈五四新文化運動與儒學：誤解及其他〉第二節，《歷史研究》1999 年第 3 期。

[27] 陳寅恪：〈王觀堂先生挽詞並序〉，見《學衡》1928 年 7 月第 64 期，轉引自《國故新知錄──學衡派文化論著輯要》，第 418 頁。

一方面，在「天下主義」的文化秩序之中，綱紀之說注重對永恆道德理念的忠誠。在「修齊治平」的道德認同序列裡，儒家「於世道有責任」的社會意識，則集中體現了共同體不可或缺的公共倫理。梁濟試圖用自己的自盡來表明，儒家的理論與實踐，對於當時社會仍是有益的，也足以為現代中國提供一個社會基礎[28]。

　　梁濟這種對於公共道德的認同，在吳宓那裡則表現為對一種儒家的普遍主義人文原則的建構。如前所述，在五四時期紛繁的個人觀念之中，吳宓倡導的，是源自其導師白璧德的人文主義個人觀。白璧德把「古典的」和「浪漫的」這兩個文學批評的範疇，提升到人生觀念的高度，認為「古典的」代表超歷史的審美、倫理標準，以及個人生活的自省，象徵著社會的組織和人生的秩序；而「浪漫的」則代表著標準的喪失、個人感情和集體生活的失控等等[29]。在吳宓、梅光迪（1890-1945）等《學衡》派知識分子看來，儒家道德文化的價值，正是象徵著中國最為古典的部分。在〈我之人生觀〉一文中，吳宓將個人分為「自然主義」、「人文主義」和「宗教」三個境界[30]。生活在自然主義境界中的人，只是「有欲而動，率性而行」的「自然人」；而生活在「人文主義」境界中的人才是「道德人」，奉行中庸和忠恕之道，以理節欲，同時，遵守可普遍化的道德規範，承擔道德義務，嚴格根據善惡標準來調節人與人之間的關係。

---

[28] 林毓生：〈論梁巨川先生的自殺──一個道德保守主義含混性實例〉，見氏著：《中國傳統的創造性轉化》，北京：三聯書店，1996 年，第 222 頁。

[29] 本傑明・史華慈：〈論五四及其以後新一代知識分子的崛起〉，見王躍、高力克編：《五四：文化的闡釋與評價──西方學者論五四》，第 121 頁。

[30] 吳宓：〈我之人生觀〉，見《學衡》1923 年 4 月第 16 期，轉引自《國故新知論──學衡派文化論著輯要》，第 160 頁。

作為五四知識分子，吳宓並不反對個人主義，但他強調應通過「人文主義」所強調的公共倫理，平衡唯我式的個人主義的偏執與狂妄。他的朋友梅光迪在給胡適的信中寫道：「蓋今人假以推翻舊社會制為名，創一種所謂『新道德』者，其新道德為何，則個人自由不受約束是也。個人有放僻邪侈行為，則曰舊社會制之過也，非個人之過也。於是，個人對社會無責任，可以為所欲為。」[31]如果說，強調個人的意志自主，是希望張揚個性主義，摒棄儒家規範倫理的話，那麼，吳宓則試圖尋求東西方道德中的普遍價值所在，以培養中國社會的公共價值認同。

吳宓對於普遍道德法則的認同，基於他贊同柏拉圖（Plato，約前427－前347）所說的「觀念世界」與「現象世界」二分的立場。現象世界是觀念世界的摹本。「觀念為一，千古長存而不變；外物實例，則為多到處轉變而刻刻不同。前者為至理，後者為浮象。」也就是說，道德現象雖然千差萬別，但其內在的道德觀念恒久不變。從本體論引申到道德觀念，吳宓主張有絕對的、普遍的倫理原則與道德尺度，即「聖道」，也就是東西方古典之中蘊含的人文主義。所以，重要的是闡揚人文主義這一時代共通的道德，使個人成為道德人，使社會成為道德的社會。於是，從儒家道德的普遍主義立場出發，吳宓提出實踐道德、培養「人文化」個人的基本方法，即「克己復禮」、「行忠恕」、「守中庸」[32]。他認為，人性是兩元的，善惡並存，「克己」需要祛除人性中的惡端，節制惡欲，而「復禮」則意味著保持和涵養人性中的善端，行為合乎禮儀。「忠恕之道」

---

[31] 耿雲志編：《胡適遺稿及秘藏書信》第 33 冊，第 153-157 頁。

[32] 吳宓：〈我之人生觀〉，見《學衡》1923 年 4 月第 16 期，轉引自《國故新知論──學衡派文化論著輯要》，第 160-171 頁。

分別指向「盡己」和「推己」，在充分實現自身自性的同時，推廣並擴充這種自愛，以達到寬厚待人、體恤他人的目的。「中庸」指行事適當而有理，保持中道，既不過也無不及。

這些五四的知識分子幾乎沒有政治上的企圖和作為，對舊政體的迴光返照也並不樂觀。梁濟在去世前力主維新，陳寅恪、吳宓等人則在西方接受了完整的學術訓練。但是，他們處在「一個文化－道德與社會政治秩序已不再理解為是統一的革命的世界，文化成了一種精華」[33]的時期。如果將他們稱為文化意義上的「保守主義者」的話，那麼他們確實如同哈耶克所描述的那樣：「典型的保守主義者通常都是具有極強的道德信念的人士」[34]。隨著中國社會世俗化的轉型，一方面，傳統宇宙觀衰微，儒家道德價值的超越之源被世俗歷史進程所取代。科舉的廢除和帝制的崩潰，讓中國社會遭遇了前所未有的政治秩序和心靈秩序的危機。人們轉而通過功利、快樂與個人慾望的滿足，實現人生價值。另一方面，這種世俗化的思潮，瓦解了知識分子存在的根本意義——對共同體公共文化價值的守護與弘揚。所以，1925 年，章士釗在寫給梁漱溟的信中，特別強調梁濟一生的「得力之處」，就在於「寡欲而不欺志」。不過，梁濟的苦心「殆非今世言功利講科學者所能徹悟」[35]，這讓章士釗深感不安。

因此，在一個迅速而激烈的變革時代，這些擁有傳統知識與思想資源的知識分子深切地憂慮著道德的失落。而對於儒家規範倫理

---

[33] 魏斐德：〈關於國民性探索〉，見復旦大學歷史系編：《中國傳統文化的再估計》，上海：上海人民出版社，1987 年，第 162-163 頁。

[34] 哈耶克：《自由秩序原理》（下），北京：三聯書店，1997 年，第 193 頁。

[35] 章士釗：〈遺書——答梁漱溟〉，見《章士釗全集》(5)，上海：文匯出版社，2000 年，第 396 頁。

的抽象繼承，在日漸世俗化的時代裡，包含了傳統知識分子對於中國獨特文化傳統的認同。梁濟他們相信，儒家的綱常倫理這些傳統的價值與理想，對於社會秩序的規範與整頓，依然保存著切實有效的功能。不僅如此，更重要的在於，這些價值與理想能夠幫助知識分子確認自身的立場與價值，提供一個彼此認同的文化價值平臺。從這個角度來看，儒家的綱常之說不是抽象的，而是存活於延續不斷的歷史文化之中。可以說，對於傳統的維持就是對道德的維持；反過來講，通過對傳統道德的維持，也捍衛了共同體即將失墮的文化傳統。對於這一點，五四時期《東方雜誌》的主編杜亞泉有深入系統的理解。

在杜亞泉的思想體系之中，「國是喪失」的憂慮與批判西方化的過程是同構的。它們都奠定在一個堅實的信念上，那就是：傳統中國的道德秩序和諧而妥當，它的根本原則（如仁愛）普遍而永恆，並不受時代和地域的限制，而古今中外道德變遷只發生在道德的具體規範層面。另一方面，和傳統儒家知識分子一樣，他相信人的道德資源（或動力）和判斷力與生俱來。杜亞泉「熱切地期望自己能在社會中實現並光大自己的道德本性」，因為「這不止是為了個人人格的完成，同時也是為了使社會能有秩序」[36]。這一思路與傳統儒家的「仁道」原則一脈相承。因為按照傳統和先輩的教誨，「仁道」原則以肯定人的內在價值為前提，注重成己和成人的統一──成己意味著達到完美人格，成人則蘊含著群體的關懷。

面對激進知識分子批判傳統以及西方化所帶來的雙重思想震盪和價值失落，面對 20 世紀初期中國人精神世界的迷惘、痛苦和緊

---

[36] 林毓生：《中國傳統的創造性轉化》，第 213 頁。

張，杜亞泉意識到，「欲保持國家之接續主義，使不致破裂，此非國法之所能限制也，要恃國民之道德以救濟之」[37]。這與同時代的梁啟超在〈歐遊心影錄〉中的努力非常契合：一方面，西方思想已經把西方帶入了懷疑和絕望之中，所以他渴望把同胞從被這些思想弄得莫衷一是的狀態中解放出來；另一方面，他又激勵人們重新肯定在傳統中國文明中所領悟到的各種永久的理想[38]。於是，杜亞泉在《東方雜誌》上撰文，明確主張「標準於舊道德，斟酌於新道德」[39]，並以此作為當下中國社會思想文化危機最有效的解毒劑。

面對洶湧澎湃的西潮與新潮，杜亞泉希望把中國固有的文化精神重新拿出來濟世救人[40]，進一步化解它與現代性之間的緊張。在這一點上，他和梁啟超達成某種深度共識。可見，杜亞泉的道德主張，值得放入五四時期道德觀的整體框架中進行新的考察[41]。正如研究者對梁啟超的判斷一樣，杜亞泉對於儒家思想的興趣同樣表明，「實現一個側重內心和行動的人格，這與他所提倡的新的民德和政治價值觀沒有任何矛盾」，「它向我們展示了在近代中國文化時代思潮中繼續存在著的某些儒家傳統成分」[42]。

---

[37] 杜亞泉：〈接續主義〉，見《東方雜誌》11 卷 1 號，1914 年 7 月。

[38] 格里德：《胡適與中國的文藝復興——中國革命中的自由主義（1917-1937）》，第 149 頁。

[39] 杜亞泉：〈中國之新生命〉，《東方雜誌》15 卷 7 號，1918 年 7 月。

[40] 吳方：〈萬山不許一溪奔——杜亞泉及其前進與保守〉，見許紀霖、田建業編：《一溪集——杜亞泉的生平與思想》，北京：三聯書店，1999 年，第 139 頁。

[41] 歐陽哲生：〈在傳統與現代性之間——以「五四」新文化運動與入學關係為中心〉，見余英時等：《五四新論：既非文藝復興，亦非啟蒙運動》（「五四」八十周年紀念論文集），第 178 頁。

[42] 張灝：《梁啟超與中國思想的過渡（1890-1907）》，第 174 頁。

　　因此，在杜亞泉那裡，保存儒家傳統文化的最好辦法，理所當然地就是要確保傳統道德價值的火種不絕。現代化的過程固然必須超越傳統，但是，如果「超越」被簡單等同於「斷裂」，則無異於對現代化內涵的戕害與異化。按照列文森的分析，「保守主義者所反對的——他們唯一能夠反對的東西，——是科學對思想的普遍支配權」。那些早年接受科學的儒家文人，經常是把科學作為補充「中體」的「西用」來接受的[43]。但是五四運動之後，傳統主義者的爭論，基本上是為了抽象的「體」，也就是反對物質主義對儒家道德「精神」領域的侵犯。

　　所以，當 1902 年杜亞泉在溽溪公學開校演講時，他的觀念世界中呈現出這樣一幅關於東西方文明的圖景：基於「科學發達」的西方文明是「形而下的文明」；而屬於「思想道義」的東方文明，則是「形而上的文明」。這一論述的背景，正是一批深受西方思想影響的人文主義者力圖將道德、信仰、審美等領域與知識領域，分化為不同的領域。而歷史地看，這又是一個始終沒有完成的中國現代思想的「主體性轉向」的過程[44]。杜亞泉試圖用自己的策略與方法，重新將傳統美德與未來的認同，一點一點地聯繫起來。而其中關鍵的一步是，抽象的理想與具體的行為方式之間，必須建立起相對穩定的關係，因為這才有利於珍貴而脆弱的道德在一個「物慾昌熾，理性梏亡」[45]的時代中生存下去。對此，杜亞泉秉持一種溫和

---

[43] 列文森：《儒教中國及其現代命運》，第 369 頁。

[44] 汪暉在〈東西文化論戰與知識／道德二元論的起源〉中，對這一過程有細緻分析，他認為，「主體性轉向」的直接結果不是關於哲學和心理學的發展，而是關於中國文化特徵、意義的考查。見汪暉：《現代中國思想的興起》（下卷第二部），第 1281 頁。

[45] 杜亞泉：〈精神救國論（續二）〉，見《東方雜誌》10 卷 3 號，1913 年 9 月。

理性的道德改良主義的心態。在他看來，社會進化的規範分為「分化」與「統整」兩個相互調劑的層面。「現代思想，其發展而失其統一，就分化言，可謂進步，就統整言，則為退步無疑」。

那麼，怎樣才能引導人們從「精神界破產」的局面中走出來呢？杜亞泉認為，中國四千年以來以道德治國，是一個純粹的道德國家，「則等此危殆之餘，亦不能不以此道德為救國之良劑」，「發明此固有之道德可也」。他認為，道德的演進是一個變易與承續相統一的過程。「夫道德有體有用，體不可變而用不能不變」。「中國道德之大體，當然可以不變。不特今日不變，即再歷千百年而亦可以不變。若其小端及其應用之傾向，決不能不因時因勢，有所損益於其間。」[46]杜亞泉覺得，作為道德本體的道德基本原則古今同一，具有普世性和永恆性；而道德的具體規範及其社會應用的傾向則與時俱變，具有時代性和變易性。「道德」名義雖然一樣，但應用於社會的話，則隨時隨地各有不同。

杜亞泉在〈國民今後之道德〉一文中還指出，今後的道德，「變其不合時勢者一二端可已。變者十一，不變者仍十九也」。不變的部分，正是「毋庸過事更張」的「道德本體」。對於他又說：「吾國宜闡明舊有之仁愛，發揮而光大之，使人人知利己必以利他為衡，獨善要以兼善為斷」。他認為，這才是今後「道德扼要之圖，而吾國生死存亡之關鍵」。杜亞泉指出，如果傳統道德價值與新社會沒有特別衝突之處，都不宜輕易改變。他舉例說，比如三綱之首的「忠」，儘管革命後君臣關係已根本破壞，但人民效忠於國家及其他事情的忠，卻仍然不可廢除。關鍵原因就在於，從忠君到忠國，「忠」的客體雖然變了，而主體卻並未改變。又如，對於舊道德中

---

[46] 杜亞泉：〈國民今後之道德〉，見《東方雜誌》10 卷 5 號，1913 年 11 月。

的「仁愛」，杜亞泉認為不但不能放棄，更應「擴而充之」。他強調，
「吾國自古迄今，言道德均以仁為大本」，「而一切道德，亦非此無
所附麗也」。「仁愛」為人類最基本的道德價值，古今中外概莫能
外，人類社會非此無以生存。近世歐美人所推崇之至的「愛」，也
與中國的「克己、復禮、親親、仁民、愛物」的精神隱合，而且均
合乎「進化公理」。所以，對於中國而言，「物競之禍橫決，亟需以
道德規約人心，正宜闡明固有的仁愛精神，發揮而光大之」。因此，
杜亞泉的目的非常明確：「吾人當確信吾社會中固有之道德觀念，
為最純粹中正者。……且吾人之所取資於西洋者，不但在輸入其學
說，以明確吾人固有之道德觀念而已」。[47]

　　比如，西方現代的奮鬥精神與中國傳統的克己品質，相輔相
成，現代中國人應該保持其克己之品質，以養成其奮鬥之精神。中
國道德革新的目標，與其說是以歐化代傳統，以個人主義代家族主
義，不如說是建構中西融合的、個人、家庭、國家多元平衡互動的
新道德體系。杜亞泉強調，中國互助的大家庭制度與西方獨立的小
家庭制度，互有利弊，故而今日中國家庭倫理的改革，應「於互助
制度中，採用獨立之精神」[48]。而個人與國家之關係，則「宜守定
個人與國家之分際，毋使溢出範圍之外」[49]。

　　杜亞泉堅信，文化傳統作為民族精神價值遺產和文化認同象
徵，是文明秩序賴以成立的基礎，因此不可輕易破壞。「夫宗教倫
理，為民族組成之要素，其支配社會維持治安之潛力，至為偉大。
若被破壞，則善惡無所遵循，是非莫由辨別，人民必將彷徨歧路，

---

[47] 杜亞泉：〈戰後東西文明之調和〉，見《東方雜誌》14 卷 4 號，1917 年 4 月。
[48] 杜亞泉：〈家庭與國家〉，見《東方雜誌》13 卷 3 號，1916 年 3 月。
[49] 杜亞泉：〈個人與國家之界說〉，見《東方雜誌》14 卷 3 號，1917 年 3 月。

靡所適從，精神界之儆擾，有不堪設想者矣……抑知一國之存立，不徒賴有實質之武力，尤賴有形上之文明。苟舉歷史上留遺之文教，暨先賢累代所闡明之思想學識，視如敝屣，悉加屏棄，則國家之基礎，將受無形之動搖。」[50]

杜亞泉進而認為，一國文化之中尤以「國民共同之概念」最為重要。「國民共同之概念」即國民的價值共識。「國民共同概念」雖然原因各不相同，但只要使國民意念中有「不言而喻之信條，若合符節之心理」，而且「對於一切事物，本其同具之意念，以為取捨，以定從違」的話，那麼，社會秩序就不會有大的動搖，在國際交往上也可以以此作為政府的後盾[51]。所以，無論是大不列顛帝國還是日爾曼、斯拉夫諸民族，無不以「共同概念」為國家存在之本原，「有之則強而存，無之則弱而亡」。

杜亞泉說，當今外勢入侵，正應當「刷新舊物，以為抵抗」，而決不能「舍一國之特性，靡然與他人俱化」。杜亞泉接受了如下的看法：傳統中國社會的崩潰，是西方衝擊的結果。而這一結果帶來最為慘痛的後果，就是動搖並最終摧毀了中國人的自信心。從這一點上說，在杜亞泉心中，努力復興儒家倫理，並不能被簡單地看成尋找精神的避難所，而是中華文明重新崛起的起點。因此，杜亞泉進一步申述，新舊道德並不截然對立，中國道德注重社會行為，其涉及政治的部分，也未嘗沒有與共和政治隱然相合之處。他舉例說，比如唐虞之讓德傳賢，孟子之君輕民貴，都是如此。他甚至不厭其煩地闡釋，《大學》首篇的關鍵字「明明德」、「新民」以及「在於至善」，揭示的就是心理學進化論的要旨，而「新

---

[50] 杜亞泉：〈國家主義之考慮〉，見《東方雜誌》15 卷 8 號，1918 年 8 月。
[51] 杜亞泉：〈國民共同之概念〉，見《東方雜誌》12 卷 11 號，1915 年 11 月。

唯心論者，大學首章之注解也」[52]。他總結說，「民本主義與大一統主義，乃吾國民傳統思想之最著者，故對於歐洲之平民政治與其世界和平運動，不少共鳴之感」[53]。所以，大戰終結，在人們眼中正是「舊文明死滅，新文明產生」的時期，而在杜亞泉看來，情形恰恰相反：「若就我國言之，則當易為新文明死滅，舊文明復活之轉語。」一個信念在杜亞泉的心中更加堅定了。那就是，目前最需要做的就是維持「自同（self-sameness）」，是保持「內部鞏固（inner solidarity）」，是靜悄悄地作「自我綜合（ego-synthesis）」[54]。

可以看到，經歷了世俗時代的道德轉型，當中國人的心靈秩序面臨危機，公共倫理瀕臨瓦解的時代，梁濟、吳宓、杜亞泉等知識分子希望通過發掘傳統綱常倫理中的超越價值，整合社會公共認同，重塑中華文明。無疑，如前所述，杜亞泉等人希望在道德文化的抽象繼承之中，開創一套新的道德敘述和倫理實踐，以此對抗物質滿足、感官享受的物慾式功利主義和個人至上的唯我主義。如同麥金太爾界定的那樣，他們相信，「在一個有著共同利益（善）的共同體內，對共同利益（善）的共同追求，是傳統德性賴以存在的一個基本社會背景條件」[55]。當然，他們的中心議題仍是以現代性的綱領及其中心思想範疇為前提的。因此，他們的對於證成現代中國公共倫理的思維與路徑，依然是現代性的思想綱領和命題的內在的、固有的內容。確實，很難簡單地判定他們代表的文化潮流，是否意味著現代中國道德運動的主要方向。但毫無疑

---

[52] 杜亞泉：〈精神救國論（續一）〉，見《東方雜誌》10 卷 2 號，1913 年 7 月。

[53] 杜亞泉：〈大戰終結後國人之覺悟如何〉，見東方雜誌》16 卷 1 號，1919 年 1 月。

[54] 殷海光：《中國文化的展望》，北京：中國和平出版社，1988 年，第 596 頁。

[55] 麥金太爾：《德性之後》，第 23 頁。

問，如果缺少杜亞泉等人展示的這個道德面向的話，現代性的綱領和分類原則無法完整地涵蓋現代世界的生活領域[56]。

第三節　追尋德性：在「政治共同體」背後

　　隨著世俗時代道德超越價值的衰微，公共倫理和私人德性也發生了分離。這是傳統道德觀念在世俗時代裡的一次巨大裂變。從歷史上看，前現代的社會是一個「道德－政治」合二為一的共同體，它與個人共享一個整全性的價值之源。在古希臘，亞里斯多德（Aristotle，約前384－前322）繼承了柏拉圖對「個體之善」與「城邦之善」彼此相容的價值預設。在他看來，人類之善存在於一個有共同目標的社群。城邦則是人類生活的德性得到真正而充分展現的唯一政治形式。在這種形式的社群中，善和德性的廣泛一致，使得公民和城邦結為一體成為可能。亞里斯多德在《政治學》一書中，聚焦於希臘四主德（智、節、勇、義）中的最後一種——正義的本性。他指出，在最廣泛、最普遍的意義上，正義作為最高德性，正是指法律所用來要求的一切，即每一個公民在他與所有其他公

---

[56] 汪暉對於杜亞泉的評價稍顯言過其實。他認為以杜亞泉等思想家，「所代表的文化潮流代表了現代道德運動的主要方向……這就是現代道德主義的真正位置」。而按照余英時的分析，一方面，19 世紀末葉以來，許多人早已在思想或實際生活上不斷衝擊著名教綱常的堤防；另一方面，五四新思潮的另一個重要作用，是使反抗名教綱常完全合法化了。無疑，從整體上看，當時中國人的價值觀念已經發生了較為徹底的改變。汪暉：《現代中國思想的興起（下卷第二部）》，第 1409 頁；余英時：《中國思想傳統及其現代變遷》，第 64 頁。

民的關係中要實踐所有的德性。在亞里斯多德看來，在城邦生活中，公民德性與個人德性的追求之間具有一致性。

　　同樣，在古代中國，王朝的政治正當性與士大夫的「君子之德」，也都來源於「天下秩序」的道德理想。「天下」這一文化共同體，代表了儒家「仁」的道德理想追求。對於政治秩序來說，人心與天意相通，既是中國人理解世界的核心，也是王朝政治正當性的價值來源。對於心靈秩序而言，按照瞿同祖（1910-2008）的說法，儒家之所以重視修身，便是因為修身而後能正己，正己而後能治人的道理。「儒家的修身決不是個人主義，《大學》所謂修身、齊家、治國、平天下的道理，是儒家一貫的主張，修身只是齊家、治國、平天下的基礎，有其一定的順序和系統。」[57]可見，在前現代社會，個人的價值與政權的正當性，都來源於同一個超越的價值世界──或是外在超越的上帝、真主，或是與人心相通的天命、天道與天理。正是在對這一共同的超越價值的追求中，個人的德性得以實現，共同體的公共認同才能建構在一個堅實的基礎之上。

　　然而，隨著現代性的發生，個人德性與公共倫理所共享的超越價值世界瓦解了。政治秩序與心靈秩序的意義，與超越世界不再發生關聯。從道德觀念的角度來看，世俗化導致的後果之一是，無論公共倫理還是個人倫理，都轉向新的價值體系。現代倫理的取向、基礎和評價原則，因此都與古代倫理大為不同。傳統的「道德－政治」共同體發生了內在的分離。從歷史上看，在西方社會，始於十六、十七世紀的宗教改革，不僅通過化解世俗與宗教神學的緊張，產生了西方世俗社會的變革，而且重要的是，通過努力爭求宗教自由和宗教寬容，使得「良心自由和思想自由的現代理解」成為可能。

---

[57] 瞿同祖：《中國法律與中國社會》，北京：中華書局，1981 年，第 318 頁。

這也正是現代自由主義的濫觴[58]。因此，在現代西方社會中，政治正義取代了個人德性之善，成為道德價值的重心。借用羅爾斯的說法，基於政治正義的正當性（right）的考慮，優先於對個人德性之善（good）的考慮[59]。換言之，成為一個遵從政治規範的「好公民」，較之成為一個德性自足的「好人」更加重要。顯而易見，在一個多元化時代，現代自由主義者從倫理層面退守到了政治層面。他們不再把「個人之善」建立在一套整全性的哲學、宗教或是道德價值理論之上，而是將個人德性放逐到私人領域，只在公共層面上堅持以「政治正義」為核心的制度認同[60]。

　　清末民初的中國社會，同樣面對著世俗時代道德價值的內在分離。隨著現代公理世界觀對天理世界觀的挑戰，「天下秩序」的道德理想的超越性，在西方的衝擊和傳統內在思想的突破下逐漸瓦解。在晚清風靡一時的《新民說》中，當梁啟超把舊倫理和新倫理分別命名為「私德」與「公德」的時候，正是意味著傳統意義上的整全性道德，被暫時性地拆解為兩個不同的層面，分別用來對

---

[58] 萬俊人：〈政治自由主義的現代建構──羅爾斯《政治自由主義》讀解〉，南京：譯林出版社，2000 年，573-574 頁。

[59] 羅爾斯曾經指出，道德哲學中最重要的兩個概念是對（right）及價值（good）。一個道德理論之所以具有某種特性，完全決定於它如何瞭解這兩個概念，以及如何安排這兩個概念。參看石元康：〈二種道德觀──試論儒家倫理的形態〉，見《從中國文化到現代性：典範轉移？》，北京：三聯書店，2000年，第 106 頁。

[60] 李澤厚也區分了現代社會的兩種道德，一種處理善惡關係，另一種處理對錯問題。前一種是與宗教、信仰、文化傳統相關的宗教性道德，它具有終極關懷、人生寄託，是個體尋求生存價值、生活意義的情感、信仰、意願的對象。一種是與政治哲學有關的社會性道德，它是建立在現代個體主義和社會契約基礎上的自由、平等、人權、民主，以保障個人權益，規範社會生活；前者是私德，是個人意識，可以個人自由選擇，一種是公德（公共理性），應該普遍遵循。見李澤厚：〈課虛無以責有〉，見氏著：《實用理性與樂感文化》，北京：三聯書店，2005 年，第 367 頁。

待和處理「新國民」的公共政治生活和私人的德性。於是，一套基於「群」的利益的共和主義式政治美德，成為評價民族國家公民道德水準的最終指標。很明顯，在《新民說》前期，梁啓超對於「道德」的理解發生了重大的改變，更多地討論了個人與「群」（民族國家）之間發生的普遍性聯繫（公共關係）。因此，對於現代道德的本質，他作出了不同於傳統道德觀念的理解：「德之所以由起，起於人與人之有交涉。（使如魯敏遜漂流所以孑然獨立於荒島，則無所謂德，亦無所謂不德）。……故無論泰東泰西之所謂道德，皆謂其有暫於公安公益著云爾，其所謂不德，皆謂其有戕於公安公益者云爾。」[61]在梁啓超看來，現代的道德應該建立在人與人之間的相關性之上。這樣，「道德之立，所以利群也。故因其文野之差等，而其所適宜之道德亦往往不同，而要之以能固其群、善其群、進其群為歸。」「是故公德者，諸德之源也，有益於群者為善，無益於群者為惡。」從此，作為「第六倫」的「公德」，成為了民族國家建構過程中的核心概念。

傳統道德價值的分離，導致儒家規範倫理和德性倫理在清末民初的相繼衰微。晚清的知識分子在建構民族國家共同體的努力的同時，極大地破壞了傳統綱常倫理的結構。作為儒家規範倫理的「禮」，在知識分子「沖決網羅」的突圍中崩解。不過，在梁啓超那裡，受到中國儒家「道德－政治」合二為一的思想影響，他對於個人德性與政治正義思考，依然在一個「仁」與「禮」彼此溝通的框架中進行。《新民說》前期強調的國民「公德」，屬於現代民族國家規範倫理的範疇；而《新民說》後期所重視的「私德」，卻仍然

---

[61] 梁啓超：《新民說》，見《梁啓超全集》，第 622 頁、714 頁。

是傳統意義上的具有超越價值的「君子之德」。因此，在梁啟超看來，共同體的「公德」仍有賴於個人對於「私德」的培養，並以一套「修齊治平」的方式來實現[62]。

　　但是，到了五四時期，世俗化的程度加劇，隨著功利主義和個人主義的興起，儒家道德的德性倫理也開始解紐。超越的德性之善開始被世俗的功利與快樂取代，成為現代個人多元選擇的對象。從表面上看，在這樣一個「人人自作主宰」的世俗時代裡，實現多元化社會的統一和穩定，似乎只需要建立起一套具有政治正當性的制度（憲政秩序），就足以處理人與人之間彼此相處的問題。按照特洛爾奇（Ernst Troeltsch, 1865-1923）的說法，現代國家憲政的世俗化基礎，是一個與宗教意義上的「完美人性」分離的「人本」的理念，意味著自然人性的滿足和人人一樣的自然人性。因此，社會成員無須某種超越的價值共識，只需要依靠客觀化的法律程序，就足以維持基於人的自然權利的社會生活秩序。

---

[62] 實際上，梁啟超這一重視私德對公德的積極建構意義的看法，在晚清的知識分子那裡具有相當大的代表性。當時劉師培在《倫理學教科書》中也意識到，對個人倫理的培養，不僅是為了完善自我，也是完善社會的出發點。在劉師培那裡，「公」和「仁」密切聯繫，被他界定為對全社會和普遍的善的道德義務。見張灝：《尋求秩序與意義──危機中的中國知識分子》，第191頁。與此同時，章太炎在〈革命之道德〉一文中，也根據道德的善惡來評價士人。他注意到：「方今中國所短者，不在智謀而在貞信，不在權術而在公廉。」而此文的批評對象，顯然是梁啟超在《新民說》前期強調「公德」重於「私德」的主張。章太炎認為，革命黨人須先具備「私德」，沒有「私德」，便談不上「公德」。「優於私德者亦必優於公德，薄於私德者亦必薄於公德，而無道德者之不能革命，較（皎）然明矣」。見湯志鈞編：《章太炎政論選集》，北京：中華書局，1977年，第313頁，以及王汎森：〈近代中國知識分子自我形象的轉變〉，見許紀霖編：《20世紀中國知識分子史論》，北京：新星出版社，2005年，第113頁。

　　然而，一個現代社會的共同體，僅僅依靠一套具有政治正當性的法則，就足以自證其公共價值嗎？在一種憲政秩序的背後，是否仍然需要共同的倫理規範作為價值來源？1911 年的辛亥革命，雖然以民族革命的方式推翻了王權，建立起了亞洲第一個民主共和國，但是，辛亥革命在造成政治權威喪失的同時，也連帶造成了公共倫理的權威空缺。當時在蘇州的葉聖陶（1894-1988）、顧頡剛（1893-1980）等人注意到，「今世人心，固執者尚其大半，無定者亦非少數，似此任之不顧，終難構成此大民主國。……人心之得盡革，其在百年以後乎？為之嘻吁。此身定當從事於社會教育，以改革我同胞之心，庶不有疚於我心焉。」[63]民國成立之後，雖然有《臨時約法》、《國會組織法》等法令，來確保共和國公民的司法平等、思想言論自由等個人權利，卻並不標誌任何一種價值體系佔據了社會主導地位。當時，《甲寅雜誌》主編章士釗看到，二次革命失敗後，袁世凱「權氛之所至，自男女不能相易以外，蓋無不能。其稍稍得以限制者，亦祖先傳來之習慣及習俗所信之瞽說也」[64]。一系列新的政治亂局和社會價值的紊亂重新開始。

　　為什麼具有政治正當性的共和制度與憲政秩序實現了，卻無法落實為行之有效的憲政實踐？五四時期的思想家敏銳地注意到，民國初年政治亂局的緣由，就在於政治正義的制度框架背後共和精神缺位。因此，到了五四時期，一方面，杜亞泉、蔡元培、梁濟等知識分子，重新反思個人德性，展開對唯我式個人主義、競爭進化、物慾主義的批判；另一方面，章士釗、李大釗等致力於民

---

[63] 樂齊編：《葉聖陶日記》，太原：山西人民出版社，1998 年，1911 年 12 月 2 日條。

[64] 章士釗：〈說憲〉，見《甲寅雜誌存稿》卷上，第 359 頁。

國憲政建設的思想家意識到，政治美德的背後仍需要價值的支撐。也就是說，現代的國家和社會共同體，不僅應該是「正當」的，而且更應該是「好」的。因此，五四的知識分子確信，民初民主政治的失敗，要從政治背後的文化與倫理尋找根源，也就是探詢政治共同體背後共同的原則、義理和規範（國本）[65]。政治共同體背後的公共倫理問題，重新回到五四知識分子的視野之中。

　　儘管在 1911 年的革命後，章士釗一直倡導政治上的「調和」，但在此之前，章士釗對於中國傳統的德性內涵卻有過激烈的批評。他說，中國「民德之墮落，一日千里」，而且造成這一局面的罪魁禍首就是名教[66]。章士釗認為，中國的孔教一方面是教義上反對蓄妾狎娼縱慾敗德，一方面是在教之人躬行蓄妾狎娼淪於禽獸。這固然不能讓孔子承擔責任，但也證明世易時移，孔教已經無法控制人心。因此，他說：「欲整飭吾國之倫理，當於儒先所持之根本觀念，加以革命。是何也，儒先治己曰苦，今當易之曰樂也。夫天下集己而成者也。吾以一義律己，即欲同以斯義律己，而苦人性之所避也。」他在《甲寅》月刊上批判偽國家主義，捍衛共和政治，所運用的基本理論正是功利主義。章士釗說：「功利主義既所以止惡而生善，即所以納天下事物於苦樂二感之內，極其思辯力之所能至推算之、

---

[65] 「國性」（國本）問題也是民初政治正當性討論的核心問題之一，參看許紀霖：〈個人、良知和公意──五四時期關於政治正當性的討論〉，上海：《史林》，2008 年 1 期；林毓生：〈論梁巨川先生的自殺──一個道德保守主義含混性實例〉，見氏著：《中國傳統的創造性轉化》，第 205 頁；張東蓀：〈國本〉，《新東方雜誌》第一卷第四號，1916 年 1 月，見克柔編：《張東蓀學術文化隨筆》，北京：中國青年出版社，2000 年，第 64 頁；章士釗：〈政本〉、〈調和立國論〉、〈共和平議〉，分別見《甲寅》第一卷第一號、第四號、第七號。

[66] 章士釗：〈中國之本拔矣〉，見《章士釗全集》（1），第 445 頁及〈論進德會〉，見《章士釗全集》（2）第 40 頁。

比較之，而因以定道德、法律之指歸，苦樂外之感情幾不使之羼入也。」[67]章士釗強調，否定人快樂的慾望是不正確的，而極力主張以「最為平易近人」、「決無戕性作偽之憂」，而又能發揮「一道同風之效」[68]的功利主義，作為新的倫理規範。

在章士釗看來，功利主義是「人類自由之保障，而共和精神所寄」，並主張將它確認為中國的立法原則。他說：「所謂苦乃己之所謂苦，非他人所能想像也。所謂樂乃己之所謂樂，非他人所能代謀」，所以「國民者宜享受權利者也。何也？無權利不足以避苦趨樂也」。如果國民沒有權利，則是「賤種」，而這樣的國家也只是「奴圈」。所以，他主張「對於國家主張人們之自由權利，對於社會主張個人之自由權利」。在功利主義「求最大多數人的最大幸福」的理念下，章士釗認為，政治之作用，不外乎創造一個組織，使同一社會的人，「其所懷趨樂避苦之感，有共同之法以通之」[69]。顯而易見，在章士釗的政治理念的立足點，是人們的自由權利，而不是國家富強，其中「國家工具論」的色彩十分明顯。他並沒有把個人享有自由平等的權利作為通向國家富強的途徑，而是把個人的自由權利作為了國家的目的。所以，他認為，國家和「圖騰番社同科，輪廓僅存，有何足重。是必有物焉，相與立之，尤有法焉，使立之者各得其所，然後其名不為虛稱」。那麼，和國家相對立的就是「人」；而「法」的內涵，就是「權利」。他進一步指出：「國為人而設，非人為國而設也。人為權利而造國，非國為人而造權利也。……國家者非人生之歸宿，乃其方法也。」[70]在這一點上，章

---

67 章士釗：〈法律改造論〉，見《章士釗全集》(2)，第 393 頁。
68 章士釗：〈論功利──答朱君存粹〉，見《章士釗全集》(3)，第 418 頁。
69 章士釗：〈國家與責任〉，見《章士釗全集》(3)，第 124-125 頁。
70 章士釗：〈復辟平議〉，見《章士釗全集》(3)，第 406 頁。

士釗的觀點與陳獨秀、高一涵、李大釗等人對於國家的看法，無疑具有相通之處。從功利主義的立場出發，章士釗相信國民個體具有趨利避害、謀求幸福的本能追求。但他沒有像西方古典自由主義者那樣，將個人的自由權利視為至高無上的目標，而是把個性主義與功利主義結合起來，將最大多數人的最大幸福看成了最終價值。

因此，在功利主義目的論的影響下，在章士釗那裡，如何保證法治和個人權利的問題，在一定程度上讓位給了如何最大限度地增進社會福利問題。這種功利主義的主張，從政治共同體行政的實際效用的角度衡量國家的正當性，恰到好處地與章士釗關於立法的基本原則相吻合。在章士釗看來，憲法是一國權利之「規定書」。他說：「民利不張，國利胡有？民力不堅，國力胡生？民求民利，即以利國。民淬民力，即以衛國。凡言毀民而崇國者，皆偽國家主義者也。」[71]他說，專制政治之下，「人民之苦樂懸諸一人或少數人之意志」，而在立憲政治之下，「人民自定其苦樂且自應用之於政事」[72]。也就是說，為了最大多數人的最大幸福，憲政制度的效果要比專制制度好得多。所以，憲政設計的主要任務，是把追求最大幸福的增長和民主的社會選擇結合在一起。因此，在章士釗看來，改造民國根本大法，「首在為多數人謀幸福」。而多數人的幸福，又必須以個體所享有的權利為手段。「若者為己之權利，若者為他人之權利，非人民自為其界說，決不適用也。」章士釗試圖建立的正是這樣一個以個人權利自由為基礎的、基於憲政之上的法的共同體。所以，民國初年的章士釗把功利主義看作「改造法律的明星，人類自由之保障」，主張將它確立為立法原則，並聲稱這一主義遠比社會主

---

[71] 章士釗：〈自覺〉，見《章士釗全集》(3)，第 185 頁。
[72] 章士釗：〈國家與責任〉，見《章士釗全集》(3)，第 104 頁。

義好[73]。他主張國家的法律應該建立在承認個人自利的基礎之上，而最好的法律就是「其各方面自利之質分配最均」[74]的法律。

另一方面，如同穆勒所講的那樣，「功利主義的堅實基礎，就是人類的社會情感，那種要把自己與我們的同胞聯合起來的慾望。……只有在所有人的利益都必須得到相互商榷和相互協調的基礎上，在人與人之間形成的社會才變得可能。」[75]在這裡，穆勒按照人類的社會情感，對功利主義的效用原則作出說明。他勾畫出了功利主義、社會合作和道德共同體之間的密切聯繫，還闡釋了社會環境與人類的道德情感的進化之間的互動機制──一個整體的道德環境，對於個人的道德行為和道德選擇所具有的重要影響。因此，值得注意的是，在一套整全性的憲政秩序背後，章士釗特別提出，「愛國心」是公民最基本的德性和凝聚共同體的精神力量。首先，章士釗對政府與國家作出了精確的區分，提出「重造愛國心之界說」，強調「愛國」不等於「愛政府」。他敏銳地指出，「有國而不知愛，是謂大瞽；謂吾應於惡政府而愛之，是謂大愚。……是愛國可耳，決不能使此倚國為惡之政府並享吾愛也。」從功利主義的立場出發，章士釗將國家視為「自由人民，為公益結為一體，以享其所自有，而布公道於他人者」[76]。而所謂「公道」，正是基於國權與民權的「彼此相當」。因此，在章士釗看來，愛國的真正含義是，「人立於一國，公私相與之際，有其相宜之位置焉，能保此相宜之位置，適如其量，即是愛國之道」[77]，「愛國決不在犧牲所

---

[73] 章士釗：〈法律改造論〉，見《章士釗全集》（2），第 393 頁。

[74] 章士釗：〈迷而不復〉，見《章士釗全集》（3），第 230 頁。

[75] 約翰‧穆勒：《功利主義》，第 73 頁。

[76] 章士釗：〈國家與責任〉，見《章士釗全集》（3），第 126 頁。

[77] 章士釗：〈愛國儲金〉，見《章士釗全集》（3），第 507 頁。

有，而在致其所有者於相當之位」[78]。面對二次革命以後國內政局的潰敗，陳獨秀也在章士釗主持的《甲寅》上撰文指出：「愛國者何？愛其為保障吾人之權利謀益吾人幸福之團體也。」[79]「我們愛的國家是國家為人們謀幸福的國家，不是人們為國家做犧牲的國家。」[80]章士釗對陳獨秀的看法頗為讚賞，認為「獨秀君為汝南晨雞，先登壇喚耳」[81]。就在同一期《甲寅》的《通訊》欄裡，李大釗也在信中表達了相似的看法。他認為現代國民的職責之一，就在於「自覺近世國家之真意義，而改進其本質，使之確足福民而不損民。民之於國，斯為甘心之愛，不為違情之愛」[82]。

無疑，基於功利主義目的論的考量，對於區分國權與民權的國家「公道」的尊重，五四時期知識分子體現出的，是一種「消極」層面的愛國心，其重心仍落實在切實尊重國民的個人權益之上。這也是民主國家憲政秩序正當性的直接來源。另一方面，由於受到五四時期「小己」、「大群」的影響，章士釗雖然極力強調共同體中的個人自由權利，但在他那裡，國家與個人又並非截然兩分的目的與手段的關係，而是在一個國家與個人良性互動的有機關係中來彼此看待。章士釗說：「天下無個人權利可離社會公益而立，或背社會公益而成。凡權利者，皆與人群幸福相待者也。」[83]他援引鮑桑葵的話說：「凡一國家，國民之具有常格者，感情必變為忠愛，識解必周乎政治，且彼於一事，必深知之而深覺之」。「人能養成尋常習

---

[78] 章士釗：〈國家與責任〉，見《章士釗全集》（3），第 127 頁。
[79] 陳獨秀：〈愛國心與自覺心〉，見任建樹等編：《陳獨秀著作選》第一卷，上海：上海人民出版社，1993 年，第 114 頁。
[80] 陳獨秀：〈我們究竟應不應當愛國？〉，見《獨秀文存》，第 432 頁。
[81] 章士釗：〈國家與我〉，見《章士釗全集》（3），第 508 頁。
[82] 李大釗：〈厭世心與自覺心〉，見《李大釗全集》（第二卷），第 317 頁。
[83] 章士釗：〈哈蒲浩權利說〉，見《章士釗全集》（3），第 172 頁。

慣，以共同幸福，為實際上之目的與人生之基礎，即為愛國。愛國心云云，雅不外此種尋常習慣也。」[84]

從這一層面看，章士釗已經注意到，對於國家的認同也和個人的人生觀以及情感相連。這是一種「積極」意義上的愛國心，與個人對於民族國家的信仰、忠誠和責任心密切相關。所以，在《國民心理之反常》一文中，他說：「所謂愛國心，即良知也。愛國之行為，即良能也。國家之起，其於此知此能。國家之存，存於此知此能。此而不完，國必不國。」[85]在章士釗看來，這種國民發自內心的良知，「為一國言之，在自衛之直覺也。為小己言之，則殺身為國，救國以保種之志願也」[86]。正因為這一「愛國心」建立在國民對於國家牢不可破的精神信念之上，從而又超越了個人與國家之間在功利意義上的權利關係。章士釗的這一看法，是梁啟超在《新民說》中所強調的共和主義式國民「公德」的延伸，強調的仍是對於公民「合群愛國」的要求。按照羅爾斯的說法，這種政治美德是「由那些對正義而穩定的立憲政體之公民必備某些品質的需要所確認和證明的」[87]。所以，章士釗才說：「人為一國之民，不能自立於國家之外，祖宗丘墓之鄉，飲食歌哭之地，尚曰不愛，豈復人情；國家之難，即已難也，此而不救，亦誰肯認。」[88]

理解了國家目的和「愛國心」的雙重內涵之後，可以看到，章士釗的國民「公德」仍然指向了個人德性這一價值倫理。他說，民族建國之理，「道在盡其在我也已矣，人人盡其在我，斯其的達矣」。

---

[84] 章士釗：〈愛國儲金〉，見《章士釗全集》(3)，第 507 頁。

[85] 章士釗：〈國民心理之反常〉，見《章士釗全集》(3)，第 424 頁。

[86] 同上，第 424-425 頁。

[87] 羅爾斯：《政治自由主義》，南京：譯林出版社，2000 年，第 207 頁。

[88] 章士釗：〈愛國儲金〉，見《章士釗全集》(3)，第 507 頁。

何謂「盡其在我」？章士釗說，那就是「有一定之主義，准此以行，而百折不離其宗」。「盡其在我」一語中包含的重視個人意志自主性的訴求，顯然一望可知。不過，章士釗對於當時中國「無一獨立之人」的情境十分失望。他說，「我者非一己所得而私者也。國於天地，其中個人之事，有其邏輯之一境焉曰我。所謂盡其在我，即以行事律諸此境，使不爽也。所謂求我，即求此一境，使毋遁也。吾之所為，果與此境合符，誠可謂得我矣。」因此，章士釗服膺倭鏗所說的「人生之真值，在於發見真理」，不過他將「良心」與「真理」等同，而仁義之道則是「理之至精者」[89]。在這裡，作為自由主義者和憲政主義者的章士釗，又回到了儒家「修齊治平」的方式之上。他從儒家道德義務論的角度，強調人之為「真我」的重要性就在於「盡義務」。「所謂義務，範圍之廣狹，實行之難易，盡各不同，而邏輯上必有其相當之域，恰與若人身份智識境遇相稱，冥冥之中促之不得不准是而行者，則無疑也」。因此，人都應該盡自己對於國家、社會的義務，「周察四周之境遇，認明一己之正當地位，本大無畏之精神，行其良知良能所覺念」[90]。

很自然，章士釗將最能體現民族國家精神的最上等德性，歸結為孟子的「富貴不能移，貧賤不能移，威武不能屈，以大丈夫自期」。除此以外，第二等是「人品不必高而無上，宗旨不必醇而無疵，惟既有所信，而富於一種堅忍不拔之氣，能以苦戰奮鬥，力爭上游者」。而第三層次則是「無不待而興之能，與獨為前驅之勇，或奉一職，或營一業，而蚤夜自思，覺有萬不可為之事，即謹守之不失，不以自欺，心力相應之時，於我之所能信者，加以援助」。

---

[89] 章士釗：〈我〉，見《章士釗全集》（3），第 630 頁。

[90] 章士釗：〈發端〉，見《章士釗全集》（4），第 5、7 頁。

基於儒家精英主義的立場，章士釗仍把塑造公共價值認同的努力，放在「讀書明理號稱社會中堅」的知識分子身上。在他看來，只有少數敢於精英分子「握此機樞」，就能擔負起重建國家公共認同、復興共和精神的神聖使命。

顯然，在章士釗眼裡，現代的民族國家並不是一個簡單的憲政國家，而是一個基於愛國心的、有著共同倫理的共和國。共同體的公共認同，不單是基於功利主義之上的國家公益，更重要的是現代國民對於共和國的忠誠、熱情與責任心。這才是章士釗心目中公共文化和集體認同的焦點所在。顯然，章士釗並沒有將政治美德與個人德性加以分離。如同麥金泰爾所言，無論一種規則多麼完備，如果人們不具備良好的德性或品格，就不可能對人的行為發生作用。這就是說，規範倫理不僅要有合理性的理論基礎，還必須有主體人格的德性基礎。作為一個深受儒家思想影響的憲政主義者，章士釗對公共道德的理解，仍然體現了國家邏輯與個人道德自主性彼此互動，規範倫理與德性倫理相互溝通的親和性。

與章士釗關係密切的李大釗，在政治理念上彼此影響甚深，「兩人政見，初若相合，卒乃相去彌遠，而從不以公害私，始終情同昆季，逮晚尤篤」。章士釗曾在文章中回憶兩人之間文字訂交的那段溫暖歲月：「1914 年，余創刊《甲寅》於東京，圖以文字與天下賢豪相接，從郵件中突接論文一首，余讀之，驚其溫文醇懿，神似歐公，察其自署，則赫然李守常也。余既不識其人，巽言覆之，請其來見。翌日，守常果至，於是在小石川林町一斗室中，吾二人交誼，以士相見之禮意而開始」[91]。後來，在《甲寅》共事期間，

91 　張次溪：《李大釗先生傳》（章序），北京：宣文書店，1951 年，第 1 頁。
　　轉引自白吉庵：《章士釗傳》，北京：作家出版社，2004 年，第 93 頁以及

兩人都深信，良善的政治制度有利於現代國家的形成，所以不遺餘力地宣傳建立共和憲政的重要性。李大釗說，憲法的莊嚴神聖性，體現在「為求自由之確實保障而已」。因為自由是人類生存的必需，沒有自由就沒有生存的價值。因此，憲法的意義就在於確保立憲國民的自由價值。所以，李大釗特別強調：「吾人苟欲為幸福之立憲國民，當先求善良之憲法；苟欲求善良之憲法，當先求憲法能保障充分之自由。」[92]那麼，對於李大釗而言，憲政的重心究竟是基於功利主義的權利自由，還是基於精神性的思想自由？顯然，李大釗更傾向於後者。從共性上看，李大釗與章士釗雖然分享了「個人自由」對於共同體的極端重要性，不過，與章士釗對政治程序中個人權利的強調不同，李大釗的憲政主張裡，始終包含著「法」與「道」的二元論傾向，洋溢其中的是個人「無拘無束獨立不羈」的「精神自由的欲求」[93]。所以，章士釗將憲法比喻為一國權利的「規定書」，而李大釗則饒有意味地將憲法視為現代國民的「血氣精神」[94]。

　　在李大釗的敘述脈絡中，「道」是指的倫理，而「法」是指的法律，前者「進行心理意念的導向」，而後者與此無關，專指「外部動作」。實際上，辛亥革命前李大釗在天津北洋法政專門學堂預科就讀時，他對於《法學通論》所作的批註，雖然強調了「道」與「法」對人的內外兩方面欲求所作出的激勵與限制，但重心顯然落實在精神性的「道」之上。《法學通論》中對精神性的「道」的推崇，對李大釗後來的思想影響顯然是巨大的：「如果國家的統治者超越法律的範圍而侵入道的領域，它的威力及於人的內心，個人的

　　朱志敏：《李大釗傳》，北京：紅旗出版社，2009年，第61頁。
[92] 李大釗：〈憲法與思想自由〉，見《李大釗全集》（第二卷），第432頁。
[93] 李大釗《《法學通論》批註》，見《李大釗全集》（第一卷），第13頁。
[94] 李大釗：〈孔子與憲法〉，見《李大釗全集》（第二卷），第448頁。

精神活動受到他人責難，必導致人獨立不羈的本性受到壓抑」。「立法者制定一種法律制度，必須儘量符合道的規範，如果二者相互抵觸，法律縱能一時推行，最終也會給國民釀造出永久的禍害」[95]。

　　無疑，對於推崇憲政的李大釗來說，個人的精神自由仍是法制程序的基座和內核。如前所述，五四時期知識分子所張揚的個人主義，是一種意志自主、具有主體人格的「個人」。在李大釗那裡，這一點體現得尤為明顯：「蓋含生負氣之倫，莫不具有良知。一己罪惡過失，當依自己之良知祓除之。若並一己之良知而不足恃，是即所謂心死，惟有聽其倒行逆施，以自殺其身心性命，自喪其邦家褆祀而已。」[96]他也承認，他對隱含在個人意識當中的能動性作用的強調的另一來源，則是柏格森的「創造進化論」。「吾人不得自畫於消極之宿命說（Determinus），以尼精神之奮進。須本自由意志之理（Theory of free will），進而努力，發展向上，以易其境，俾得適於所志。」[97]一方面，良知力量具有衝破一切客觀拘束和人情束縛的力量，另一方面，良知又充當了內心真理的精神性依據。所以，在李大釗那裡，個人的「心造之力」是偉大而不可低估的。他說：「為今之計，吾人當發揮正義，維護人道，昭示天地之常則，回復人類之本性，俾人人良心上皆愛平和，則平和自現，人人良心上皆悔罪惡，則罪惡自除。」[98]在這一點上，李大釗的「良知」以一種康德式的自我實現和自我發展的方式呈現出來，成為他理解個人自由的核心。

---

[95] 李大釗：〈《法學通論》批註〉，見《李大釗全集》（第一卷），第 16 頁。
[96] 李大釗：〈政治對抗力之養成〉，見《李大釗全集》（第一卷），第 687 頁。
[97] 李大釗：〈厭世心與自覺心〉，見《李大釗全集》（第二卷），第 317 頁。
[98] 李大釗：〈原殺〉，見《李大釗全集》（第一卷），第 608 頁。

　　在李大釗看來，國家與個人不單是法律意義上的聯繫，也具有道德上的密切關聯[99]。面對民初的「民德之衰、民力之薄」，李大釗感歎，「民力宿於民德，民權荷於民力，無德之民，力於何有？無力之民，權於何有」[100]？在李大釗看來，共同體集合所依據的是共同的「人心」。在這裡，李大釗談到的「人心」，指的正是人的良知。他說，「蓋群云者，不僅人體之集合，乃具同一思想者之總稱」。在他看來，離於人心則無風俗，離於風俗則無群。群己之間，互為因果，彼此有機相連，形成一股強大的凝聚力（「暗示力」）：一方面，基於個體精神自由，「群之分子，既先天後天受此力之範制，因以成共是之意志，鬱之而為風俗，章之而為制度，相維相系以建其群之基」。另一方面，「有如何之人群，斯產如何之人物；有如何之人物，更造如何之人群」[101]。

　　基於個人精神自由和憲政秩序之上產生的愛國心，也是李大釗心目中共和國家的公共倫理和精神價值認同。與陳獨秀對國家政治的厭倦與章士釗基於功利主義的現實追求不同，李大釗從良知的角度，強調了國民熱愛國家的道德義務感。他認為，現代國民對於愛國心應有自覺，「自覺之義，即在改進立國之精神，求一可愛之國家而愛之」，不能因為國家不足以愛就斷絕對國家的熱愛，更不宜因為國民從未享受過「可愛之國家」就自暴自棄，以為自己缺乏建設國家的能力。所以，現代國民的職責，一方面「宜自覺近世國家

---

[99] 此一看法與梁啟超的觀點相當接近，梁氏不僅使用「天演」與「良知」兩種論述闡明權利思想，也以此說明法律的性質。見楊貞德：〈自由與自治——梁啟超政治思想中的「個人」〉，香港：《二十一世紀》，2004年8月。

[100] 李大釗：〈論民權之旁落〉，見《李大釗全集》（第一卷），第598頁。

[101] 李大釗：〈風俗〉，見《李大釗全集》（第二卷），第666-669頁。

之真意義」，另一方面「宜自覺近世國民之新精神」[102]。在李大釗看來，立憲國民的「唯一天職」，就是「儘量以發揮其所長，而與福益於其群」。這一理解溝通了個人的自由意志與愛國心之間的關係。而且，當它與儒家德性倫理所強調的人生價值奇妙地掛鉤以後，李大釗對於共和國「倫理的公共善」的思考，具有了濃厚的儒家內聖外王的色彩。他說：「信念既篤，則依之以努進，而盡其能以造其極，不以外物遷其志，不以歧路紛其心。斯其所造，必能至於己立立人、己達達人之境」[103]。而且，在李大釗看來，人生的意義有無、價值有無，都在於「應其本分而發揮其天能」。因此，人生之道也以一種中國式的理解，和「立憲國民之天職」劃上了等號。在他的心目中，立憲國民的道德形象，似乎是古今中西道德精華結晶而成的完人：「依吾儒忠恕之道，西哲自由、博愛、平等之理，以自重而重人之人格，各人均以此惕慎自持，以克己之精神，養守法循禮之習慣，而成立憲國紳士之風度。」[104]可見，在李大釗這裡，對於國家的忠誠與熱愛和國民自由意志的培養，仍然處於一個彼此互動的框架之中。而良好政治秩序的成形與愛國心的塑造，歸根到底仍要回到個人的「良知良能」充分展現之上。

正是基於對愛國美德這一公共倫理的讚美，李大釗在 1916 年的一篇長文裡，將基於國民道德良知的「民彝」，作為證成立憲政治秩序的前提與基礎。李大釗之所以提出「民彝政治」，是應和當時《甲寅》雜誌發起的對於民主政治背後共和精神的討論。在發表於《民彝》雜誌創刊號上這篇〈民彝與政治〉一文中，「民彝」

---

[102] 李大釗：〈厭世心與自覺心〉，見《李大釗全集》（第二卷），第 317 頁。
[103] 李大釗：〈政論家與政治家（一）〉，見《李大釗全集》（第二卷），第 510 頁。
[104] 李大釗：〈立憲國民之修養〉，見《甲寅》1917 年 3 月 11 日。

是一個有著「形而下之器」與「形而上之道」兩個層面的複合概念。「懸於智照則為形上之道，應於事物則為形下之器，虛之則為心理之澄，實之則為邏輯之用」，因此，「道即理也，斯民之生，即本此理以為性，趨於至善而止焉」[105]。按照李大釗的研究者之一、美國學者邁斯納的說法：「李大釗把民彝作為人類進步的一個標誌，決定所有政治事務，檢驗任何東西的正確與否是人民固有的權利。」[106]

在李大釗看來，民彝是民憲的前提與基礎，因為英國憲法「乃順民彝自然演進，而能一循其軌，積習成性」。從本質上說，民彝是深藏於人們內心的價值，是一種道德意志。根據李大釗的看法，檢驗政治良窳的試金石，就是看這種意志是否可以在政治中得以普遍體現。而這一點賴以實現的關鍵是，政治制度在「涵育牖導」之外，是否也能讓人圓融無礙地秉持「彝之誠」，來決定事理得失。因此，「政治者，一群民彝之結晶；民彝者，凡事真理之權衡也」。可以這樣說，在李大釗那裡，個人的內在良知與社會規範是可以相互溝通的，人內心的「善」（民彝）既是規則的出發點，也是規範的歸宿，政治制度正是由此推演而生的。因此，「民能以秉彝之純瑩智照直證心源，不為一偏一曲之成所拘蔽，斯其包蘊之善，自能發揮光大至於最高之點，將以益顯其功用於實用之途，政治休明之象可立而待也」。

李大釗強調了每個人都是理性的存在者，都是具有內在價值的存在，並不是來自於外在的規範。因此，民彝既可「示為政之

---

[105] 李大釗：〈民彝與政治〉，見《李大釗全集》（第二卷），第 334-359 頁，下同。
[106] 莫里斯・邁斯納：《李大釗與中國馬克思主義的起源》，北京：中共黨史資料出版社，1989 年，第 34 頁。

道」，又可以作爲「衡量事理之器」。在李大釗看來，「民彝」恰恰是人的「自由之域」、「自然之能」，毫無疑問，人民的意志應當建立在他們「自器其材，自踐其常，自擇其宜，自觀其成」的基礎之上。從這一點上看，李大釗對於「民彝」的看法，既與前述陽明心學中強調內心良知的說法相似，更接近於康德所講的理性存在個人都具有的「內在價值」和「絕對命令」。康德指出，每一個人都是「目的」而非「手段」，是自己行爲的立法者。而且，通過將行爲準則通過意志變爲普遍的自然規律，則是個人和全部普遍理性相協調的最高條件。在康德看來，個人行爲的道德性根源於理性本身。康德認爲，道德的行爲是自主自願的行爲，「自主自願」意味著行爲是「爲義務而義務」的[107]。值得注意的是，康德所說的「義務」，是絕對的、無條件的義務，是人本身的義務，即行爲必須完全出自理性的自我立法。

另一方面，康德指出，立足於人本身義務的「善」，是一個人的行爲動機由理性的普遍法則所決定，就是其意志的選擇由理性的普遍法則決定；同時，應當把行爲準則通過意志變爲普遍的自然規律。實際上，康德背後的問題是，我們應當遵循什麼樣的行爲準則才是道德的？他的回答是：必須所有其他人在相似的處境中可以而且應當遵循的法則。也就是說，行爲的道德性，取決於行爲規則的道德性；而規則的道德性，又在於他是否可以普遍化。在李大釗那裡，這一普遍的行爲規則就是憲法，因爲「努力以制定莊嚴神聖之憲典者，亦曰爲求自由之確實保障而已矣」[108]。他認爲，立憲國民應當以自由、博愛、平等爲「持身接物之信條」，而一旦這一信條

---

[107] 康德：《道德形而上學原理》，第 69 頁。
[108] 李大釗：〈憲法與思想自由〉，見《李大釗全集》（第二卷），第 432 頁。

深入人心，人的「氣質之慈祥愷悌、中正平和，必能相為感召，以成循禮守法之德」。[109]

所以，從一種康德式的道德義務論的角度可以更好地理解，李大釗如何以個人意志，形成一套道德的原則，並以此證成政治秩序的正當性。他引用約翰・穆勒的話說，政治的特點，就在於「增進人民之智德」。對於政治而言，首要的使命就是通過「政制」來涵育「其群小己可嘉之資」。所以，即使是那些看似很難和政治發生聯繫的普通民眾，在良善的政治制度之下，仍能產生「宏大之力」。其中的原因，就在於制度能夠抑惡揚善，「為其善之存於而【為】政者之淵源，惡之免於而【為】政者之防遏」，所以，「唯一國政制組織是等善良資能之分量愈擴者，其組織之法乃愈善，其政治乃愈良」。

如同本章開頭所描述的那樣，在前現代社會裡，人們依靠一套源於超越世界的宗教或道德學說，來解釋自身與上帝及宇宙之間的關係，並力圖涵蓋共同體的政治德行和個人德性。然而，隨著超越價值的衰微，人們進入現代社會以後，「正當」的生活和「好」的生活被分割開來，成為兩個不可通約的領域。現代自由主義者以德性與規範分離為最後的分化，以解決現代社會的多元價值困境，用麥金泰爾的話說，「規則成了道德生活的基本概念」[110]。

然而，受到傳統儒家修齊治平的道德觀念影響，五四知識分子雖然身處一個以功利主義和個人主義為道德價值核心的世俗社會，卻對於共同體的公共倫理有著獨特的理解。1920 年和 1921 年，楊蔭杭（1878-1945）在《申報》上分別撰文，認為「共和，

---

[109] 李大釗：〈立憲國民之修養〉，見《甲寅》1917 年 3 月 11 日。
[110] 麥金泰爾：《德性之後》，第 150 頁。

美制也。無道德以維之，將一落千丈，流為五代。道德之不可以已也如是。」他說，共和道德從修身齊家開始，「中華民國之興亡，仍視於匹夫之道德」[111]。可以看到，在陳寅恪、杜亞泉、吳宓、梁濟等思想家那裡，他們正是延續了梁啟超《新民說》中「私德」與「公德」彼此溝通的互動思考。他們認為，傳統綱常倫理所打造的，是一個從個人德性到「天下歸仁」的道德實踐模式。也就是說，規範倫理與德性倫理之間無法脫離彼此而獨立存在。在他們看來，只有在具有德性的個人之間，才可能真正形成共同體的公共倫理。因此，對於多元化的現代社會整合而言，傳統儒家的綱常倫理具有抽象的繼承性。同時，作為儒家規範倫理的核心，綱常倫理也維繫著一個文化共同體獨特的公共認同，意味著它與世界諸種文明對話的資格。《東方雜誌》的作者之一陳嘉異在〈東方文化於吾人之大任〉中，就借助對於儒家道德倫理的闡揚，對中國文化的世界地位予以定位：「吾族決不以國家之領域自畫，而嘗有一世界精神懸於其襟懷」，「質而言之，吾族之傳統道德，實世界道德，人類道德，而非僅國家道德。故將來之世界文化，必為吾東方國家之文化，乃一未來之世界文化也」[112]。

另一方面，在章士釗、李大釗等倡導憲政實踐的知識分子那裡，對於國家憲政民主的制度建構，成為塑造共同體公共認同的重心。但是，他們相信，社會與國家並不僅僅是一個由制度作為紐帶的「政治共同體」，而是一個有著共同倫理的「道德共同體」。他們

---

[111] 楊蔭杭：〈共和國以道德為立國之本〉、〈共和自修身齊家始〉，見楊絳整理：《老圃遺文集》，武漢：長江文藝出版社，1993 年，第 85、416 頁。

[112] 陳嘉異：〈東方文化於吾人之大任〉，見陳崧編：《五四前後東西方文化問題論戰文選》，北京：中國社會科學出版社，1989 年，第 306-307 頁。

將梁啟超的「公德」觀，具體化為一種忠誠於共同體的強烈愛國心。這種愛國心，或是像章士釗論證那樣，來源於對功利主義目的論之上的對國家「公益」的尊重；或是像李大釗描述的，來自個人「良知」的匯合。不過，由於超越道德價值的瓦解，在章士釗和李大釗那裡，這種公共倫理已經不再具有超越性，更多地體現為國民對於共同體的熱愛與忠誠。從總體上看，五四的知識分子仍在一個「修齊治平」式的道德框架之中，論證共同體的「倫理公共善」所在。因此，五四的思想家對於現代社會中「善」與「正當」的關係，有著中國式的思考。他們所理解的國家不僅是政治正義的——因為具有共同的憲政民主，更是道德的——緣於共同的倫理與文化認同。

結語

這個世界會好嗎：世俗時代的道德反思

　　如同馬克斯・韋伯所言，現代性的實踐過程是一個「祛魅」的過程，也意味著一個「價值諸神」彼此衝突的時代來臨了。在前現代，所有的社會和政治組織，都以特定的方式，與上帝信仰、上帝忠誠或其他終極實在等觀念相關聯——或是基於它們之上，或是由它們來確保。但是，啟蒙理性斬斷了古典的超越價值之源，也摒棄了傳統的神聖啟示，甚至取而代之，使自身成為一種世俗化的生活方式。在大眾民主、平等至上的現代社會，神聖啟示已經不能成為磨礪生活理想的精神性力量。「走向世俗社會，意味著從一個堅定不移信仰上帝的社會，來到一個信仰上帝只是選擇之一，而且這一選擇通常還不是最輕鬆自如的社會」[1]。在這樣的社會裡，人的精神價值和社會道德的超越性與整全性，被工具理性逐漸取代，民眾生活信仰成了唯一的生活理想[2]。隨著現代個人的崛起，世俗的功利和快樂構成了多元化的人生價值目標，世界因為失去超越的神魅意義而不再令人著迷。

　　對於「以倫理代宗教」的中國而言，世俗化最直接地後果之一，無疑是道德觀念的急劇轉型。晚清以來，隨著以西方科學和進化理

---

[1] Charles Taylor, *A Secular Age,* Cambridge: The Belknap Press of Harvard University Press, 2007, pp.3。

[2] 劉小楓：《刺蝟的溫順》，上海：上海文藝出版社，2002 年，第 229 頁。

論為核心的「公理」世界觀對傳統「天理」世界觀的挑戰，傳統的超越價值世界衰微了，清末民初的中國社會進入了一個世俗時代。繼晚清以來儒家規範倫理「禮」（三綱五常）逐步解體之後，到了民國初年特別是五四時期，原本具有超越內涵的儒家德性倫理——仁學宇宙觀，也面臨著前所未有的巨大衝擊。五四時期的倫理革命，也因此受到功利主義、個性主義和進化論更為深刻的影響：一方面，世俗的「快樂」與「功利」主張，取代了傳統儒家倫理中「善」的超越地位，成為五四時期道德價值觀中新的德性；另一方面，強調意志自主的個人主義在五四時期得到極大發展，人成為了道德的自我立法者，可以依據自由的個性，重新估定一切價值並對人生「自作主宰」。

五四的知識分子面對的是 20 世紀以來湍急的世俗化潮流。以進化論和科學理念為核心的公理世界觀，雖然同樣具有整全性意義，但是，由於它所依憑的不再是具有超越價值和形而上意義的宇宙，而是一個機械的世界，其超越內涵較之天理世界觀大為弱化。因此，五四時期討論的「善」，是被功利與快樂所取代的世俗化的「善」。另一方面，當德性從傳統的超越價值世界中抽離，轉變為「趨樂避苦」的慾望追求，傳統道德世界的整全之善，也逐漸分解成為社會成員個人的多元價值選擇。無疑，在一個「祛魅」的世界裡，當人生意義、美好生活、信念與信仰的超越之源逐漸式微，善與價值的私人化與多樣化變得無可避免。在有關道德觀念和良善生活的議題上，世俗社會的內部形成了深刻的多元性和差異性。可以看到，在五四時期的社會世俗化進程裡，道德觀的客觀性、整全性逐步瓦解，代之而起的是越來越可變的、主觀的、多元的道德準則。道德的超越內涵較之傳統社會大大降低了。

　　1921 年，聞一多（1899-1946）在《清華週刊》上大發感歎：「現在一般青年完全是唯物思想底奴隸，除了裝智識，煉身體以外，不知有別事。新思潮沖進之後，孔子底偶像打碎了，舊有的社會的裁制，不發生效力了，西方來的宗教又嫌他近乎迷信，不合科學精神，而對於藝術又沒有鑒賞的能力，於美育的意義更無從捉摸，於是這『青黃不接』時期，竟成了『無法無天』『洪水猛獸』底時期了。」[3] 用「青黃不接」、「無法無天」、「洪水猛獸」來概括當時的道德狀況，不免帶有詩人的幾分誇張，卻也頗為生動地描繪出五四時期新舊道德衝突所導致的價值困境。這印證了麥金泰爾對於現代道德危機的一個解釋：現代道德危機是道德權威的危機。面臨一個道德無序的狀態，人們無從找到合理的權威。那麼，在一個道德秩序祛魅的世俗時代裡，當功利主義取代了德性之善，作為一個功利主義的現代個人，物質慾望的滿足、感官的快樂以及精神層面的愉悅，在人生價值的目標序列之中，究竟何者更具有優先性？當自由的個體從傳統道德的外在權威（等級、身份等）中解放，因道德權威性喪失而帶來的道德分歧，同時也導致了對於「自治」（self-government）這一共和理念的侵蝕。如果只有個體之間形形色色的多元道德，那麼共同體如何形成基於「倫理公共善」之上的集體認同？

　　從西方社會發展的歷史進程來看，自新教改革以來，為了避免因世俗化所帶來的多元價值衝突，西方社會將規範倫理與德性倫理、「正當」與「好」作出了二元化的區分。如同哲學家羅爾斯所指出的那樣，現代社會既不可能也無必要建立一套整全性的道德或宗教學說。現代共同體的成員所需要做的，只是在一個具有政治正

3　聞一多：〈恢復倫理演講〉，見《聞一多全集》第二卷，武漢：湖北人民出版社，1993 年，第 319-320 頁。

當性的自由、憲政、民主的政體之下，達成對「政治公共善」的一致。在他看來，現代社會取代傳統價值觀念的是一套整全性的自由主義規範──包括民主政治、市場體制和法律體系。這一替代品相信，隨著世俗化的深化，人會越來越遠離傳統的宗教、信念和情感，成為社會和經濟上的「理性人」。而且，基於自由主義的自發擴展秩序，人們也能夠在世俗時代裡，尋找到通往自由與繁榮的陽關大道。羅爾斯試圖通過政治自由主義理論，將有關善的生活的討論，放逐到政治爭論的邊緣地帶和私人領域。他強調，「權利」正義優先於德性之「善」，一個自由的社會必須在關於善的生活由什麼構成的問題上保持價值中立。

與西方社會世俗化歷程相似，清末民初的中國社會也面臨著超越價值的衰微和道德的危機。然而，德性問題從晚清直到五四不僅沒有被消解，反而在一個世俗時代裡顯得更加突出。在五四啓蒙知識分子看來，道德觀念的反思必須以重建道德權威性為中心。如同本書所描述的那樣，陳獨秀、蔡元培、羅家倫、傅斯年等人在關於道德問題的論述中強調，在一個以功利主義、個人主義為價值主導的時代裡，與「善」密切相關的德性問題，仍不應該漠視與放棄。這充分表明，在五四啓蒙知識分子的道德觀念之中，仍然保存著德性與倫理合二為一的內在關聯，並且在世俗化的歷史演變和自我理解中，形成了自身獨特的「德性論」和「群己觀」。

如前所述，功利主義對於清末民初中國社會的道德影響發生在不同層面。邊沁式的功利主義因為帶有強烈的物質主義的慾望訴求，在近代中國的日常生活層面影響巨大，成為市民階層孜孜以求的意識形態。由於傳統中國以倫理代宗教，普通民眾總體上缺乏精神救贖的宗教傳統，因此，一旦以德性為內核的儒家人文價值崩

盤，原本在日常生活的話語中十分強烈的物質慾望和享樂主義，便迅速而自然地依附於邊沁式的功利主義，在人們的精神生活中佔據上風，從而獲得自身的價值正當性。個人也因此成為以滿足「食色之性」為目標的物質佔有式個人，疏離了人生的意義和自我社會的責任，其道德層面的超越價值追求大為弱化。這正是民國初年杜亞泉所感歎的「人心迷亂」背後真實的歷史和社會情境。

然而，在知識精英層面，由於穆勒式的功利主義更符合儒家的精神傳統，因此，五四的啟蒙知識分子較為普遍地吸納了這一修正式功利主義思想精髓，用以平衡邊沁那種對於所有幸福與快樂等量齊觀的看法。他們試圖通過「吾人之最後覺悟」的「倫理革命」，來化解民初中國社會物慾橫流帶來的道德危局。他們相信，精神層面的快樂、為實現「最大多數人的最大利益」的奉獻，在價值層面上要高於個人的感官享樂與物質慾望的滿足。因此，在這種新的「德性論」基礎之上，知識分子形成了對於人生的共識：精神富足的人生、為全體公眾謀求利益的人生，才真正有意義。

同時，五四作為一個現代個人崛起的時代，它所塑造的「個人」包含著強烈的意志力量。這使得五四時期的個人主義，並不是現代意義上的「原子式」個人或「權利式」個人的簡單複製，而是走出了一條從「新國民」到「新人」的道路，具有「有意識的」、「人為的」、「向上的」精神特徵[4]。其原因就在於，一方面，五四時期啟蒙思想所吸收借鑒的西方個人主義，就其思想根源而言與德國的浪漫主義傳統密切有關。在尼采、康德、叔本華那裡，人就是其自身的目的，人的自主性指的是理性的自我主宰。人作為理性的存

---

[4]　王汎森：〈從新民到新人──近代思想中的「自我」與「政治」〉，見王汎森等：《中國近代思想史的轉型時代》，第 171-200 頁。

在，是自己的「立法者」。人可以超越感性世界，不受感性慾望和自然因果律的支配，按照理性規定的法則去行為。另一方面，五四時期的個人主義，也和中國傳統的陽明學中極端重視個人意志自主的精神傳統相連。王陽明的心學理論中所包含的強大意志自主性，極其深遠地影響到清末民初士人的心態，並成為這一時期個人主義道德觀重要的本土思想資源。因此不難理解，為何個人主義能夠成為被五四時期知識分子廣泛接受的道德觀念。

當功利與快樂成為這一時期新道德觀的基礎，五四時期是否提供了現代道德的價值標準；還是因為失去了價值超越性，導致了中國社會的道德相對主義？可以看到，雖然清末民初中國人的精神世界失去了超越價值的客觀性，雖然五四時期不同的知識分子對於道德的理解也各有差異，但他們的道德觀念卻並未陷入相對主義的泥淖，仍被放置在德性與倫理合一的有機論宇宙觀和一元論的道德框架之中予以考察。張君勱（1887-1969）在 1934 年、1963 年兩次撰文回顧五四時期的「科玄論戰」，仍然強調他當年「人生觀」演講的目的就在於「保衛人類自由意志」。他說：「我所以講『人生觀』之故，由於我在歐時讀柏格森、倭伊鏗、黎卡德（Rickert）諸書之影響，深信人類意志自由，非科學公例所能規定。其立言要點在此。」[5] 而即使是在胡適、丁文江等「科學主義者」的思想當中，一己「小我」之上仍有一個社會的「大我」，作為世俗時代平衡物慾主義和唯我主義的精神砝碼。胡適說：「根據於生物學及社會學的知識，叫人知道個人──『小我』──是要死滅的，而人類──『大我』──是不死的，不朽的；叫人知道『為全種萬世而生活』

---

[5] 張君勱：〈人生觀論戰之回顧──四十年來西方哲學界之思想家〉，轉引自《科學與人生觀》，第 1 頁。

就是宗教，就是最高的宗教；而那些替個人謀死後的『天堂』『淨土』的宗教，乃是自私自利的宗教。」[6]丁文江則把「為全種萬世而犧牲個體一時的天性」視為「我的宗教」[7]。

　　無疑，在五四知識分子的心目當中，雖然表面上接受了心物二元的世俗化歷史事實，但從價值訴求的根源來看，昂揚的自由意志、豐富的個人情感和神聖的社會責任意識等精神價值，仍在他們的宇宙觀和人生觀當中佔據著核心的位置，並以此抗衡機械論和物慾主義對於個人德性的侵蝕。可見，五四啟蒙思想中的新道德觀，既包含著傳統儒家理想人格（聖賢君子）的價值判斷，同時也延續了傳統儒家倫理中追求「大同」社會的理想。五四啟蒙知識分子相信，在「小我」的自由、快樂與利益之上，還有著更加崇高的社會乃至全人類這一「大我」的福祉。五四時期新「群己觀」的出現，意味著人生的意義與價值，不僅僅在於滿足於「小我」的一己私利，而是要為社會公眾乃至全人類（群）的福祉而奮鬥，從中實現「大我」不朽的精神價值。

　　所以，從德性倫理的角度來看，五四時期的道德問題因為與人生觀、與「大我」和「小我」觀念的密切相關而顯得格外突出。人生意義的追求與探詢，依然構成了五四時期個人德性的價值目標。在他們看來，個人私德對於社會公德而言不可缺少，「公德」仍有賴於「私德」的培養與凝聚。社會政治秩序的正當性，也無法在一個缺少共同道德文化的背景下得以證成。新教改革以來的西方現代社會，通過分離德性倫理與規範倫理，來應對世俗時代的價值多元化挑戰，而作為傳統儒家「修齊治平」思想脈絡在現代社會的歷史

6　胡適：〈《科學與人生觀》序二〉，見《科學與人生觀》，第 22 頁。
7　丁文江：〈玄學與科學──答張君勱〉，見《科學與人生觀》，第 188-189 頁。

延伸，五四的知識分子對於道德問題的思考，並未割裂規範倫理與德性倫理、「公德」與「私德」的內在關聯，而是力圖在一個彼此貫通的框架下實現創造性的轉化[8]。從規範倫理的角度而言，陳寅恪、杜亞泉、吳宓等知識分子認為，作為規範倫理的儒家三綱，進入新的時代以後仍然具有抽象的繼承意義。而基於對個人權利和意志自由的信奉，章士釗、李大釗等重視憲政的知識分子相信，現代國家憲政的世俗化基礎是自然人性的滿足和平等。在他們看來，具有客觀的絕對標準的現代之「法」，較之重視道德倫常與等級差異的傳統的「禮」，更能維繫基於人的自然權利的社會生活秩序。因此，他們從功利主義的角度，推動著從「禮」的秩序到「法」的秩序的轉變。不過，更重要的在於，章士釗和李大釗依然延續了梁啓超在《新民說》中對於公德問題的思考，將對共同體的熱愛（愛國心）作為共和國家的政治美德，從而確認了現代社會「倫理的公共善」。

因此，追求德性之善，在五四知識分子的道德價值序列中，仍然具有最高的位置。如果說，西方現代自由主義以德性與規範分離為最後的分化，以解決自由主義社會的多元價值困境，五四時期的中國知識分子卻在堅持個人自由價值的同時，注重個人德性與倫理規範的互動，以及公共倫理對於社會政治秩序的積極意義。從政治與道德的關係來看，德性之「善」與政治「正當」之間的關係，在五四的知識分子那裡，同樣也有著中國式的彼此貫通的思考。可以說，在近代中國世俗化的歷史進程裡，通過對中國思想脈絡的自

8　林毓生：〈近代中西文化接觸之史的含義 以「科學與人生觀」的論戰為例──為紀念張君勱先生百齡冥誕而作〉，見氏著：《政治秩序與多元社會》，臺北：聯經出版事業公司，1989 年，第 77 頁。

我理解，五四時期的道德觀念形成了獨特的現代性。E‧卡西勒（Ernst Cassirer, 1874-1945）在《啟蒙哲學》中說：「啟蒙思想的真正性質，從它的最純粹、最鮮明的形式上是看不清楚的，因為在這種形式中，啟蒙思想被歸納為種種特殊的學說、公理和定理。因此，只有著眼於它的發展過程，著眼於它的懷疑和追求，破壞和建設，才能弄清它的真正性質。」[9]清末民初是近代中國世俗時代的開端，五四時代又是一個道德和文化價值多元化的時代。五四的知識分子敏銳地意識到了這一點，並試圖在道德反思與實踐中實現對於意義和價值的探詢。可以說，五四的「新德性」、新「群己觀」及其道德實踐，既呈現了清末民初思想轉型的複雜性與連續性，又極大地豐富了今天的思想者對於世俗時代多元現代性的理解。在「五四」過去將近百年後的今天，當又一輪的社會轉型帶來新的道德嬗變時，建立和諧道德生活和心靈秩序的命題，再一次擺在人們面前。在這樣的背景下，反思百年前那些困擾著思想家們的有關道德革命與道德重建的問題，也許並非多餘的事。

---

[9]　E‧凱西勒：《啟蒙哲學》，濟南：山東人民出版社，1988 年，第 5 頁。

參考文獻

【A】

艾爾曼：《經學、政治和宗族——中華帝國晚期常州今文學派研究》，
　　南京：江蘇人民出版社，1998 年。
奧克肖特：《哈佛演講錄——近代歐洲的道德與政治》，上海：上海
　　文藝出版社，2003 年。

【B】

布林頓：《西方近代思想史》，上海：華東師範大學出版社，2005 年。
《布萊克維爾政治學百科全書》，中國政法大學出版社，1992 年。
北京大學社會科學處編：《北京大學紀念五四運動七十周年論文集》，
　　北京：北京大學出版社，1990 年。
本傑明・史華慈：《古代中國的思想世界》，南京：江蘇人民出版社，
　　2004 年。
巴伯：《科學與社會秩序》，北京：三聯書店，1991 年。
白吉庵：《章士釗傳》，北京：作家出版社，2004 年。

【C】

C・謝・弗蘭克：《社會的精神基礎》，北京：三聯書店，2003 年。
C・賴特・米爾斯：《社會學的想像力》，北京：三聯書店，2001 年。

蔡尚思編：《中國現代思想史資料簡編》，杭州：浙江人民出版社，1981 年。

查爾斯・泰勒：《現代性的隱憂》，北京：中央編譯出版社，2001 年。

查爾斯・泰勒：《自我的根源──現代認同的形成》，南京：譯林出版社，2001 年。

查爾斯・泰勒：《現代性中的社會想像》，臺北：商周出版公司，2008 年。

常乃悳：《中國思想小史》，上海：上海古籍出版社，2005 年。

陳來：《古代宗教與倫理──儒家思想的根源》，北京：三聯書店，1996 年。

陳寅恪：《寒柳堂集》，上海：上海古籍出版社，1980 年。

陳獨秀：《獨秀文存》，合肥：安徽人民出版社，1987 年。

陳弱水：《公共意識與中國文化》，北京：新星出版社，2006 年。

陳崧編：《五四前後東西方文化問題論戰文選》，北京：中國社會科學出版社，1989 年。

陳平原：《觸摸歷史與進入五四》，北京：北京大學出版社，2005 年。

曹伯言整理：《胡適日記全編》，合肥：安徽教育出版社，2001 年。

【D】

丁耘主編：《五四運動與現代中國》，上海：上海人民出版社，2009 年。

杜維明：《儒家思想新論──創造性轉換的自我》，南京：江蘇人民出版社，1991 年。

杜維明：《儒家傳統的現代轉化》，北京：中國廣播電視出版社，1992 年。

大衛・格里芬編：《後現代科學──科學魅力的再現》，北京：中央編譯出版社，1995 年。

丁文江、趙豐田編：《梁啟超年譜長編》，上海：上海人民出版社，
　　1983 年。

【E】

E・卡西勒：《啟蒙哲學》，濟南：山東人民出版社，1988 年。

【F】

費正清編：《劍橋中華民國史》上卷，北京：中國社會科學出版社，
　　1994 年。
費正清、劉廣京編：《劍橋中國晚清史》下卷，北京：中國社會科學
　　出版社，1985 年。
馮友蘭：《中國哲學簡史》，天津：天津社會科學出版社，2007 年。
傅斯年：《傅斯年全集》，長沙：湖南教育出版社，2003 年。
樊洪業、張久春選編：《任鴻雋文存──科學救國之夢》，上海：上
　　海科技教育出版社，上海科學技術出版社，2002 年。
馮崇義：《羅素與中國──西方思想在中國的一次經歷》，北京：三
　　聯書店，1994 年。

【G】

高瑞泉：《中國現代精神傳統》，上海：東方出版中心，1999 年。
高瑞泉主編：《中國近代社會思潮》，上海：華東師範大學出版社，
　　1996 年。
高力克：《五四的思想世界》，上海：學林出版社，2003 年。
顧紅亮、劉曉紅：《想像個人：中國現代個人觀的轉型》，上海：上
　　海古籍出版社，2006 年。

葛兆光：《七世紀前中國的知識、思想與信仰世界──中國思想史（第
　　一卷）》，上海：復旦大學出版社，1998年。

溝口雄三：《中國的思想》，北京：中國社會科學出版社，1995年。

溝口雄三、小島毅主編：《中國的思維世界》，南京：江蘇人民出版
　　社，2006年。

郭湛波：《五十年來中國思想之演變》，上海：上海古籍出版社，2005年。

郭穎頤：《中國現代思想中的唯科學主義（1900-1950）》，南京：江
　　蘇人民出版社，1989年。

郭沫若：《少年時代》，北京：人民文學出版社，1979年。

耿雲志編：《胡適遺稿及秘藏書信》，合肥：黃山書社，1994年。

高平叔編：《蔡元培全集》，北京：中華書局，1989年。

關鴻、魏平主編：《現代世界中的中國──蔣夢麟社會文談》，上海：
　　學林出版社，1997年。

格里德：《胡適與中國的文藝復興──中國革命中的自由主義
　　（1917-1937）》，南京：江蘇人民出版社，1996年。

貢斯當：《古代人的自由與現代人的自由》，上海：上海人民出版社，
　　2005年。

【H】

黃克武：《一個被放棄的選擇──梁啓超調適思想之研究》，北京：
　　新星出版社，2006年。

黃克武：《自由的所以然──嚴復對約翰彌爾自由思想的認識與批
　　判》，上海：上海書店出版社，2000年。

亨利‧西季威克：《倫理學方法》，北京：中國社會科學出版社，
　　1993年。

郝斌、歐陽哲生主編：《五四運動與二十世紀的中國──北京大學紀
　　念五四運動八十周年國際學術研討會論文集》，北京：社會科學
　　文獻出版社，2001年。

郝大維、安樂哲：《漢哲學思維的文化探源》，南京：江蘇人民出版社，1999 年。

赫伯特‧芬格萊特：《孔子：即凡而聖》，南京：江蘇人民出版社，2002 年。

赫胥黎：《進化論和倫理學》，北京：科學出版社，1971 年。

黑格爾：《法哲學原理》，北京：商務印書館，1996 年。

賀麟：《文化與人生》，北京：商務印書館，1988 年。

霍布斯鮑姆：《革命的年代》，南京：江蘇人民出版社，1999 年。

胡適：《胡適自傳》，合肥：黃山書社，1986 年。

胡適：《胡適文存》，合肥：黃山書社，1996 年。

胡適：《胡適學術文集‧中國哲學史》，北京：中華書局，1991 年。

胡逢祥：《社會變革與文化傳統──中國近代文化保守主義思潮研究》，上海：上海人民出版社，2000 年。

哈耶克：《自由秩序原理》，北京：三聯書店，1997 年。

【J】

金觀濤、劉青峰：《觀念史研究──中國現代重要政治術語的形成》，香港：香港中文大學當代中國文化研究中心，2008 年。

蔣夢麟：《西潮》，瀋陽：遼寧教育出版社，1997 年。

近藤邦康：《救亡與傳統──五四思想形成之內在邏輯》，太原：山西人民出版社，1988 年。

【K】

柯林武德：《歷史的觀念》，北京：中國社會科學出版社，1986 年。

柯文：《在傳統與現代性之間──王韜與晚清改革》，南京：江蘇人民出版社，2003 年。

康有為：《康有為全集》，上海：上海古籍出版社，1987-1992 年。

康有為：《康有為政論集》，北京：中華書局，1981 年。

克柔編：《張東蓀學術文化隨筆集》，北京：中國青年出版社，2000 年。

【L】

梁啟超：《先秦政治思想史》，天津：天津古籍出版社，2004 年。

梁啟超：《梁啟超全集》，北京：北京出版社，1999 年。

梁濟：《梁巨川遺書》，上海：華東師範大學出版社，2008 年。

梁漱溟：《中國文化要義》，上海：學林出版社，1987 年。

梁漱溟：《東西文化及其哲學》，北京：商務印書館，1999 年。

梁漱溟：《梁漱溟全集》，濟南：山東人民出版社，1990 年。

林毓生：《中國意識的危機》，貴陽：貴州人民出版社，1988 年。

林毓生：《中國傳統的創造性轉化》，北京：三聯書店，1996 年。

林毓生：《政治秩序與多元社會》，臺北：聯經出版事業公司，1989 年。

理查德‧塔納斯：《西方思想史》，上海：上海社會科學院出版社，
　　2007 年。

李澤厚：《中國現代思想史論》，合肥：安徽文藝出版社，1999 年。

李澤厚：《中國古代思想史論》，合肥：安徽文藝出版社，1999 年。

李澤厚：《實用理性與樂感文化》，北京：三聯書店，2005 年。

李國祁：〈滿清的認同與否定——中國近代漢民族主義思想的演變〉，
　　臺北：中央研究院近代史研究所，1994 年。

李承貴：《德性源流——中國傳統道德轉型研究》，南昌：江西教育
　　出版社，2004 年。

李石岑：《李石岑講演錄》，桂林：廣西師大出版社，2004 年。

李璜：《學鈍室回憶錄》，臺北：傳記文學出版社，1973 年。

李歐梵：《中國現代文學與現代性十講》，上海：復旦大學出版社，
　　2008 年。

李大釗：《李大釗全集》，石家莊：河北教育出版社，1999 年。

羅志田：〈歷史記憶與五四新文化運動〉，《四川大學學報》2000 年第 5 期。

羅志田：〈從科學與人生觀之爭看後五四時期對五四基本理念的反思〉，《歷史研究》1999 年第 3 期。

羅志田：〈走向「政治解決」的「中國文藝復興」：五四前後思想運動與政治運動的關係〉，《近代史研究》1996 年第 4 期。

羅志田：〈士變——二十世紀上半葉中國讀書人的革命情懷〉，《新史學》十八卷四期。

羅志田：〈物質的興起：二十世紀中國文化的一個傾向〉，《開放時代》2001 年 3 月。

羅家倫：《新人生觀》，瀋陽：遼寧教育出版社，1997 年。

羅爾斯：《政治自由主義》，南京：譯林出版社，2000 年。

羅素：《西方哲學史》，北京：商務印書館，1995 年。

魯萍：〈「德先生」和「賽先生」之外的關懷〉，《歷史研究》2006 年第 1 期。

列奧・斯特勞斯：《自然權利與歷史》，北京：三聯書店，2003 年。

劉成禺：《世載堂雜憶》，瀋陽：遼寧教育出版社，1997 年。

劉小楓：《現代性社會理論緒論》，上海：上海三聯書店，1998 年。

劉小楓主編：《人類困境中的審美精神——哲人、詩人論美文選》，上海：東方出版中心，1994 年。

劉小楓：《刺蝟的溫順》，上海：上海文藝出版社，2002 年。

劉晴波主編：《楊度集》，長沙：湖南人民出版社，1985 年。

劉禾：《跨語際實踐——文學，民族文化與被譯介的現代性（中國，1900-1937）》，北京：三聯書店，2002 年。

劉宏權、劉洪澤主編：《中國百年期刊發刊詞 600 篇》，北京：解放軍出版社，1996 年。

劉軍寧編：《北大傳統與近代中國》，北京：中國人事出版社，1998 年。

劉澤華：《公私觀念與中國社會》，北京：中國人民大學出版社，
　　2003 年。

列文森：《儒教中國及其現代命運》，北京：中國社會科學出版社，
　　2000 年。

廖名春主編：《清華大學思想文化研究所集刊》（第二輯），北京：
　　清華大學出版社，2002 年。

雷蒙‧威廉斯：《關鍵辭──文化與社會的辭彙》，北京：三聯書店，
　　2005 年。

魯迅：《魯迅全集》，北京：人民文學出版社，1981 年。

盧克斯：《個人主義：分析與批判》，中國廣播電視出版社，1993 年

【M】

馬敘倫：《石屋續瀋》，上海書店（據建文書店 1949 年版影印），
　　1984 年。

馬克思：《經濟學手稿》，北京：人民出版社，1979 年。

馬克斯‧韋伯：《儒教與道教》，南京：江蘇人民出版社，1993 年。

馬克斯‧韋伯：《學術與政治》，北京：三聯書店，2005 年。

麥金太爾：《德性之後》，北京：中國社會科學出版社，1995 年。

莫里斯‧邁斯納：《李大釗與中國馬克思主義的起源》，北京：中共
　　黨史資料出版社，1989 年。

【O】

歐陽哲生：《新文化的源流與趨向》，長沙：湖南出版社，1994 年。

歐陽哲生編：《胡適文集》，北京：北京大學出版社，1998 年。

歐陽軍喜：〈五四新文化運動與儒學：誤解及其他〉，《歷史研究》
　　1999 年第 3 期。

歐陽軍喜：〈自覺與覺悟：五四時期的兩個重要觀念〉，見氏著：《歷史與思想：中國現代史上的五四運動》，福州：福建教育出版社，2009年。

【Q】

錢鍾書主編：《郭嵩燾等使西記》，北京：三聯書店，1998年。

錢穆：《國史大綱》，北京：商務印書館，1996年。

錢滿素：《愛默生與中國——對個人主義的反思》，北京：三聯書店，1996年。

錢穆著：《八十憶雙親‧師友雜憶》，北京：三聯書店，1998年。

瞿兌之：《杶廬所聞錄‧養和室隨筆》，瀋陽，遼寧教育出版社，1997年。

瞿同祖：《中國法律與中國社會》，北京：中華書局，1981年。

【R】

任建樹等編：《陳獨秀著作選》，上海：上海人民出版社，1993年。

【S】

舒衡哲：《中國啟蒙運動——知識分子與五四遺產》（新版），北京：新星出版社，2007年。

舒衡哲：《張申府訪談錄》，北京：北京圖書館出版社，2001年。

宋教仁：《宋教仁日記》，長沙：湖南人民出版社，1980年。

石泉：《甲午戰爭前後之晚清政局》，北京：三聯書店，1997年。

石川禎浩：《中國共產黨成立史》，北京：中國社會科學出版社，2006年。

石元康：《從中國文化到現代性：典範轉移？》，北京：三聯書店，
　　2000 年。

薩孟武：《學生時代》，桂林：廣西師大出版社，2005 年。

史華慈：《尋求富強：嚴復與西方》，南京：江蘇人民出版社，1990 年。

孫寶瑄：《忘山廬日記》，上海：上海古籍出版社，1983 年。

孫尚揚、郭蘭芳編：《國故新知論——學衡派文化論著輯要》，北京：
　　中國廣播電視大學出版社，1995 年。

孫中山：《孫中山選集》，北京：人民出版社，1956 年。

孫隆基：《中國文化的深層結構》，桂林：廣西師大出版社，2004 年。

薩繆爾‧亨廷頓：《我們是誰——美國國家特性面臨的挑戰》，北京：
　　新華出版社，2005 年。

【T】

譚嗣同：《譚嗣同全集》，北京：中華書局，1981 年。

唐文權、桑兵編：《戴季陶集》，武漢：華中師範大學出版社，1990 年。

田建業編：《杜亞泉著作兩種》，北京：新星出版社，2007 年。

湯志鈞編：《章太炎政論選集》，北京：中華書局，1977 年。

托克維爾：《舊制度與大革命》，北京：商務印書館，1992 年。

托克維爾：《論美國的民主》，北京：商務印書館，1988 年。

【W】

汪暉：《汪暉自選集》，桂林：廣西師範大學出版社，1997 年。

汪暉：《現代中國思想的興起》，北京：三聯書店，2004 年。

王躍、高力克編：《五四：文化的闡釋與評價——西方學者論五四》，
　　太原：山西人民出版社，1989 年。

王治心：《中國宗教思想史大綱》，上海：三聯書店上海分店，1988 年。

王汎森：《中國近代思想與學術的系譜》，石家莊：河北教育出版社，2001 年。

王汎森等：《中國近代思想史的轉型時代》，臺北：聯經出版事業股份有限公司，2007 年。

王汎森：〈近代中國的線性歷史觀——以社會進化論為中心的討論〉，《新史學》第 19 卷第 2 期。

王汎森：《章太炎的思想——兼論其對儒學傳統的破壞》，臺北：時報文化出版企業有限公司，1985 年。

王汎森：〈傅斯年早期的「造社會」論〉，《中國文化》1996 年第 14 期。

王國維：《觀堂集林》，石家莊：河北教育出版社，2001 年。

王國維：《王國維全集（書信）》，北京：中華書局，1984 年。

王韜：《弢園文錄外編・原道》，瀋陽：遼寧人民出版社，1994 年。

王爾敏：《中國近代思想史論續集》，北京：社會科學文獻出版社，2005 年。

W・C・丹皮爾：《科學史及其與哲學和宗教的關係》，北京：商務印書館，1975 年。

王中江：《進化主義在中國》，北京：首都師範大學出版社，2002 年。

王自立、陳子善主編：《郁達夫全集》第 6 卷，花城出版社，1983 年。

王奇生：〈新文化史如何「運動」起來的——以《新青年》為視點〉，《近代史研究》2007 年第 1 期。

魏源：《魏源集》，北京：中華書局，1976 年。

魏定熙：《北京大學與中國政治文化（1898-1920）》，北京：北京大學出版社，1998 年。

魏斐德：〈關於國民性探索〉，上海：上海人民出版社，1987 年。

萬俊人：〈政治自由主義的現代建構——羅爾斯《政治自由主義》讀解〉，南京：譯林出版社，2000 年。

聞一多：《聞一多全集》，武漢：湖北人民出版社，1993 年。

吳宓：《吳宓日記》，北京：三聯書店，1998 年。

吳虞、易白沙：《吳虞、易白沙：五四風雲人物文萃》，北京：人民
　　日報出版社，1999 年。

【X】

夏瑞春編：《德國思想家論中國》，南京：江蘇人民出版社，1995 年。
蕭延中、朱藝編：《啟蒙的價值與局限——台港學者論五四》，太原：
　　山西人民出版社，1989 年。
蕭公權：《中國政治思想史》（上），瀋陽：遼寧教育出版社，1998 年。
許紀霖：〈世俗化與超越世界的解體〉，見許紀霖主編：《世俗時代
　　與超越精神》，南京：江蘇人民出版社，2008 年。
許紀霖、陳達凱：《中國現代化史 1800-19499（第一卷）》，上海：
　　學林出版社，2006 年。
許紀霖、田建業編：《一溪集——杜亞泉的生平與思想》，北京：三
　　聯書店，1999 年。
許紀霖：〈個人主義的起源——「五四」時期的自我觀研究〉，《天
　　津社會科學》，2008 年第 6 期。
許紀霖主編：《現代性的多元反思》，南京：江蘇人民出版社，2008 年。
許紀霖主編：《啟蒙的遺產與反思》，南京：江蘇人民出版社，2010 年。
許紀霖：〈競爭觀念與力的秩序——社會達爾文主義在近代中國〉，
　　《史學月刊》，2010 年 2 期。
許紀霖：〈個人、良知和公意——五四時期關於政治正當性的討論〉，
　　《史林》，2008 年 1 期。
許紀霖編：《20 世紀中國知識分子史論》，北京：新星出版社，2005 年。
許紀霖、李瓊編：《天地之間——林同濟文集》，上海：復旦大學出
　　版社，2004 年。
許紀霖、田建業編：《杜亞泉文存》，上海：上海教育出版社，2003 年。
徐復觀：《中國人性論史》，上海：華東師範大學出版社，2005 年。
徐向東：《自我、他人與道德》，北京：北京大學出版社，2007 年。

【Y】

雅各・布克哈特：《義大利文藝復興時期的文化》，北京：商務印書館，1979 年。

閻雲翔：《私人生活的變革──一個中國村莊的愛情、家庭與親密關係 1949-1999》，上海：上海書店出版社，2006 年。

余英時等：〈五四新論──既非文藝復興，也非啟蒙運動「五四」八十周年紀念論文集・前言〉，臺北：聯經出版事業公司，1999 年。

余英時：《中國思想傳統及其現代變遷》，桂林：廣西師範大學出版社，2006 年。

余英時：《士與中國文化》，上海：上海人民出版社，1987 年。

余英時：《現代儒學論》，上海：上海人民出版社，1998 年。

余英時：《中國現代價值觀念的變遷》，桂林：廣西師大出版社，2003 年。

伊曼努爾・康德：《道德形而上學原理》，上海：上海人民出版社，1986 年。

嚴復：《嚴復集》，北京：中華書局，1986 年。

楊國強：《百年嬗蛻》，上海：上海三聯書店，1997 年。

楊亮功：《早期三十年的教學生活・五四》，合肥：黃山書社，2008 年。

楊光編：《最後的名士──近代名人自傳》，合肥：黃山書社，2008 年。

約翰・斯圖亞特・穆勒：《功利主義》，北京：九州出版社，2007 年。

楊昌濟：《達化齋日記》，長沙：湖南人民出版社，1978 年。

楊貞德：〈自由與自治──梁啟超政治思想中的「個人」〉，《二十一世紀》，2004 年 8 月。

楊絳整理：《老圃遺文集》，武漢：長江文藝出版社，1993 年。

殷海光：《中國文化的展望》，北京：中國和平出版社，1988 年。

【Z】

張灝：〈中國近代思想史上的轉型時代〉，《二十一世紀》，1999 年
　　4 月。

張灝：《危機中的中國知識分子：尋求秩序與意義》，北京：新星出
　　版社，2006 年。

張灝：《思想與時代》，上海：上海文藝出版社，2002 年。

張灝：《烈士精神與批判意識：譚嗣同思想的分析》，桂林：廣西師
　　範大學出版社，2004 年。

張灝：《梁啟超與中國思想的過渡（1890-1907）》，南京：江蘇人民
　　出版社，1995 年。

章士釗：《章士釗全集》，上海：文匯出版社，2000 年。

中國社會科學院近代史研究所編：《紀念五四運動六十周年學術討論
　　會論文集（一）》，北京：中國社會科學出版社，1980 年。

中國社會科學院科研局、《中國社會科學》雜誌社編：《五四運動與
　　中國文化建設──五四運動七十周年學術研討會論文選》，北京：
　　社會科學文獻出版社，1989 年。

周策縱：《五四運動：現代中國的思想革命》，南京：江蘇人民出版
　　社，1996 年。

周作人：《自己的園地‧雨天的書》，北京：人民文學出版社，1988 年。

中共中央文獻研究室編：《毛澤東早期文稿》，長沙：湖南出版社，
　　1990 年。

中共中央編譯局：《五四時期期刊介紹》，北京：三聯書店，1978 年。

鄒小站：《章士釗社會政治思想研究：1903-1927》，長沙：湖南教育
　　出版社，2001 年。

鄭振鐸編：《晚清文選》，北京：中國社會科學出版社，2002 年。

鄭匡民：《梁啟超啟蒙思想的東學背景》，上海：上海書店，2003 年。

鄭超麟：《鄭超麟回憶錄》，北京：東方出版社，2004 年。

張申府：《我思》，北京：三聯書店，1986 年。

張枬、王忍之編：《辛亥革命前十年間時論選集》，北京：三聯書店，
　　1963 年。

張允侯等編：《五四時期的社團》，北京：三聯書店，1979 年。

張君勱等：《科學與人生觀》，瀋陽：遼寧教育出版社，1998 年。

佐藤慎一：《近代中國的知識分子與文明》，南京：江蘇人民出版社、
　　鳳凰出版傳媒集團，2006 年。

朱義祿：《儒家理想人格與中國文化》，上海：復旦大學出版社，
　　2006 年。

朱志敏：《李大釗傳》，北京：紅旗出版社，2009 年。

宗白華：《宗白華全集》，合肥：安徽文藝出版社，1994 年。

Allan Bloom, *The Closing of the American Mind*, New York: Simon & Schuster
　　Inc., 1987.

Anthony Giddens, *Capitalism & Modern Social Theory*, New York: Cambridge
　　University Press, 1971.

Benjamin I. Schwartz, *Chinese Communism and the Rise of Mao*, New York,
　　Evanston, and London: Harper & Row, 1967.

Charles Taylor, *A Secular Age,* Cambridge: The Belknap Press of Harvard
　　University Press, 2007.

Chung-Li Chang, *The Chinese Gentry*, Seattle: University of Washington
　　Press, 1955.

Fairbank Reischauer, *China: Tradition & Transformation*, Boston: Houghton
　　Mifflin Company, 1978.

FRANCIS L. K. Hsu, *Under the Ancestor's Shadow: Kinship, personality
　　& Social Mobility in China*, Stanford: Stanford University Press, 1971.

Franz Schurmann, *Ideology and Organization in Communist China*, Berkeley:
　　University of California Press, 1971.

John Stuart Mill, *On liberty,* Boston: Bedford/ St. Martin's, 2008.

Max Weber, *Economy and Society*, Berkeley: University of California Press, 1978.

Olga Lang, *Chinese Family and Society*, New Haven: Yale University Press, 1946.

Richard H. Solomon, *Mao's Revolution and the Chinese Political Culture*, Berkeley: University of California Press, 1971.

Ruth Benedict, *Patterns of Culture*, Boston: Houghton Mifflin Company, 1934.

後記

　　當傳統宇宙觀和普世王權的正當性發生動搖，知識分子在政治秩序與心靈秩序的雙重危機下何以自處？這是清末民初「轉型時代」最具挑戰性的問題之一。面對這一迫切的時代議題，五四一代讀書人一方面通過思想啟蒙與文化批判，力圖為現代政治尋找道德支援和價值依據；另一方面，他們對於人生觀與公共倫理的關切，也深刻地影響了 20 世紀中國的歷史走向，左右著中國人的理智與情感。這本小書嘗試對五四啟蒙知識分子的道德觀念進行探討，借此關注現代中國「世俗化」（secularization）進程中思想論域的斷裂與連續、知識分子的突破與限度。

　　校閱這部書稿之時，滬上求學的美好時光常常浮現眼前。在此，向我的博士指導老師許紀霖教授深致敬意和謝意。能夠跟隨許老師切磋問學，不僅是我學術之路上最為幸運的一件事，更讓我感受到什麼是自由的教育。謝謝閻雲翔教授在我留學加州大學洛杉磯校區（UCLA）期間，與我分享他對於當代中國精神生活的精闢見解。博士畢業之後，我來到中央研究院近代史研究所從事博士後研究。感謝計劃主持人黃克武教授的熱情關照與耐心指導，讓我有機會在世界一流的學術環境中盡情揮灑。從上海浦東的樓群、洛杉磯教堂的晚禱到台北萬華龍山寺祈福的鐘聲，這些年因緣際會，得以行走於三座都市獨特的歷史脈動之中，也使我對現代社會的多元面向以及「世俗時代」的終極關懷，擁有一份更為真切的認知。最後，謝謝蔡登山先生的厚愛，讓我在臺灣這座美麗島上，結下一段難忘的書緣與人緣。

哲學宗教類　PC0226

世俗時代的意義探詢
──五四啟蒙思想中的新道德觀研究

作　　者 / 段　煉
責任編輯 / 林建和
圖文排版 / 楊家齊
封面設計 / 陳佩蓉

發 行 人 / 宋政坤
法律顧問 / 毛國樑　律師
印製出版 / 秀威資訊科技股份有限公司
　　　　　114 台北市內湖區瑞光路 76 巷 65 號 1 樓
　　　　　電話：+886-2-2796-3638　傳真：+886-2-2796-1377
　　　　　http://www.showwe.com.tw
劃撥帳號 / 19563868　戶名：秀威資訊科技股份有限公司
　　　　　讀者服務信箱：service@showwe.com.tw
展售門市 / 國家書店（松江門市）
　　　　　104 台北市中山區松江路 209 號 1 樓
　　　　　電話：+886-2-2518-0207　傳真：+886-2-2518-0778
網路訂購 / 秀威網路書店：http://www.bodbooks.com.tw
　　　　　國家網路書店：http://www.govbooks.com.tw
圖書經銷 / 紅螞蟻圖書有限公司
　　　　　114 台北市內湖區舊宗路二段 121 巷 28、32 號 4 樓
　　　　　電話：+886-2-2795-3656　傳真：+886-2-2795-4100

2012 年 8 月 BOD 一版
定價：330 元
版權所有　翻印必究
本書如有缺頁、破損或裝訂錯誤，請寄回更換

國家圖書館出版品預行編目

世俗時代的意義探詢：五四啟蒙思想中的新道德觀研究 / 段
煉著. -- 一版. -- 臺北市：秀威資訊科技, 2012.08
　　面；　公分. -- (哲學宗教類；PC0226)
BOD 版
ISBN 978-986-221-972-0(平裝)

1. 道德運動　2. 五四運動

199.92　　　　　　　　　　　　　　　　　101009969

讀者回函卡

感謝您購買本書，為提升服務品質，請填妥以下資料，將讀者回函卡直接寄回或傳真本公司，收到您的寶貴意見後，我們會收藏記錄及檢討，謝謝！如您需要了解本公司最新出版書目、購書優惠或企劃活動，歡迎您上網查詢或下載相關資料：http:// www.showwe.com.tw

您購買的書名：＿＿＿＿＿＿＿＿＿＿＿＿＿＿＿＿＿＿＿＿＿＿＿

出生日期：＿＿＿＿＿年＿＿＿＿＿月＿＿＿＿＿日

學歷：□高中 (含) 以下　　□大專　　□研究所 (含) 以上

職業：□製造業　□金融業　□資訊業　□軍警　□傳播業　□自由業
　　　□服務業　□公務員　□教職　　□學生　□家管　　□其它＿＿＿

購書地點：□網路書店　□實體書店　□書展　□郵購　□贈閱　□其他

您從何得知本書的消息？

　□網路書店　□實體書店　□網路搜尋　□電子報　□書訊　□雜誌
　□傳播媒體　□親友推薦　□網站推薦　□部落格　□其他＿＿＿＿＿

您對本書的評價：（請填代號　1.非常滿意　2.滿意　3.尚可　4.再改進）

　封面設計＿＿＿　版面編排＿＿＿　內容＿＿＿　文／譯筆＿＿＿　價格＿＿＿

讀完書後您覺得：

　□很有收穫　□有收穫　□收穫不多　□沒收穫

對我們的建議：＿＿＿＿＿＿＿＿＿＿＿＿＿＿＿＿＿＿＿＿＿＿＿

＿＿＿＿＿＿＿＿＿＿＿＿＿＿＿＿＿＿＿＿＿＿＿＿＿＿＿＿＿＿＿

＿＿＿＿＿＿＿＿＿＿＿＿＿＿＿＿＿＿＿＿＿＿＿＿＿＿＿＿＿＿＿

＿＿＿＿＿＿＿＿＿＿＿＿＿＿＿＿＿＿＿＿＿＿＿＿＿＿＿＿＿＿＿

11466
台北市內湖區瑞光路 76 巷 65 號 1 樓

秀威資訊科技股份有限公司　　　收

BOD 數位出版事業部

....

（請沿線對折寄回，謝謝！）

姓　　名：_____　年齡：_____　性別：□女　□男

郵遞區號：□□□□□

地　　址：_____

聯絡電話：(日) _____ (夜) _____

E-mail：_____